BASTEI
LÜBBE

ADAM HALL
im BASTEI-LÜBBE-Programm:

13 068 Nordlicht
13 180 Quiller steigt aus
13 226 Das Berlin-Memorandum
13 232 Der neunte Befehl

ADAM HALL

UNTERNEHMEN GORBATSCHOW

Ins Deutsche übertragen
von Thomas Görden

Polit-Thriller

BASTEI
LÜBBE

BASTEI-LÜBBE-TASCHENBUCH
Allgemeine Reihe
Band 13263

Erste Auflage: August 1990

Deutsche Lizenzausgabe 1990
Bastei-Verlag Gustav H. Lübbe GmbH & Co., Bergisch Gladbach
Originaltitel: Quiller KGB
Lektorat: René Strien/Wolfgang Neuhaus
Titelillustration: Agentur Norma
Umschlaggestaltung: Quadro Grafik, Bensberg
Satz: VID Verlags- und Industriedrucke GmbH & Co. KG,
Villingen-Schwenningen
Druck und Verarbeitung:
Brodard & Taupin, La Flèche, Frankreich
Printed in France
ISBN 3-404-13263-7

Für Rolf und Rayma

Vorbemerkung zur deutschen Ausgabe

Als dieser Roman 1989 in Großbritannien veröffentlicht wurde, hätte niemand sich träumen lassen, daß einige der politischen Utopien, wie sie Adam Hall in ›*Unternehmen Gorbatschow*‹ entwirft, mittlerweile Realität geworden sind.

›Die Menschen sind von der Idee gefesselt, daß es bald wieder *ein* Deutschland geben könnte. Ich habe das Gefühl, hier in der DDR wird in Kürze etwas sehr Dramatisches passieren‹, läßt Hall einen seiner Protagonisten sagen.

Er hatte recht.

1 BERLIN

Mein Arm wurde taub, aber ich bewegte mich nicht. Ich wollte, daß sie schlief, so lange es ging, und Dinge träumte, von denen ich nichts wußte. Was ich allerdings wußte, war, daß sie das Schlimmste noch nicht überstanden hatte.

Als sie das nächste Mal aufwachte, fing sie am ganzen Körper zu zittern an, und ich hielt sie noch fester und sagte ihr, daß schon alles wieder gut werde, obwohl das natürlich nicht stimmte. Dann kam das Schluchzen, und sie versuchte, es zu unterdrücken, verbarg ihr Gesicht an meiner Schulter, während ihr Körper zitterte und Tränen auf meine Hand tropften.

»Lassen Sie es heraus«, sagte ich, »unterdrücken Sie es nicht.«

Das half, glaube ich; sie weinte jetzt lauter. Eine Stewardeß kam mit einer Packung Kleenex, und ich zog eine Handvoll heraus.

»Kann ich sonst noch etwas für Sie tun?«

Ich schüttelte den Kopf und hielt die Papiertücher gegen Corrines Hand, so daß sie sie spüren konnte.

»Oh, *mein Gott«,* schluchzte sie.

Wir hatten unsere Flughöhe erreicht, und der Lärm der Triebwerke wurde leiser. Schräg vor uns, auf der anderen Seite des Gangs, schaute jemand nach hinten, sah mit betont leerem Blick an uns vorbei aus den Fenstern; sonst nahm niemand von Corrines Weinen Notiz. London hatte für uns Plätze in der Ersten Klasse gebucht, weil es dort ruhiger zuging; das war eine nette Geste, vielleicht hatten sie aber auch ganz einfach Schuldgefühle.

»Alles, was ich wissen möchte . . .«, sagte Corrine jetzt undeutlich, »alles, was ich wissen möchte, ist, ob er mit ihr geschlafen hat . . .«

Ich versuchte zu verstehen, warum das für sie wichtig war.

»Nein«, sagte ich sofort, und wahrscheinlich war es eine Lüge. »Sie war nur eine von seinen Kurieren, mehr nicht.«

Das war alles. Aber daß er mit ihr geschlafen hatte, war trotzdem gut möglich; er befand sich in der Endphase seiner

Mission und wußte, daß es gefährlich werden würde. »Er war sich über das Risiko im klaren«, hatte Holmes mir gestern am Telefon gesagt. Und wenn wir uns über das Risiko im klaren sind, mein Freund, sind wir für die Reize einer Frau, jeder Frau, sehr empfänglich. Denn mit einer Frau zu schlafen entspannt und hilft, ruhiger und weniger nervös, weniger verwundbar den Kampf aufzunehmen. Aber nein, das ist auch eine Lüge – in diesem Gewerbe lügt man schnell. In Wahrheit geht es wohl eher darum, noch ein letztes Mal eine Frau zu haben, falls danach alles aus sein sollte.

»Wahrscheinlich erscheint Ihnen diese Frage ziemlich sinnlos«, sagte Corrine gerade. Sie hatte den Kopf von meiner Schulter genommen und war mit den Papiertüchern beschäftigt.

Endlich konnte ich meinen Arm bewegen und spürte am Kribbeln, wie die Durchblutung wieder einsetzte.

»Ich meine, er wird nie mehr in der Lage sein . . .« Bei diesem Gedanken verlor sie wieder völlig die Fassung.

Als sie sich beruhigt hatte, sagte ich: »Es spielt keine Rolle, warum es für Sie wichtig ist. Entscheidend ist, daß sie wirklich nur ein Kurier war und weiter nichts.«

Wir sind darauf trainiert zu lügen, aber diesmal log ich nicht, um mich aus irgendeiner tödlichen Falle zu befreien oder dergleichen, sondern aus persönlichen Gründen. Ich hatte jetzt begriffen, worum es ging: Sie konnte sich nicht gehenlassen, konnte am Sarg nicht in Tränen ausbrechen, wenn sie davon ausgehen mußte, daß er sie vor seinem Tod mit einer anderen betrogen hatte. Ich glaube, daß darin eine gewisse Logik liegt.

»Woher wissen Sie das?« fragte sie mich.

»Weil ich ihn kannte.« Ein bißchen gespielte Wut: »Glauben Sie denn im Ernst, wir hätten für solche Dinge Zeit, wenn wir uns in einem so schwierigen Einsatz befinden?«

Nach einer Weile sagte sie so leise, daß ich es kaum verstehen konnte: »Ich möchte Ihnen so gerne glauben.«

»Sie können es auch.«

Ich mußte schießlich auch ihn schützen.

Sie hatten seinen Sarg am Morgen mit einem Transportflugzeug zurückgeschickt, wobei erstaunlich war, daß sie überhaupt noch etwas von ihm gefunden hatten, was man in einen Sarg legen konnte. Der Gegner hatte ihn in einen Hinterhalt gelockt und den Wagen in die Luft gesprengt. Sie hatten beide im Wagen gesessen, er und das Mädchen, so daß jetzt mit Sicherheit auch ein paar Stücke von ihr mit in seinem Sarg lagen. Im Tode vereint. Konnte es überhaupt eine größere Intimität geben als diese? Was spielte der Sex da noch für eine Rolle?

Aber Corrine war seine Frau – nein, Witwe –, nicht nur eine Freundin, und sie hatte Treue von ihm erwartet, denn sie wußte nicht viel über unsere Arbeit, über die Art von Streß, der wir ausgesetzt sind. Geheimagenten heiraten nur selten; die Chancen, daß wir die Versprechen halten können, die wir geben, sind gering.

Jemand von der Cockpitbesatzung, ein Mann mit drei Ringen an den Ärmelaufschlägen, steckte den Kopf durch die Tür, sagte etwas zu einer Stewardeß und ging zurück ins Cockpit.

»Er war gut«, sagte Corrine, »nicht wahr?«

»Einer von den Besten.«

»Man hat mir erzählt, daß er mal jemandem das Leben gerettet hat.«

»Ja.« Aber das hatte wenig Sinn gehabt, denn Thompson hatte den Rest seines Lebens – drei Wochen – an Schläuche und Monitore angeschlossen im Krankenhaus verbracht, bis jemand eine Kapsel in sein Zimmer schmuggelte.

»Nicht viele Menschen tun das«, sagte Corrine.

Leben retten. »Sehr wenige.«

Ich vermute, daß ihr Schmerz sie in diese Richtung drängte: Sie mußte sich ein Bild von ihm schaffen, das sie später verehren konnte, einen Helden, der ihr bis zum Ende treu gewesen war.

Sie schlug die Beine übereinander und schaute mich mit vom Weinen verquollenen Augen an. »Wenn Sie ihn so gut kannten, wie Sie sagen, dann ist das für Sie auch nicht gerade eine Vergnügungsreise, stimmt's?«

»Stimmt.«

»Entschuldigung, Sir.« Die Stewardeß beugte sich zu mir herunter. »Sind Sie Mr. Stephen Ash?«

»Ja.« Mein Deckname für diesen Einsatz.

»Da ist ein Funkanruf für Sie. Haben Sie einen Ausweis dabei, den ich dem Kapitän zeigen kann?«

Ich gab ihr meine Barclaycard, und sie ging nach vorn und klopfte an die Cockpittür, dreimal lang, dreimal kurz. Jemand in London hatte ganz offensichtlich den Kopf verloren: Wir landeten in zwanzig Minuten in Rom, und sie hätten mich ebensogut dort ausrufen lassen können.

»Ist etwas nicht in Ordnung?« fragte Corrine. Sie sprach wie ein Roboter, ohne jedes Gefühl; für alle anderen Menschen ging das Leben weiter, und sie zwang sich, daran Anteil zu nehmen.

»Schon möglich«, sagte ich. Nur um meinen Bericht über Hubbard zu hören, rief man mich sicher nicht während eines Fluges über Funk an. Sie hatten mich nach Bombay geschickt, um die Lage zu sondieren, mich um Corrine zu kümmern und sie nach Hause zu bringen. Was meinen Bericht betraf, bestand kein Grund zur Eile: Ich hatte ihnen vom Santa Cruz Airport eine Nachricht geschickt, daß es keine Schwierigkeiten gab.

»Stimmt etwas nicht?« Corrine schaute mich wieder an.

»Machen Sie sich keine Sorgen. Er hat saubere Arbeit geleistet.« Corrine war in der Chiffrierabteilung beschäftigt und wußte ein bißchen darüber, wie es war, wenn ein Agent seinen Einsatz vermasselte. Sie wollte sicher sein, daß Hubbard nicht versagt hatte. »Möchten Sie noch einen Drink?«

Sie überlegte und sagte dann: »Nein. Es wäre pietätlos, mich zu betrinken.« Ich hatte ihr zwei Brandy verabreicht, den ersten kurz vor dem Start, den zweiten vor einer Stunde.

»Mr. Ash?«

Die Stewardeß gab mir meine Karte zurück und führte mich ins Cockpit, wo der Kapitän sich mir vorstellte.

»Dieses Telefon da, Mr. Ash. George, kannst du mal ein bißchen zur Seite rücken?«

Der Flugingenieur stand von seinem Sitz auf und gab mir den Hörer.

»Ash.«

»Parole?« Tinsleys Stimme aus der Funkzentrale; die Geräusche im Hintergrund waren unverkennbar.

»Fanfare.«

»Nord fünf. Wir möchten, daß Sie in Rom in ein Flugzeug nach Westberlin steigen. Um neunzehn Uhr sieben startet dort ein Lufthansa-Direktflug nach Tegel, so daß Sie zweiundzwanzig Minuten Zeit haben. Das müßte reichen. Haben Sie Gepäck dabei?«

»Nein.« Aber ich verstand nicht. »Die Nachbesprechung des Einsatzes findet in Berlin statt?«

Er zögerte nur einen winzigen Augenblick – aber es entging mir nicht. »Ja.«

»In *Berlin?*«

»Wir möchten«, sagte Tinsley langsam, »daß Sie in Tegel zum Hertz-Schalter gehen und dort warten. Zwei unserer Leute werden sich dort mit Ihnen treffen. Die Parole lautet Oktober. Haben Sie das verstanden?«

»Ja.«

Die einzige Erklärung, die mir dazu einfiel, war, daß Hubbards Ermordung Wellen geschlagen hatte. Entweder gab es eine Verbindung nach Westdeutschland, oder sie wollten, daß ich mit jemandem von der Zentrale zurück nach London flog und unterwegs ausführlich Bericht erstattete. Es hatte keinen Sinn, Tinsley zu fragen. Er hatte mir gerade deutlich zu verstehen gegeben, daß ich den Mund halten sollte. Ich blickte an den Schalterreihen auf dem Armaturenbrett des Flugingenieurs vorbei auf die Lichter von Rom, die draußen vor den Cockpitfenstern schimmerten. Vielleicht hatte Hubbard doch keine saubere Arbeit geleistet, und sie warteten in London jetzt darauf, daß sich irgendein größerer Ärger zusammenbraute.

»Was ist mit seiner Frau?« fragte ich Tinsley.

»Wir haben jemanden nach Rom geschickt, der euch dort erwartet und Corrine nach Hause begleitet. Eine Frau namens Baker, Parole Oktober. Wie geht es Corrine?«

»Ganz gut. Hören Sie«, sagte ich, »ich habe ihr erzählt, daß er keinen Mist gebaut hat. Falls doch, sollte es ihr besser niemand erzählen.«

»Ich bin schließlich kein Vollidiot«, sagte Tinsley ruhig. »Und wie fühlen *Sie* sich?«

»Ich bin an solche Dinge gewöhnt. Außerdem war ich nicht

mit ihm verheiratet.« Der Boden bebte ein wenig, als das Fahrwerk ausgefahren wurde und einrastete.

»Wie fühlen Sie sich *allgemein?«*

Diesmal machte ich es ihm nicht so leicht. »Ich habe keine Informationen für Sie, wenn Sie keine für mich haben.«

»Über Telefon?«

Bei Tinsley hat man einfach keine Chance. »Ich fühle mich normal«, sagte ich, »was immer das heißen mag.« Ich wartete auf eine weitere Frage, eine, die mir einen Hinweis gegeben hätte. Die Sache mit Hubbard war mir in Wahrheit doch ein wenig an die Nieren gegangen: Ich kannte ihn seit fünf Jahren und hatte zweimal mit ihm gearbeitet. Wenn jemand von uns in die Luft gesprengt wird, kommt immer zwangsläufig der Gedanke: *Das hättest du selbst sein können.*

»Die beiden Leute«, sagte Tinsley, »mit denen Sie sich am Flughafen Tegel treffen, stehen ziemlich weit oben in der Hierarchie und werden sich sehr gut um Sie kümmern. Sie können ihnen voll und ganz vertrauen. Ist das klar?«

»Roger.« Eines wußte ich jetzt: Hubbard konnte unmöglich saubere Arbeit geleistet haben. Wenn eigens Leute aus der oberen Etage geschickt wurden, um meinen Bericht entgegenzunehmen, hatte er ganz offensichtlich einen ziemlichen Schlamassel angerichtet. Und ich wußte noch etwas: Sie würden mich nicht zurückschicken, um den Schlamassel zu beseitigen.

Als ich an meinen Platz zurückkehrte, starrte Corrine mich sorgenvoll an. »Was ist schiefgegangen?« fragte sie.

»Nichts ist schiefgegangen.« Sie zitterte, und ich rieb ihre Hände. »Man möchte, daß ich ein anderes Flugzeug nehme, das ist alles.«

Sie zuckte leicht zusammen. »Sie fliegen zurück nach Bombay?«

»Ich fliege *nicht* zurück nach Bombay. Ich werde in Berlin gebraucht.«

Wir befanden uns jetzt im Landeanflug.

Sie gab sich nicht damit zufrieden. »Was werden Sie ihnen erzählen, wenn Sie Ihren Bericht abliefern?«

»Ich werde ihnen erzählen, daß er keine Spuren hinterlassen

hat, daß er niemanden mit hineingezogen hat, und daß keine Gefahr besteht, daß durch seine Schuld irgendein anderer Agent auffliegt.« Ich hätte mich am liebsten auf die Zunge gebissen, denn ich hatte meine Worte ziemlich unglücklich gewählt. »Hören Sie«, sagte ich ihr, »er hat sein Bestes gegeben, doch leider hat es ihn erwischt. Haben Sie ihn geliebt?«

»Ja.«

»Dann belassen Sie es dabei. Alles andere ist doch unwichtig, verdammt.«

Sie standen neben dem Hertz-Schalter am Flughafen in Westberlin, die Arme hinter dem Rücken verschränkt. Ich hatte sie noch nie zuvor gesehen; sie hätten Zwillinge sein können, beide ein bißchen übergewichtig, mit rosigen, glatt rasierten Gesichtern, steifen blauen Anzügen und glänzend polierten Schuhen – ich mußte an Loman denken – und mit einer Aura absoluter Kompetenz – es gibt nichts, weswegen Sie sich Sorgen machen müßten, überlassen Sie alles weitere uns, und so fort.

Parole Oktober und Gegenparole, aber sie wollten auch meinen Ausweis sehen, den mit dem Wappen der Königin darauf, den ich nicht in meiner Brieftasche, sondern im Futter meiner Jacke aufbewahrte.

»Ausgezeichnet«, sagte einer von ihnen, »dann machen wir uns mal auf den Weg. Kein Gepäck, richtig?«

Möglich, daß sie sogar vom Außenministerium kamen, nicht vom Bureau; mit Ausnahme von ein oder zwei Leuten wie Loman sehen wir alle wie heruntergekommene, arbeitslose Zeitungsreporter aus, was Teil unserer Tarnung ist – aber Tinsley hatte ja schließlich gesagt, daß diese beiden ›ziemlich weit oben in der Hierarchie standen‹. Das erklärte ihr Aussehen: Sie verbrachten ihre Tage in der gereinigten Atmosphäre der Verwaltung, hoch oben unter dem Dach des Gebäudes in Whitehall, und ihre größte Sorge bestand darin, wie man den Taubendreck von den Fensterbänken entfernt. Ganz so ist es natürlich nicht; aber wir mögen diese Bastarde einfach nicht – sie können zu jeder beliebigen Zeit auf die Knöpfe ihres Computers drücken, und dann spuckt er den Namen eines Mannes aus, den sie dann auf irgendein Himmelfahrtskommando schicken, weil die Sachlage es nun einmal erfordert, und so weiter.

»Ich bin Chandler, und das ist Elliott«, sagte der kleinere von beiden, ein Bursche mit gepflegtem, sorgfältig gestutztem Schnurrbart. Er stieß eine Schwingtür auf und führte uns in die Zollabfertigungshalle. »Man wird uns nicht lange aufhalten, es ist bloß eine Formalität.«

Sie eskortierten mich zum hintersten Schalter und sagten mir, ich sollte auf der anderen Seite warten. Elliott sprach mit einem Zollbeamten in Zivil, zeigte seinen Ausweis, unterschrieb etwas und kam dann zu uns zurück.

»Die Leute sind wirklich sehr kooperativ«, sagte er gut gelaunt und meinte damit vermutlich, daß wir unter der Flagge der NATO die Einreiseformalitäten umschifften.

Das alles nur, um meinen Bericht über Hubbard zu hören?

»Draußen steht ein Wagen«, sagte Chandler. Er redete wie ein sehr leises Maschinengewehr. »Dauert jetzt nicht mehr lange.«

»Sie verschwenden Ihre Zeit«, sagte ich zu ihm.

Sie warfen mir beide einen raschen Blick zu. Chandler hüstelte diskret. Aber sie schwiegen beide, bis wir draußen in einen schwarzen Mercedes 420 SEL eingestiegen und zu einer Ecke des Parkplatzes gefahren waren, wo wir mit abgeschaltetem Motor, aber brennendem Standlicht stehenblieben.

Im Licht der Laternen war ein kalter Sprühregen zu sehen, der auf der Motorhaube gefror.

»Wir verschwenden Zeit?« fragte Chandler. »Wie meinen Sie das?«

»Was Hubbard in Bombay auch für eine Sauerei angerichtet haben mag, Sie werden jemand anderen hinschicken müssen, um sie aufzuwischen.«

Das haben solche Burschen schon zu oft mit mir gemacht – mich in irgendeinen roten Sektor geschickt, wo ein Toter mit irgendwelchen gefährlichen Dokumenten am Leib in irgendeiner Straße lag, oder wo ein Spionagering aufgeflogen war und einer von den Jungs im Lichtschein einer grellen Lampe saß und ausgequetscht wurde. Diesmal nicht. Nicht schon wieder.

»Wir haben noch ein paar Minuten«, sagte Elliott, holte einen Mini-Sanyo hervor, legte eine Kassette ein und klappte den Deckel zu. »Geben Sie uns doch mal eben einen kurzen Bericht über die Sache, einverstanden?« Er sprach glatter als Chandler, gar nicht wie ein Maschinengewehr, sondern sanft. Es klang fast entschuldigend.

Er drückte auf die Aufnahmetaste und hielt mir das Ding hin. Ich hatte dabei nichts zu verlieren, also gab ich ihnen meinen Bericht noch einmal; offenbar hatten sie meine Nachricht aus Bombay nicht aufgezeichnet. »Nach dem, was ich von unseren dortigen Schläfern in Erfahrung bringen konnte, kam Hubbard, ohne es zu merken, den Sicherheitsleuten der russischen Botschaft in die Quere. Sie setzten einen Mann auf ihn an, griffen sich einen seiner Verbindungsleute und quetschten ihn aus – einen Pakistani, keinen von unseren. Als sie genug über Hubbard wußten, kamen sie offenbar zu dem Entschluß, daß es sicherer war, ihn sofort auszuschalten und uns auf diese Weise unmißverständlich zu warnen.«

Elliott: »Sind Sie denn der Ansicht, daß er der Gegenseite vorher noch etwas Nützliches hätte mitteilen können?«

»Die Gegenseite war jedenfalls ganz offensichtlich nicht dieser Ansicht, worauf es ja letztlich ankommt. Ich bin nicht genug über seine Mission informiert, um mir ein abschließendes Urteil darüber erlauben zu können.«

Chandler, der am Steuer saß, behielt ständig die Zufahrt des Parkplatzes im Auge.

»Was ist mit der Frau?« fragte Elliott mich.

»Sie war das letzte Glied in der Kette von Verbindungsleuten. Die Anweisung des Agentenführers an sie lautete, Hubbard zu dem Treffen mit dem afghanischen Kontaktmann zu begleiten und sich dann in der Nähe aufzuhalten, für den Fall, daß er sie brauchte.«

Elliott stützte sich mit dem Arm auf die Sitzlehne und hielt den Sanyo zwischen uns. »Wie lange waren Hubbard und die Frau im Wagen, ehe die beiden losfuhren und in den Hinterhalt gerieten?«

»Drei Stunden. Sie mußten warten, bis die Afghanen ihnen ein Zeichen gaben.«

»Drei Stunden.« Elliott drückte auf die Pausentaste und dachte nach.

Alles, was ich wissen möchte, ist, ob er mit ihr geschlafen hat. Corrine, deren Atem nach Brandy roch, die Augen vom Weinen verquollen. Wie, zum Teufel, sollte ich das wissen? Aber wie vertreibt man sich drei lange Stunden, wenn man mit einer jungen Frau allein in einem Auto sitzt und auf ein Treffen wartet und nicht weiß, ob die Gegenseite womöglich Wind davon bekommen hat und man am nächsten Tag vielleicht schon in einer Verhörzelle sitzt, mit zehn oder zwanzig Jahren in einem Arbeitslager im Gulag vor Augen, wo es weit und breit keine einzige Frau gibt?

Nein, sie war nur eine von seinen Kurieren, mehr nicht.

Und einer ihrer geschwärzten Fingerknochen oder der verkohlte Überrest eines Ohrs lag jetzt vielleicht versehentlich in jenem Sarg, über dem die trauernde Witwe bei der Beerdigung ein Gebet sprechen würde – wie kompliziert kann doch das Leben sein, mein Freund, und wie poetisch.

»Hat er irgendwelche Spuren hinterlassen?« fragte Elliott.

»Nicht in seinem Versteck. Ich habe dort nachgeschaut. Er hat seine Meldungen nur mündlich übermittelt, die letzten drei nach London telefonisch von der Wohnung eines Verbindungsmannes aus. Sein Codebuch hatte er höchstwahrscheinlich bei sich im Wagen.«

Der Lichtstrahl eines Scheinwerferpaares huschte über die Windschutzscheibe, als ein BMW auf den Parkplatz abbog und an uns vorbeifuhr. Chandler ließ den Motor an.

»Was ist mit dem Kurier?« fragte mich Elliott. »Der Frau?«

»Sie meinen, ob sie Spuren hinterlassen hat?«

»Ja.«

»Das weiß ich nicht. Sämtliche Verbindungsleute sind sofort untergetaucht, als die Sache bekannt wurde. Am besten, Sie überprüfen ihre Basis.«

Wir fuhren los, folgten dem BMW.

Elliott schaltete den Sanyo aus und steckte ihn weg. Er beugte sich vor und sagte etwas zu Chandler; ich verstand es nicht genau, aber es klang wie: »Bis sie das Zeichen geben.« Dann lehnte er sich wieder zurück.

»Das war's?« fragte ich ihn.

»Oh.« Er drehte sich schnell zu mir um. »Ja, vielen Dank. Wir brauchten es auf Tonband, als Bestätigung Ihres Berichtes aus Bombay.«

»Und was soll ich in Berlin?«

»Ich habe Ihren Bericht entgegengenommen« – er schaute auf seine Fingernägel – »weil dafür gerade eine günstige Gelegenheit war. Sie sind hier, weil wir möchten, daß Sie jemanden treffen.« Ein kurzes Lächeln. »Wird nicht lange dauern.«

Er sprach in einem so merkwürdig beschwichtigenden Tonfall, daß ich plötzlich das Gefühl hatte, ich sei auf dem Weg zu einer Hinrichtung. »Wen?«

Ich hätte nicht fragen sollen, aber es war zu spät. Ich hatte mir anmerken lassen, daß ich nervös war. Vor sechs Wochen war ich aus Singapur zurückgekommen, und bis man mich telefonisch nach Bombay beorderte, hatte ich einen Monat lang herumgesessen, ohne daß sich jemand an mich erinnert hatte. Nach einem Einsatz hingegen sind unsere Nerven bis zu dem Punkt gespannt, wo man sich vor gar nichts mehr fürchtet; in dieser Verfassung könnte man uns sofort wieder losschicken, und wir würden dann mit voller Kraft weitermachen. Aber meist kommt nach dem Einsatz der Bericht und die ärztliche Untersuchung und zwei Wochen bezahlter Urlaub. Eine Flugreise auf Staatskosten mit beliebigem Ziel, oder eine Kur in Norfolk mit Frühstück im Bett, schwedischer Massage, Saunas und allem Drum und Dran. Und dann setzt man uns auf die Bereitschaftsliste. Wir müssen warten, und der geistige Zersetzungsprozeß beginnt – die Nerven haben sich wieder beruhigt, das Blut hat sich abgekühlt, und wir haben Zeit, uns daran zu erinnern, daß wir es nur unserem Glück verdanken, heil zurückgekommen zu sein, daß wir ein großes Risiko eingegangen sind, wenn es auch noch so gut kalkuliert war. Ein Wunder, daß man überhaupt zurückgekehrt ist, daß man nicht bei einem gefährlichen Taucheinsatz umgekommen ist oder in einer Verhörzelle sitzt, wo einem das grelle Licht ein Loch in den Kopf bohrt, oder im Morgengrauen mit weggeschossener

Schädeldecke von einem Straßenfeger gefunden wird. Wozu soll man sich also überhaupt wieder in den Einsatz schicken lassen? Warum sein Schicksal herausfordern?

Die Antwort ist wiederum eine Frage: Was soll man statt dessen tun?

Elliotts Stimme unterbrach meine Gedanken. »Erinnern Sie sich an Yasolev? Viktor Yasolev?« Er betrachtete wieder seine Fingernägel.

»Ja.«

»Sie kamen gut mit ihm zurecht, nicht wahr?«

»So gut, wie man es unter den Umständen erwarten konnte.«

Er lächelte nachsichtig. So gut, wie man es angesichts der Tatsache erwarten konnte, daß Viktor Yasolev Oberst des KGB war und mich einmal um ein Haar ins Lubyanka-Gefängnis geworfen hätte.

»Worauf ich hinaus will«, sagte Elliott vorsichtig, »glauben Sie, daß er ein ehrenwerter Mann ist, trotz aller Gegnerschaft?«

Wir bogen nach links ab und fuhren auf dem Saaltwinkler Damm am Kanal entlang. Die Rückleuchten des BMW waren immer noch vor uns im Regen zu sehen.

»Ja.« Viktor Yasolev: hart, gefährlich, tödlich, wenn man ihn in die Enge trieb, aber ehrenwert. »Warum?«

»Wir hoffen«, sagte Elliott vorsichtig, »daß Sie sich bereiterklären, mit ihm zusammenzuarbeiten.«

Ich wandte den Kopf, und er erwiderte meinen Blick ruhig, mit ausdruckslosem Gesicht.

Nach einem Moment fragte ich: »Wann ist er übergelaufen?«

»Er ist nicht übergelaufen. Er ist immer noch beim KGB.«

2 ECHOS

»Wir steigen hier aus«, sagte Chandler, stellte den Motor ab und löste seinen Sicherheitsgurt.

Der BMW hatte in der nächsten Reihe geparkt, und drei andere Wagen standen weiter weg zwischen den Betonpfeilern. Noch weiter weg, in der Nähe der Zufahrtsrampe, die von der Straße hier hinunterführte, standen zwei Männer. Die Lampen über den Nummern der Parkbuchten sorgten für ein kaltes Zwielicht.

Wir stiegen aus, standen für einen Moment untätig herum und atmeten die Auspuffgase ein.

»Nicht Yasolev«, sagte Elliott leise. »Mit Yasolev treffen wir uns hier natürlich nicht, sondern mit Mr. Shepley.«

Ich schaute ihn an, aber er drehte sich nicht zu mir um. Er beobachtete den BMW. Ich hatte von Shepley gehört, war ihm aber noch nie begegnet, was auf die meisten von uns zutraf. In unserer Rangordnung war er so etwas wie Gottvater persönlich.

Shepley *in Berlin.*

Man erzählte sich über ihn, daß er niemals London verließ; manche behaupteten sogar, daß er niemals das Gebäude in Whitehall verließ, jenes Gebäude mit der falschen Tür hinter dem Aufzug und der Maulwurfszitadelle aus Zimmern, die keine Nummern an den Türen hatten, keine Namen. Es gab auch das Gerücht, daß Shepley ein ehemaliger SAS-Oberst war, der eine führende Rolle bei der Stürmung der iranischen Botschaft in der Princes' Gate gespielt hatte; aber daß Gerüchte und Legenden entstehen, mit oder ohne wahren Kern, ist an einem Ort wie dem Bureau, wo wir uns alle aus Prinzip unter Tarnkappen verbergen, nicht weiter verwunderlich.

»Kühl für diese Jahreszeit«, hörte ich Elliott sagen. Er schenkte mir ein schwaches Lächeln, und es schien mir plötzlich, daß er hochgradig nervös war, trotz seiner oberflächlich zur Schau getragenen Ruhe. Der Grund dafür war vermutlich, daß mir Leute, die ziemlich weit oben in der Hierarchie stehen, mächtig auf die Nerven gehen. Sie bringen mich auf die Palme, und wahrscheinlich wollte er nicht, daß das ausgerechnet jetzt passierte, wo Gottvater persönlich anwesend war.

Das Martinshorn eines Polizeiwagens, der draußen sehr schnell vorbeifuhr, zerriß die Stille der Nacht; dann war es hier unten wieder ruhig, bis sich am BMW eine Tür öffnete. Elliott berührte mich am Arm. »Es wäre gut«, sagte er leise, »wenn Sie einfach nur zuhören und selbst nicht viel sagen. Denken Sie daran, daß die Entscheidung ganz bei Ihnen liegt. Sie brauchen sich also überhaupt keine Sorgen zu machen.«

Man merkte ihm seine Nervosität deutlich an, was keine große Hilfe für mich war.

Zwei Männer stiegen aus dem BMW und stellten sich davor, und dann stieg noch jemand aus, der hinten gesessen hatte. Er stand da, ohne einen von uns anzuschauen, die Hände in den Taschen seines Regenmantels vergraben, während wir zu ihm gingen und vor ihm stehenblieben. Die leisen Echos unserer Schritte erstarben.

Es war so still, daß ich Elliott atmen hören konnte. Chandler hatte nichts mehr gesagt, seit wir aus dem Wagen gestiegen waren; er und Elliott standen links und rechts von mir, hielten sich aber etwas im Hintergrund.

»Wer ist das?« Der Mann im Regenmantel hatte sein Gesicht der Garagenzufahrt zugewandt. Seine Stimme war so leise, daß man genau hinhören mußte.

»NATO-Wachtposten, Sir, im Majorsrang.« Das sagte einer der Männer, die eben aus dem BMW gestiegen waren.

Shepley bewegte wieder den Kopf. »Was ist mit denen da?«

Sein Blick war auf einen dunkelgrauen Mercedes auf der anderen Seite der Garage gerichtet, hinter dessen Windschutzscheibe undeutlich zwei Gesichter zu erkennen waren.

»Polizei, Sir. Für den Fall, daß uns jemand stören sollte.«

Shepley drehte wieder den Kopf und blickte nun mich an. Er wirkte unauffällig: durchschnittlich groß, durchschnittlich schwer, mit schütterem, strohfarbenem Haar. Er sah aus wie ein Bankangestellter oder Versicherungsvertreter. Ungewöhnlich waren nur seine verwaschen blauen Augen, die mich mit einer solchen Intensität musterten, daß ich das Gefühl bekam, er würde in aller Ruhe jede einzelne Synapse in meinem Hirn auf ihren Zustand überprüfen. Und dann seine Stimme. So leise, daß man sich ganz auf sie konzentrieren und alle anderen Geräusche ignorieren mußte, wollte man verstehen, was er sagte.

»Sie sind der Außenagent?«

Dicht hinter mir sagte Chandler: »Quiller, Sir.«

Die blaßblauen Augen musterten mich immer noch ohne jede Reaktion; dann, als er fertig war, zog er die rechte Hand aus der Tasche und hielt sie mir hin. »Gut, daß Sie gekommen sind. Ich bin Shepley.«

Eine kalte, harte Hand. Dadurch gehärtet, daß sie schon oft Dinge hatte halten müssen, die in die Luft flogen, wenn man nicht aufpaßte – diese Gedanken löste sein Händedruck bei mir aus.

»Sehr erfreut, Sir«, sagte ich, um Elliott von seinen Qualen zu erlösen.

Shepley schob die Hand wieder in die Tasche und lehnte sich gegen den Wagen, wobei er, ohne den Blick von mir zu nehmen, den Kopf ein wenig nach rechts drehte. »Wir möchten, daß Sie bei einem Einsatz mit dem KGB zusammenarbeiten. Hat man Ihnen das bereits mitgeteilt?«

»Ja.«

»Wie gefällt Ihnen das?«

»Ich brauche mehr Informationen.«

Er drehte den Kopf zur Seite, blickte zu den Wachtposten an der Einfahrt oder an ihnen vorbei. Ich glaube, er nahm seine Umwelt gar nicht mehr wahr und hatte sich in den Alpha-Zustand versetzt. Ich bemerkte Pockennarben unter seinem linken Ohr, die von einer Explosion herrühren mußten, vielleicht von einer Granate. Wahrscheinlich war das auch der Grund dafür, daß er immer den Kopf zur Seite drehte, um mit seinem rechten Ohr zu hören.

»Mehr Informationen«, sagte er leise. »Natürlich.« Er schaute mich wieder an. »Dieser Yasolev. Trauen Sie ihm?«

»Um was geht es denn?«

»Würden Sie ihm Ihr Leben anvertrauen?«

Ich dachte darüber nach, sagte dann: »Ich glaube, daß man sich auf sein Wort verlassen kann. Wenn er zum Beispiel behaupten würde, daß er mich *nicht* ausschaltet, egal wie seine Befehle aus Moskau lauten, würde ich ihm glauben.«

»Das würden Sie.«

Es war eine Feststellung, keine Frage. Ich erwiderte nichts darauf; er gab mir die Informationen, die ich brauchte, indem er mich Dinge fragte und zuhörte, so daß er erfuhr, welche Frage er als nächste stellen mußte. Das klingt kompliziert, ist es aber nicht. Es ist die klassische Methode, die Informationen auf das zu beschränken, was der andere wirklich wissen muß, so daß so wenige Informationen wie möglich weitergegeben werden. Aber leicht wollte ich es ihm nicht machen, denn ich wollte *eine Menge* Einzelheiten wissen, ehe ich bereit war, über eine Zusammenarbeit mit dem KGB auch nur nachzudenken, und er wußte das.

»Wären Sie bereit, in Ostdeutschland zu arbeiten?«

»Unter welcher Tarnung?«

»Eine Tarnung Ihrer Wahl, plus der Möglichkeit, jederzeit in Deckung zu gehen.«

Damit meinte er, daß ich ein Versteck haben würde, wo ich jederzeit untertauchen konnte, wenn es brenzlig wurde.

»Ich will eine Garantie«, sagte ich, »daß Sie mich herausholen, wenn ich es verlange.«

Das schien keine sehr schwer zu erfüllende Bitte zu sein, doch er wußte, was ich da von ihm verlangte. Es konnte bedeuten, daß sie einen Hubschrauber über die Grenze schicken mußten, der das Radar unterflog und das Loch finden mußte, in dem ich mich versteckt hielt; und das alles bei schlechtem Wetter oder nachts und bevor die Gegenseite mich aufspürte, oder ich zu viel Blut verloren hatte und bereits zu schwach war, um ihnen über Funk meine Position mitzuteilen oder überhaupt noch einen Finger zu heben. Oder es konnte bedeuten, eine ganze Schar von schlafenden Agenten, Verbindungsleuten und Kurieren zu aktivieren, um mich zu suchen. Da konnte dann rasch der Punkt kommen, wo Shepley den Wert eines einzelnen Außenagenten gegen das Risiko abwägen mußte, die Hälfte aller in Ostberlin oder ganz Ostdeutschland lebenden Maulwürfe, Schläfer und aktiven Spione bloßzustellen. Und wenn sich die Waage dann nicht in meine Richtung neigte, würde er alle mir gegebenen Versprechen brechen *müssen* und mich opfern.

Er beobachtete mich ungerührt.

»Das können wir nicht«, sagte er, »und das wissen Sie.«

Ich hatte herausfinden wollen, ob er soweit gehen würde,

mir das Unmögliche zu versprechen, nur um mich für den Einsatz zu ködern. Bislang spielte er also mit offenen Karten.

»In Ordnung.« Ich verlagerte mein Gewicht auf das andere Bein, weil ich das Bedürfnis hatte mich zu bewegen. Shepley so dicht gegenüber zu stehen war, als stünde man unter einer Hochspannungsleitung. Vielleicht übte er nicht immer einen solchen psychischen Druck aus, aber jetzt tat er es. Er war schließlich nicht nach Berlin gekommen, um den hiesigen Apfelstrudel zu probieren. »In Ordnung. Dann will ich Ihre Garantie, daß Sie mich nicht ausschalten, egal welchem Druck Sie in dieser Richtung ausgesetzt sind.«

Er blickte auf seine Schuhe.

Neben mir bewegte sich jemand. Es war Elliott, links von mir, ein empfindsamerer Mann als Chandler, leichter in Verlegenheit zu bringen. Oder er wußte – was Chandler vielleicht nicht bekannt war –, daß man mir in London bei meinem vorletzten Einsatz eine Bombe untergeschoben hatte, weil ich plötzlich auf kritische Weise entbehrlich geworden war. Ich war damals nur mit heiler Haut davongekommen, weil ich die Bombe entdeckt und den Zünder herausgezogen hatte. Ich wollte nicht, daß sie wieder so was taten.

»Das ist schwierig«, sagte Shepley.

»Ja. Aber ich will diese Garantie. Von Ihnen persönlich.«

»Sie übernehmen den Einsatz nur dann, wenn ich diese Forderung erfülle?«

»Ja.«

In dieser kalten Wüste aus Beton in einer Oktobernacht am 52. Breitengrad wurde mir plötzlich warm. Der Schweiß lief mir über Gesicht, über die Hände. Darauf war ich nicht vorbereitet gewesen, als sie mir sagten, ich sollte nach Berlin fliegen. So ohne jede Vorwarnung plötzlich in eine Tiefgarage verfrachtet zu werden, wo der Chef des Bureau persönlich erschien und einem den völlig verrückten Vorschlag machte, sich auf eine Zusammenarbeit mit dem KGB einzulassen, das konnte einen schon ins Schwitzen bringen. Ich hatte keine Ahnung, was der Hintergrund dieser Sache war, aber ganz offensichtlich gab es Verbindungen nach ganz oben, und ich nehme an, daß sich auf meiner Seite ein gewisser Grad von Paranoia einzuschleichen begann – ich spürte, daß diese Leute dabei waren, mich in einen Strudel hinabzuziehen, ehe ich eine Chance hatte, mich zu befreien; sonst hätte ich niemals in dieser Form Bedingungen gestellt, ohne überhaupt zu wissen, was sie von mir wollten.

»Mit ›ausschalten‹«, sagte Shepley leise, »meinen Sie, Ihren Tod anordnen. Ist das richtig?«

Das gefiel mir an ihm. Wir verwenden alle gern Euphemismen wie ›eliminieren‹ oder ›ausschalten‹ und so weiter, aber er sagte, was er meinte.

»Ja«, antwortete ich.

Er wich meinem Blick nicht aus. »Soll das heißen, daß Ihnen Ihr Leben wichtiger ist als der Erfolg des Unternehmens? Eines Unternehmens von so außerordentlicher Bedeutung wie dieses?«

Ich drehte mich um, machte einen Schritt zurück und blickte auf den ölverschmutzten Beton. Ich trat gegen ein loses Stück und beobachtete, wie es davonrutschte, bis es von einem Pfeiler aufgehalten wurde.

»Nein«, sagte ich. Das war die einzig denkbare Antwort. Auf diese Bedingung lassen wir uns ein, wenn wir unseren Vertrag unterschreiben, und jedes Jahr geben wir aufs neue unser schriftliches Einverständnis dazu. Das ist der Punkt, an dem die meisten neuen Rekruten es sich anders überlegen, und ich mache ihnen deswegen keinen Vorwurf. Ich hatte unterschrieben, weil das das Leben war, das ich führen wollte, und ich war bereit, den Tod zu akzeptieren, den sie vielleicht eines Tages von mir verlangen würden. Wir vom Bureau haben keine Lizenz zum Töten; wir haben eine Lizenz zum Sterben. »Nein, mein Leben ist für mich nicht wichtiger als der Erfolg des Unternehmens. Aber wenn ich sterben muß« – ich drehte mich um und schaute ihm wieder in die Augen –, »dann von eigener Hand. Diese Zusage verlange ich von Ihnen. Das ist alles. Wenn . . .«

»Es könnte nicht genug Zeit sein, um Sie aufzufordern, sich . . .«

»Das wäre auch nicht nötig. Wenn keine andere Möglichkeit mehr besteht, werde ich es wissen.«

»Nicht notwendigerweise.«

»Hören Sie, ich besitze Kampferfahrung, das wissen Sie, ich habe . . .«

»Jetzt denken Sie unpraktisch.«

»Immerhin steht mein Leben auf dem Spiel, und ich . . .«

»Es geht nicht an, daß Sie uns durch eine solche Bedingung die Hände binden.«

»Oh, mein Gott, ich hätte eine Kapsel dabei, wo liegt also das Problem? Ich will nur nicht, daß man mich hinterrücks ersticht . . .« Plötzlich verstummte ich, denn ich bemerkte, daß meine Stimme ein wenig schrill klang und meine Nervosität verriet, genau wie bei Elliott.

Plötzlich hörte man einen Automotor. Scheinwerferlicht erhellte die Einfahrt und neigte sich nach unten, als der Wagen die Rampe herabkam. Doch in diesem Moment hatten wir alle uns schon umgedreht und standen mit dem Rücken zum Licht, die Gesichter verborgen, wie auf einer Schattenfotografie. Keiner von uns bewegte sich, als wir hörten, wie der Wagen bremste; eine Männerstimme – einer von den NATO-Wachtposten – und eine andere Stimme, leiser, im Wagen; der Motor tuckerte im Leerlauf, dann heulte das Getriebe im Rückwärtsgang; unsere Schatten an der Wand schwangen zur Seite, als das Scheinwerferlicht auf der Rampe verschwand; das Zwielicht hüllte uns wieder ein, und wie Marionetten drehten wir uns herum und nahmen unsere vorherigen Positionen ein.

»Sie stehen in dem Ruf«, sagte Shepleys leise Stimme, »sich widerstrebend zu zeigen, wenn man Ihnen einen neuen Auftrag anbietet. Ich rate Ihnen, meine kostbare Zeit nicht zu verschwenden.«

»Sie stellen mich bei dieser Sache einfach ins kalte Wasser«, sagte ich scharf.

»Ich verstehe, was Sie meinen. Aber der Zeitfaktor ist entscheidend. Wir müssen uns beeilen.«

»In Ordnung. Aber ich will *mehr* wissen, viel mehr.«

»Natürlich. Sie werden umfassend informiert. Für den Augenblick« – er setzte sich plötzlich in Bewegung, und ich ging neben ihm her, froh, mich endlich bewegen zu können – »für den Augenblick möchte ich lediglich, daß Sie sich zu einem

Treffen mit Yasolev bereiterklären. Es würde in Ostberlin stattfinden. Er würde nicht zu Ihnen kommen, sondern Sie müßten zu ihm fahren. Das war ein Entgegenkommen meinerseits, als der erste Kontakt hergestellt wurde. Zu Ihrem Schutz – besser gesagt, zum Schutz des Agenten, der den Auftrag übernimmt – habe ich darauf bestanden, daß der KGB uns eine Geisel nach London schickt, und sie haben sich schließlich einverstanden erklärt, einen Generalmajor der Roten Armee zu schicken.« Wir kamen zu einer Wand und machten kehrt. Unsere Schritte hallten leise durch die Garage. »Außerdem habe ich verlangt, daß vier unserer Agenten – vom SIS, nicht vom Bureau – aus der Haft in Moskau entlassen werden und nach London zurückkehren können, gemeinsam mit drei Amerikanern. Darum habe ich mich mit der Bedingung der Gegenseite, Yasolev auf ihrem Territorium zu treffen, einverstanden erklärt.«

»Allein?«

»Ja. Natürlich werden Sie auch hierüber zuvor umfassend informiert. Außerdem ist es erforderlich, diesen Auftrag ausschließlich auf Geheimdienstebene durchzuführen, ohne das Außenministerium oder die Botschaften verbündeter Staaten in irgendeiner Weise darin zu verwickeln. Es sei denn, die Umstände des Einsatzes erfordern es. Aber wenn Sie den Auftrag annehmen, stehen Ihnen die Ressourcen des Bureau vollständig zur Verfügung, und zwar unter meiner ständigen persönlichen Überwachung.«

Er blieb kurz vor der Stelle stehen, wo die anderen Männer warteten, und blickte mich mit leicht nach rechts gedrehtem Kopf an. Das Licht einer Deckenlampe spiegelte sich in seinen Augen. »Mehr brauchen Sie zum jetzigen Zeitpunkt nicht zu wissen, denke ich. Aber ich bin bereit, all Ihre Fragen zu beantworten, sofern diese Fragen hinsichtlich Ihres Einsatzes relevant sind.«

Er ließ mir nicht viel Zeit. Er hatte mir alles erzählt, was er zu erzählen bereit war, denn er wollte vermeiden, daß eine kritische Masse von Informationen in meinem Kopf herumschwirrte, falls ich den Auftrag ablehnte. Sogar zwischen zwei Einsätzen kann ein Agent jederzeit in die Hände eines gegnerischen Geheimdienstes fallen und ausgequetscht werden, sofern jemand glaubt, er wisse etwas Interessantes. Ehe ich den Auftrag nicht angenommen hatte, würde man mir nichts mehr sagen.

Es gab nur noch eine Frage, die ich Shepley stellen konnte, um herauszufinden, wie groß diese Sache war, und ob es überhaupt Sinn hatte, sich auf sie einzulassen. »Yasolev hat diesen Kontakt nicht auf eigene Faust hergestellt«, sagte ich. »Dazu ist er eine Nummer zu klein. Wer steckt also dahinter?«

»Generalsekretär Michail Gorbatschow.«

3 PICKNICK

Wir rückten wieder ein Stück vor. Die Straßenlaternen glitten an den getönten Scheiben des Mercedes vorbei und warfen Schatten auf den Kopf des Fahrers. Erst vor ein paar Minuten, als wir an den Grenzübergang kamen, hatte er zum ersten Mal gesprochen. »Wir könnten die Fahrspur für Wagen mit Sondergenehmigung nehmen, aber das würde mehr Aufmerksamkeit erregen. Ist es Ihnen recht, wenn ich die normale Spur nehme?«

Ich stimmte zu. Shepley hatte mir erklärt, daß man uns ohne Probleme durchlassen würde – niemand würde uns kontrollieren –, aber ich wollte, daß man möglichst wenig Notiz von uns nahm.

Der Fahrer schwieg wieder. Durch die getönten Scheiben und meine dunkle Sonnenbrille wirkten die Menschen draußen beinahe gesichtslos; ihre Stimmen hörte ich nur schwach. Es war vier Uhr morgens, eine tote Zeit. Vor uns in der Schlange standen nur ein halbes Dutzend Autos.

Wir rückten wieder vor; der Motor summte leise, gedämpft. Die Instrumentenbeleuchtung glühte.

Werden sie uns verhören?

Sie zitterte, schmiegte sich an mich. Ihr Wollmantel war naß von geschmolzenem Schnee. Die Luft war bitterkalt, und einer der Wachtposten draußen vor dem barackenähnlichen Gebäude hustete laut.

Nein, dich werden sie nicht verhören. Du weißt nicht genug.

Margaret. Margaret Soundso. Jenning? Fenning? Etwas mit *ing* am Ende. In drei Jahren kann man in diesem Gewerbe sogar den eigenen Namen vergessen.

»Welche Route nehmen wir?«

Der Fahrer drehte ein wenig den Kopf, so daß seine Augen mich im Rückspiegel anschauten. »Über Bernau. Wird ungefähr eine Stunde dauern. Ein bißchen mehr, vielleicht.«

Vor uns wurden Autotüren zugeschlagen. Uniformmützen, die rechtwinkligen Dächer niedriger Gebäude, im Dunst dahinter die Umrisse einer Alarmsirene.

Der Wachtposten kam herein. Sein Gesicht war wegen der Kälte hinter einem Wollschal verborgen. *Sie kann gehen,* sagte er. *Na los – beweg dich!* Er trat ihr gegen den Fuß.

Sie drehte den Kopf und schaute mich an, aber ich sagte auf Englisch: *Frag nicht lange. Geh schon.*

Der Mercedes war neu und roch nach Leder, nicht die Sorte Fahrzeug, die einem das Bureau normalerweise zur Verfügung stellt. Und ein uniformierter Fahrer. Vielleicht war es also gar kein Wagen des Bureau, vielleicht handelte es sich um eine nette Geste des Generalsekretärs. Ich hatte das Gefühl, daß diese Sache nicht nach meinem Geschmack war, zu politisch, zu vornehm, kein Job für einen Spürhund. Aber ich hatte nichts zu verlieren.

Wir rückten wieder ein Stück vor, und sofort versammelten sich draußen die Uniformmützen, wandten sich einem Zivilisten zu, der Papiere in seinen behandschuhten Händen hielt, Anweisungen.

Aber was wird aus dir?

Ich wußte, daß sie das sagen würde.

Ich kann auf mich selbst aufpassen. Nun geh schon, um Himmels willen, ehe sie es sich anders überlegen.

Sie rappelte sich auf und schaute mich ein letztes Mal an. Angst zeigte sich in ihren Augen. Jetzt war es Angst um mich, nicht um sie selbst. *Es tut mir so leid, dich allein zu lassen.*

Ich winkte mit der Hand. *Geh einfach, ja?*

Die Stimmen draußen neben dem Wagen waren verstummt, und wir fuhren los. »War es das?«

»Ja, Sir.«

Ich schaute auf die Uhr am Armaturenbrett. Eine Stunde Fahrtzeit bedeutete, daß wir im Morgengrauen am Treffpunkt sein würden.

Sie taumelte zur Tür. Ihre Beine waren verkrampft von der langen Nacht, dem langen Warten, und als sie verschwunden war, fragte ich den Wachtposten auf russisch: *Auf wessen Befehl?*

Auf Befehl des Genossen Oberst Yasolev.

Ich nahm die Sonnenbrille ab, und meine Umwelt gewann an Helligkeit und Farbe: gleichmäßige 3500 Touren auf dem Drehzahlmesser, der Kühlerstern zeichnete sich scharf vor dem verwaschenen Scheinwerferlicht ab, ein Straßenschild glitt vorbei: *Bernau 22 km, Eberswalde 47 km.*

Natürlich hatte er gewußt, der Genosse Oberst Yasolev, daß es sich nicht gelohnt hätte, sie vor die grelle Verhörlampe zu setzen und in die Mangel zu nehmen, denn sie wußte so gut wie nichts; sie war nur eine Kontaktperson im Agentenring gewesen, die man in allerletzter Minute aktiviert hatte, um eine Kommunikationslücke zu schließen; sie war noch nicht einmal eingeweiht worden, sondern man hatte ihr lediglich gesagt, sie sollte zu der betreffenden Stelle gehen und weitere Anweisungen abwarten. Sie hatte gerade erst den Kontakt zu mir hergestellt, als sie uns erwischten. Wir hatten uns unter den Bodenbrettern eines verfallenen Lagerhauses versteckt und uns Gesichter und Hände mit Ruß beschmiert, den ich aus einem Ofen gekratzt hatte. Sie trug nur einen Schuh, und deshalb kamen sie uns auf die Spur: Den anderen Schuh hatte sie verloren, als sie zu dem Versteck gerannt war.

Und welchen Sinn hätte es schon gehabt, sie vor Gericht zu stellen und in ein Straflager zu schicken? Sie wäre eine weitere Kostgängerin gewesen, egal wieviel Postsäcke sie nähte und oder wieviel Holz sie schleppte. Aber deshalb hatte Yasolev sie nicht gehen lassen. Es war eine Geste gewesen. Ich hatte den Genossen Oberst Yasolev während meines dreiwöchigen Einsatzes recht gut kennengelernt, und ich hatte von dem KGB-Leutnant, den ich in Klimovsk überwältigt und in einem Keller in die Mangel genommen hatte, eine Menge über ihn erfahren: Yasolev war der Sohn eines Generals der russischen Armee. Er hatte an der Moskauer Staatsuniversität einen akademischen Grad in Japanologie erworben und danach eine Zeitlang am Institut für Orientalische Studien gearbeitet. 1985 hatte er für den KGB in Tokio gearbeitet, getarnt als Büroleiter der russischen Zeitschrift *New Times;* dann hatte man ihn zurück in die Heimat beordert, wo er in der Spionageabwehr eingesetzt wurde und westliche Spione enttarnte und verhaftete, darunter Price-Baker und Johnson von der Company und Foxwell, Grant und Bellows von der SIS. Alles altgediente, erfahrene Agenten. Doch bis auf Foxwell, der tot war, und Johnson, der vor einem Jahr gegen Pitovsky ausgetauscht worden war, saßen sie jetzt alle im Gulag.

Die interessanteste Information, die ich von diesem Leutnant in Klimovsk erhalten hatte, besagte, daß Yasolev ein großzügiger Mann war, einsichtig, aber knallhart: *In allen Fällen forderte er von der Staatsanwaltschaft die Höchststrafe, und sie wurde jedesmal verhängt.* Er hatte eine Tochter, Ludmila, die derzeit an der Akademie der Wissenschaften in Moskau studierte. Zugegeben, Margaret und Ludmila waren ungefähr gleichaltrig oder gehörten zumindestens der gleichen Generation an. Und wenn man ein bißchen genauer hinsah, zwischen den Zeilen las, war dieser lässige Gnadenakt subjektiv und selbstgefällig gewesen; aber die Tatsache blieb, daß ich dort in dieser eiskalten Hütte gesessen und zugesehen hatte, wie Margarets kleine, gebückte Gestalt hinaus in die Freiheit taumelte. Als der Wachtposten mir gesagt hatte, wer den Befehl dazu gegeben hatte, spürte ich in dieser bitteren Kälte einen Augenblick der Wärme und war erstaunt darüber, denn in diesem Gewerbe ist selbst der kleinste Akt der Barmherzigkeit wie eine Offenbarung.

Vor einem Monat hatte ich von Margaret eine Postkarte aus East Grinstead erhalten. Sie hielt noch immer Kontakt mit mir.

»Noch ungefähr zehn Minuten«, sagte der Fahrer.

Es war immer noch dunkel.

»Sind Sie bewaffnet?«

Sein Blick schnellte zur Seite, um mich im Rückspiegel zu

betrachten. »Nein, Sir. So lauteten meine Instruktionen. Rechnen Sie denn mit Schwierigkeiten?«

»Nein.« Hätte er eine Waffe dabei gehabt, hätte ich ihn angewiesen, sie wegzuwerfen. *Das Treffen findet strikt nach den Etiketten eines diplomatischen Austauschs von Höflichkeiten statt,* hatte Shepley gesagt, *und beide Seiten akzeptieren das.* Sonst wäre ich auch niemals bereit gewesen, auf die andere Seite der Mauer zu fahren. Um keinen Preis.

Ich kann immer noch nicht glauben, daß du es geschafft hast, hatte Margaret mir auf der Postkarte geschrieben. *Es bedeutet mir so viel.* Denn als sie damals aus der Baracke ging, war sie sicher gewesen, daß mir eine lebenslange Haft in Sibirien drohte, und das hatte ich auch geglaubt. Aber auf dem Weg zum Bahnhof von Vaznesenkoe verstauchte sich einer der Wachtposten den Knöchel, und ich hatte die Gelegenheit genutzt, mich davonzumachen. Zwar verpaßten sie mir noch eine Kugel in die Schulter, und eine zweite riß mir ein paar Haare weg, doch dann war ich hinter den Bäumen verschwunden und versteckte mich drei Tage unter einer Schneeverwehung, bis sie die Suche abbrachen, weil sie mich für tot hielten.

»Meine Anweisungen lauten«, sagte der Fahrer, »in Sichtweite auf Sie zu warten. Ist das richtig?«

»Ja. Wie weit ist es jetzt noch?«

»Wir sind gleich da.«

»Es wird ein Weilchen dauern. Haben Sie sich etwas zu essen mitgebracht?«

»Das wurde mir gesagt. Ich hab' mir ein paar Sandwiches und eine Thermosflasche Kaffee mitgenommen.«

Ich wußte nicht, wer er war. Gewiß niemand von der Botschaft; er besaß Geheimdiensterfahrung, das war unverkennbar. Man hatte mir gesagt, ich sollte während der Fahrt keine Fragen stellen und keine beantworten, außer bei dem Treffen selbst.

Am Himmel vor uns zeigte sich ein erster Lichtstreifen, über einer Masse aus dunklen Bäumen, die neben der Straße aufragte. Der Fahrer hielt auf einem unbefestigten Platz und stellte den Motor ab.

»Sind wir da?«

»Ja, Sir.« Er löste seinen Sicherheitsgurt, zog ein zusammengefaltetes Blatt Papier aus der Tasche, öffnete es und zeigte es mir. »Dort oben, zwischen den Bäumen.«

Ich blickte durch die getönte Scheibe. Er hatte die Scheinwerfer ausgeschaltet, und ich sah überhaupt nichts. Also drückte ich auf den Knopf und ließ das Fenster ein Stück herunter. Kalte Luft wehte mir in die Augen. Auch jetzt sah ich nur die dunkel aufragende Masse eines bewaldeten Hanges, kein Licht und keinerlei sonstige Zeichen. Es war sehr still.

»Kommt er hierher?« *Er wird sich allein mit Ihnen treffen,* hatte Shepley gesagt.

»Nein, Sir. Sie müssen in den Wald gehen.« Er faltete den kleinen Plan zusammen und steckte ihn weg.

»Wir sind sieben Minuten zu früh.«

»Ja, Sir.«

Ich glaube, er meinte: Ja, wir sind sieben Minuten zu früh, aber trotzdem sollten Sie jetzt aussteigen und in den Wald gehen, lieber zu früh als zu spät. Aber schließlich ging es ja nicht um seinen Hals. Shepley hatte mir alles haarklein erklärt, daß es sich lediglich um ein Treffen handelte, bei dem die diplomatische Etikette gewahrt bleiben, und daß in London ein General der Roten Armee unter Hausarrest saß. Und der Chef des Bureau – der *Chef* des Bureau – würde gewiß nicht einen seiner Top-Agenten geradewegs in eine Falle schicken. Aber grau ist alle Theorie, und jetzt saß ich hier im Morgengrauen auf der falschen Seite des Eisernen Vorhangs und sollte aus dem Wagen steigen und blindlings, ohne die geringsten Zweifel, in diesen Wald dort gehen. Aber ich mag keine Bäume, wenn sie so dicht stehen, tief wie dunkles Wasser, und wenn irgendwo zwischen ihnen ein KGB-Offizier auf mich wartet.

Allein?

Was konnte ich tun, wenn das Bureau mich wieder aus dem Weg schaffen wollte, diesmal nicht mit einer Bombe, sondern mit etwas viel Subtilerem? Was war, wenn sie mich als Köder in irgendeiner diabolischen Falle benutzten, die Shepley sich ausgedacht hatte, und mich des geheiligten Zweckes wegen opferten?

Nichts.

Ich konnte *nichts* tun.

Ich will Ihre Garantie, hatte ich zu ihm gesagt, *daß Sie mich nicht ausschalten, egal wieviel Druck Sie deswegen ausgesetzt sind*. Und er hatte auf seine Schuhe geblickt. *Das ist schwierig*, hatte er geantwortet.

Ich blickte auf die leuchtende Digitaluhr am Armaturenbrett, die die letzten Minuten der Nacht anzeigte. *Hören Sie, angenommen, dieses Treffen wurde nur arrangiert, um mich geradewegs in eine . . .*

Aber das war Unsinn. Nur um einen Spürhund töten zu lassen, wäre Shepley nicht persönlich nach Berlin gekommen. Ich hatte bloß einen Anfall von Paranoia, mehr nicht, also stieg ich aus, sechs Minuten zu früh, schlug die Tür zu und stolperte zwischen ein paar niedrigen Sträuchern hindurch. Dann stapfte ich, die Hände tief in den Manteltaschen vergraben, den Hang hinauf. Mein Atem dampfte in der kalten Luft, mein Blick war auf die Bäume, genauer gesagt auf die Zwischenräume gerichtet, und meine Füße verfingen sich manchmal im Unterholz, denn es war immer noch so dunkel, daß man kaum etwas sehen konnte. Ich war mir sicher, daß alles in Ordnung war, daß Shepley diesmal kein falsches Spiel spielte, doch in meinem Unterbewußtsein begleitete mich mein Schattenwesen und zitterte wie Espenlaub.

Unebenes, schwieriges Gelände und der Geruch von feuchter Erde nach einem Regenfall. Der erste Lichtstreifen der Morgendämmerung tauchte die Bäume in trübes Gelb und verlieh ihnen Konturen, warf Schatten fein wie graue Seide und ließ gespenstische Gestalten zwischen den Bäumen wandern. Eine davon blieb plötzlich regungslos stehen.

»Guten Morgen.«

Yasolev.

Ich erstarrte, und er kam auf mich zu, ein kleiner Mann mit Hut und schwarzem Mantel, ein blasses, in der Morgendämmerung gelblich wirkendes Gesicht und kleine Augen, die mich mit einer Festigkeit anstarrten, die ihn gewiß einige Mühe kostete.

Er reichte mir die Hand. Sie war kalt, trocken, unpersönlich;

er zog sie zu schnell wieder weg. Er hatte englisch gesprochen. Ich beherrschte russisch, und weil er mit sehr starkem Akzent sprach, entschied ich, daß es besser war, seine Sprache zu sprechen, zumal ich jedes Mißverständnis vermeiden wollte.

»Wie geht es Ihnen, Yasolev?«

Er nickte nur. Sein Kopf war rund und ruhte auf einem dickem Hals wie ein großer Stein; Kopf und Körper ließen ihn schwerfällig wirken. Aber das täuschte – ich wußte, daß sein scharfer Verstand ihn zu kühlem, klarem, emotionslosem Denken befähigte. Er hatte sich in einer Organisation hochgearbeitet und überlebt, in der man keine Dummköpfe duldete.

»Ich bin . . .«, begann er auf englisch, dann wechselte er mit einem Achselzucken hinüber in die Bequemlichkeit seiner eigenen Spreche, » . . . es geht mir gut. Und ich bin froh, daß Sie gekommen sind. Ich war mir dessen alles andere als sicher, wie Sie sich denken können.«

Er machte kehrt und führte mich zu einer Lichtung. Unterwegs drehte ich mich um, blickte den Hang hinunter und sah die beiden Wagen: den, der mich hergebracht hatte, und seinen, der halb versteckt im Gebüsch stand und von zwei Männern bewacht wurde. Das Licht war jetzt heller und strömte durch einen Dunstschleier, der die Baumwipfel einhüllte und den Eindruck erweckte, daß wir in einen versteinerten Wald hineinwanderten.

»Es ist nicht gerade ein Festbankett«, sagte er mit einem Achselzucken, »aber . . .« Mehr sagte er nicht. Er hatte ein Leinentuch über einen Baumstumpf gebreitet. Zwei Pappteller, eine Dose Kaviar und etwas, das wie gefüllte *pirozhki* aussah, standen darauf. Zwei große Gläser und eine Flasche Wodka: kein Festbankett, nein, aber ein sehr akzeptables Mahl, eine freundliche Geste.

»Wirklich prächtig«, sagte ich.

Ein verächtliches Kopfnicken. »Ich habe diesen Ort für unser Treffen gewählt, weil ich Ihnen die Sicherheit geben wollte, daß keine kleinen Käfer in der Nähe sind.«

Er meinte Wanzen; ein Scherz, vermutlich. Es roch ganz schwach nach Zigarettenrauch, aber ich sah keinen Zigarettenstummel, den er vielleicht auf den Boden geworfen hatte. Die

Bäume standen hier ziemlich dicht; man konnte höchstens dreißig Meter weit sehen.

»Nett von Ihnen«, sagte ich.

»Natürlich« – wieder ein Achselzucken – »könnte es ein, daß ich ein Abhörgerät am Körper trage. Möchten Sie mich durchsuchen?«

Das war wichtig, ein wichtiger Punkt für unsere gemeinsame Mission, falls es überhaupt eine Mission geben würde. Ich antwortete nicht sofort, denn ich wollte ihn glauben machen, daß ich Zeit brauchte. Dann sagte ich: »Ich nehme an, daß dieses Treffen in gegenseitigem Vertrauen stattfindet.«

Er nickte ernst. »Ja.«

»Dann verzichte ich darauf, Sie zu durchsuchen.«

Er öffnete die Hände. Er war ein Mensch, der viele kleine Gesten machte, und diese bedeutete wohl, daß ich ihm vertrauen konnte: Seine Hände waren offen, leer, verbargen nichts.

Wir aßen etwas Kaviar auf dünnem, dunklem Brot, und er bot mir Wodka an, aber ich sagte, daß es mir dafür zu früh war; er goß sich sein Glas fast halbvoll und trank einen Schuck. Der Nebel über unseren Köpfen lichtete sich allmählich, und irgendwo begann ein Vogel zu singen.

»Und wie geht es Margaret?« fragte er.

Das Mädchen in der Hütte.

»Es geht ihr gut.«

Er hatte seine Hausaufgaben gemacht und ihren Namen aus den Akten herausgesucht. Und nun erinnerte er mich daran, daß er großzügig gewesen war. Wieder eine Geste des Vertrauens; er wollte mein Vertrauen.

Er würde es sich erarbeiten müssen. »Wie viele Männer haben Sie mitgebracht?«

Sein Blick huschte seitwärts. »Sechs. Zwei warten am Wagen, und vier sind in einem Abstand im Gelände postiert.« Der Abstand konnte nicht allzugroß sein, nach dem Zigarettenrauch zu urteilen. »Und Sie?«

»Einen.« Er wußte genau, wie viele ich mitgebracht hatte: Es war ihm ganz sicher über Funk gemeldet worden, als ich den

Grenzübergang passiert hatte. »Unbewaffnet«, sagte ich, um einen Punkt einzuheimsen.

Er senkte den Blick. »Es gibt Jäger in diesen Wäldern. Wir wollen vermeiden, daß uns jemand stört.«

Dann schwiegen wir beide und warteten darauf, daß der andere das Gespräch fortsetzte. Ich hatte es nicht eilig, aber es dauerte nicht lange, bis er sein Glas geleert hatte, es erneut zur Hälfte füllte, einen Schluck nahm und sagte: »Wir brauchen jemanden aus London, der bereit ist, eine Zeitlang mit uns zusammenzuarbeiten. Meine Abteilung sagte mir, daß es einen solchen Mann nicht gibt, doch ich bin anderer Meinung. Wir brauchen jemanden, der noch im aktiven Dienst ist, einen Mann, der auf sich selbst achtgeben kann, denn es wird keine leichte Aufgabe für ihn sein, wissen Sie. Es wird kein . . .« – er zeigte auf die Überreste unserer Mahlzeit – » . . . Picknick.«

Ich schwieg. Er bot mir den letzten *pirozhki* an, aber ich schüttelte den Kopf.

»Hier ist etwas Tee.« Er holte eine große Thermosflasche hinter dem Baumstumpf hervor und füllte zwei Plastiktassen. Seine Hand zitterte ein wenig. Zum ersten Mal wurde mir bewußt, daß er genauso nervös war wie ich.

»Nein«, sagte er, »es wird kein Picknick.« Der Tee dampfte kräftig und verströmte einen herben, erdigen Geruch. »Wie man Ihnen ja bereits gesagt hat, erhielt ich diesen Auftrag indirekt vom Genossen Generalsekretär Gorbartschow. Wenn ich etwas falsch mache, ist meine Karriere zu Ende. Meine Karriere bedeutet mir sehr viel. Sie bedeutet mir alles.«

Er hatte kleine nikotingelbe Augen, die tief eingesunken unter kräftigen Brauen lagen, und in diesem Moment schien es mir, daß sie mich aus einer Deckung heraus anblickten. Ich erkannte, daß das Risiko nicht ausschließlich bei mir lag.

»Gorbatschow hat Sie beauftragt?«

»Ja. Aber . . .«

»Ich meine, persönlich? Sie haben sich mit ihm wegen dieses Auftrags getroffen?«

»Nein.« Er sah ein wenig erschrocken aus. »Und ich muß sorgfältig darauf achten, daß sein Name aus dieser Sache herausgehalten wird. Nach sehr reiflichen Überlegungen beschloß ich, Ihren Mr. Shepley« – er sprach den Namen wie Shepili aus – »und Sie ins Vertrauen zu ziehen. Doch wenn sich das als Irrtum erweist, bin ich erledigt.«

Ich verstand, was er meinte. Mit Versagern geht man in Moskau noch immer nicht sonderlich nachsichtig um. Ich wartete ein bißchen und sagte dann: »Für Shepley kann ich nicht sprechen, aber was mich betrifft, so können Sie mir vertrauen, solange Sie sich keine Tricks erlauben. Andernfalls gnade Ihnen Gott.«

Er breitete wieder die Hände aus und senkte ein wenig den Kopf in einer ganz klar unterwürfigen Geste. »Das ist mehr, als ich erhoffen konnte. Wir werden unter sehr großem Streß arbeiten müssen, wissen Sie, unter sehr großem Druck, und manchmal könnte es dann so aussehen, als ob einer von uns ein falsches Spiel treibt. Das müssen wir vermeiden. Das müssen wir *unbedingt* vermeiden.« Er schaute kurz zur Seite und blickte mich wieder an. »Was die persönliche Rolle des Genossen Gorbatschow in dieser Angelegenheit betrifft, waren meine Vorgesetzten verständlicherweise nicht sehr gesprächig. Aber es ist nicht ausgeschlossen, daß in dieser Sache ein Gespräch zwischen ihm und Ihrer Premierministerin Thatcher stattgefunden hat. Inoffiziell, natürlich. Hat Mr. Shepley das erwähnt?«

»Nein.«

»Nun, es ist meine persönliche Meinung. Wir haben es mit« – endlich schaute er mir fest in die Augen – »einer Angelegenheit zu tun, bei der allerhöchste Sicherheitsbelange berührt sind, nicht nur im Geheimdienstbereich, sondern auf höchster Regierungsebene.«

Ein Schuß.

»Dann werden Sie sich jemand anderen suchen müssen.«

Ein kalter Schauer lief mir über den Rücken. Der Schuß war nur leise gewesen. Daß ich erschauerte, lag wohl daran, daß er so unerwartet gekommen war und daß mich der Gedanke durchzuckt hatte, daß irgendwo zwischen den Bäumen jemand niedergestreckt worden war.

»Jemand anderen?«

»Jemand anderen, der mit Ihnen zusammenarbeitet.«

»Warum das?«

»Es klingt zu politisch. Ist mir eine Nummer zu groß.«

Wieder hörte man einen Gewehrschuß. Yasolev nahm ein Miniatur-Walkie-talkie aus der Tasche, zog die Antenne heraus, schaltete es ein und sprach hinein. »Halten Sie sie von hier fern.«

Kein Mensch, ein Kaninchen, das war alles. Ich trank einen Schluck Tee und verbrannte mir die Lippen. Doch der Tee schmeckte gut, kräftig und herb, und hinterließ einen bitteren Nachgeschmack.

»Ich hätte nicht nach Ihnen gefragt«, sagte Yasolev, »wenn ich nicht der Überzeugung wäre, daß es sich um einen Einsatz handelt, bei dem genau Ihre Fähigkeiten gefragt sind. Später werde ich es Ihnen erklären.«

»Worum geht es denn? Berichten Sie mir das Wesentliche.«

Er zögerte und straffte sich dann plötzlich in seinem schwarzen Mantel, als ob ihm auf einmal klar wurde, daß er persönlich die Vereinbarung trug. »In Berlin, auf dieser Seite der Mauer, hält sich ein britischer Maulwurf auf. Er stellt eine große Gefahr dar.«

»Warum unternimmt die HUA nichts gegen ihn?« Die ostdeutsche Spionageabwehr war normalerweise äußerst effizient.

»Sie kommen nicht an ihn heran.«

»Was ist mit Ihren Leuten?«

»Wenn wir ihn allein fassen könnten, würden wir Sie nicht um Hilfe bitten.«

»Das muß ja ein toller Maulwurf sein.«

»Er ist mehr als das.«

»Wie darf ich das verstehen?«

»Unseren Informationen zufolge ist er hier, um einen besonderen Auftrag auszuführen.«

»Für die britische Regierung?«

»Nein. Er arbeitet für jeden, der genug zahlt.« Er zog ein zerknautschtes Taschentuch hervor und faltete es auseinander.

»Und Sie wissen nicht, wer ihn bezahlt?«

»Wir glauben, daß es jemand im Kreml ist.« Er schneuzte sich die Nase, sehr kräftig, um seine Nerven ein wenig zu beruhigen.

»Du meine Güte«, sagte ich, erhob mich und begann, auf und ab zu gehen. »Es überrascht mich, daß Sie *mich* nicht gefragt haben, ob ich ein Abhörgerät dabei habe.«

Er faltete sein Taschentuch sorgfältig zusammen. Seine Augen tränten in der kalten Luft. »Wir haben Kontakt mit Ihnen aufgenommen. Wir müssen Ihnen vertrauen. Und Ihrem Mr. Shepili.«

Ich nahm mir eine Minute Zeit zum Nachdenken und sagte dann: »Sie haben das falsche Wort benutzt.« Er hatte ›*krot*‹ gesagt. »Sie glauben nicht, daß er ein Maulwurf ist, Yasolev. Sie glauben, daß er ein Operateur ist.« *Rabotnik.* »Also, zur Klarstellung: Sie sprechen davon, daß ein britischer Operateur sich in Ostberlin versteckt hält, um einen Anschlag auszuführen, und wahrscheinlich wird er dafür von jemandem im Kreml bezahlt. Ist das richtig?«

»Ja.«

»Und wer ist Ziel dieses Anschlags?«

»Der Genosse Generalsekretär Gorbatschow.«

Oh, mein Gott.

Ein *britischer* Operateur.

Natürlich. Sie konnten es nicht riskieren, einen Russen zu nehmen.

»Sind Sie sicher?«

»Ja.« Er beobachtete mich jetzt genau, mit den Augen eines Mannes, der gerade vier Asse auf den Tisch gelegt hat. »Sie sehen also, daß es im ureigensten Interesse der britischen Regierung liegt, uns zu helfen.«

Ich zeigte keine Reaktion. Nach einem Moment sagte ich: »Kein Wunder, daß Sie nervös sind, Yasolev.«

»Nicht mehr als Sie.«

»Ich habe den Auftrag noch nicht angenommen.«

Er zuckte die Achseln und stieß mit der Spitze seines schwarzen Schuhs gegen einen Klumpen des faserigen Bodens. »Ich hoffe, daß Sie ihn annehmen.«

Dann hoffe ruhig, Genosse. Zwei Köpfe würden rollen, wenn dieser Operateur seinen Auftrag erfolgreich ausführte:

Der von Gorbatschow, weil er das Ziel war, und der von Thatcher, weil ihre Regierung den Tag, an dem ein britischer Staatsangehöriger den Vorsitzenden des Zentralkomitees der KPdSU ermordete, nicht überstehen würde.

Das war eine Nummer zu groß für mich, aber ich nehme an, ich konnte es als Kompliment betrachten, daß Shepley mich zu diesem Treffen mit Yasolev geschickt hatte, um Einzelheiten in Erfahrung zu bringen, also tat ich besser genau das.

»Wie kommen Sie darauf, daß ich etwas schaffen kann, was HUA und KGB gemeinsam nicht gelingt?«

»Dieser Mann ist Engländer, und Sie verfügen in London über Hilfsquellen, die uns nicht zugänglich sind. Sie könnten« – er wedelte mit den Händen –, »wie soll ich sagen? Sie könnten ihm von dort aus auf die Spur kommen.«

»Wieviel Zeit haben wir noch?«

»Nicht viel. Die Lunte brennt bereits, sozusagen.«

»Gut, ich könnte also von London aus meine Suche beginnen, die Fährte aufnehmen und dann nach Berlin fliegen, um ihn auszuschalten. Aber was ist mit Ihnen, Yasolev? Wo werden Sie sein?«

»Wir wären stets in Ihrer Nähe.«

»Sie meinen, Sie würden mich überwachen?«

»Wir würden Sie unterstützen, als einen freien Agenten, der unter unserem Schutz steht.«

»Wir? Der ganze KGB?«

»Nein.« Er kam einen Schritt näher. »Nur meine engen Mitarbeiter, in meiner Abteilung.«

»Ihre *engen* Mitarbeiter?«

Ruhig sagte er: »Sie müssen wissen, daß es im Kreml Gruppierungen gibt, die der *Perestroika* des Genossen Generalsekretär ablehnend gegenüberstehen. Deshalb hat er den Parteivorsitzenden vor einer Woche entlassen. Im KGB gibt es diese unterschiedlichen Gruppierungen ebenfalls.« Trocken fügte er hinzu: »Streitigkeiten innerhalb der politischen Führung gibt es keineswegs nur in demokratischen Regierungen.«

»Du meine Güte, Yasolev, da werden Sie ja keine Nacht mehr schlafen können. Ist in dem Ding da noch etwas Tee?«

Er nahm die Thermosflasche und goß mir ein. Meine Füße

waren steifgefroren, und die Kälte kroch mir den Rücken hinauf, denn je mehr ich über diese Sache erfuhr, desto mehr erschien sie mir wie ein mächtiger Eisberg, der draußen auf dem nachtschwarzen Meer geradewegs auf uns zutrieb.

»Ich werde Ihnen etwas Zeit zum Nachdenken geben«, sagte Yasolev. »Entschuldigen Sie mich.«

Er ging ein Stück weg, um an einen Baum zu pinkeln, während ich dastand und sehr rasch und sehr viel nachdachte. Ich hielt die Plastiktasse in der Hand, trank kleine Schlucke, verbrannte mir den Mund und genoß das würzige, kräftige Aroma des Tees jetzt mit einem gewissen Behagen, weil ich mir absolut *sicher* war, daß ich mich aus dieser Sache heraushalten würde – das Ganze war ganz einfach zu heiß. Ich war dafür nicht geeignet, und wenn Shepley diesen Operateur erledigen wollte, würde er herkommen und es selbst tun müssen.

»Ich mache es nicht«, sagte ich zu Yasolev, als er zurückkam. »Aber ich habe Ihnen etwas Tee übrig gelassen.«

Er stand sehr still da, und seine kleinen Augen beobachteten mich aus dem Schatten seiner Brauen heraus, als würde ich plötzlich eine Pistole auf ihn richten.

»Tee?«

»Es ist noch welcher übrig. Aber ich kann diesen Auftrag nicht übernehmen. Das ist nicht mein Stil.«

»Stil?«

Jetzt erst wurde mir klar, daß er geglaubt hatte, ich würde auf jeden Fall zustimmen; daß Shepley ihm gesagt hatte, daß ich mich nicht weigern würde. Oder vielleicht dachte er auch einfach wie ein KGB-Mann und glaubte, ich müßte Befehle befolgen, so wie er.

»Sehen Sie«, sagte ich, »die Sache ist mir viel zu politisch, zu wichtig. Es steht zuviel auf dem Spiel. Wenn es nicht gelingt, diesen Operateur zu stoppen, werden Sie Ihren Generalsekretär verlieren, und wir werden Thatcher verlieren, und dann werden unsere wehleidigen Sozialisten wieder die Wirtschaft ruinieren. Sagen Sie mal, planen diese Leute wirklich, Gorbatschow zu *töten?* Geht es hier tatsächlich um einen Mordanschlag?«

Nach einem Moment: »Wir wissen es nicht.«

»Na schön, selbst wenn man Gorbatschow mit dieser Sache bloß aus dem Amt drängen will, dann haben nicht nur Sie ihn als politischen Führer verloren, sondern wir *alle* haben die größte Chance für einen wirklichen Weltfrieden seit fünfzig Jahren verloren. Dann besteht die Gefahr, daß der Liberalisierungsprozeß in den Ostblockstaaten zusammenbricht. Also, eine solche Sache ist wirklich ein paar Nummern zu groß für mich. Tut mir leid.«

Ich glaubte schon, er würde nicht mehr antworten, als er sagte: »Sie haben Angst.«

»Wie kommen Sie denn darauf?«

»Ihr Mr. Shepili glaubt, daß Sie der beste Agent für diesen Einsatz sind.«

»Auch er kann sich irren.«

»Das würden Sie ihm ins Gesicht sagen?«

»Natürlich. Aber es geht nicht nur darum, daß mir diese Sache zu groß ist, Yasolev. Sie wollen, daß ich eng mit Ihren Leuten zusammenarbeite. Das kann ich nicht.«

»Warum nicht?«

»Es würde meine Bewegungsfreiheit einschränken. Es würde bedeuten, daß Ihre Leute mir überallhin folgen. Ich würde nicht notwendigerweise wissen, wer mir folgt – Ihre Leute oder die der Gegenseite. Das ist gefährlich und könnte verhängnisvolle Folgen haben.«

Ich trank meinen Tee aus, stellte die Tasse auf das Leinentuch und schaute auf die Uhr.

»Aber *natürlich* würden wir Sie beobachten müssen!« Er war plötzlich erregt; seine dicken, großen Hände tauchten aus seinen Manteltaschen auf, und er fuchtelte mit ihnen herum. »Wie sollten wir denn sonst zusammenarbeiten? Wir . . .«

»Ich arbeite allein, solange ich nicht selbst Unterstützung anfordere. Sie sind . . .«

»Mr. Shepili erlaubt das?«

»Natürlich. Er . . .«

»Aber Sie würden mit *uns* zusammenarbeiten, dem KGB.«

»Das weiß ich.«

»Ist es das, was Ihnen Angst macht?«

»Vielleicht.«

»Aber dazu besteht überhaupt kein Grund.« Wieder gestikulierte er wild mit den Händen.

»Mag sein.«

»Dann *verstehe* ich Sie nicht.«

»Und genau das ist das Problem«, sagte ich. »Wir können uns noch nicht einmal über ein paar grundlegende Dinge verständigen. Was würde da erst passieren, wenn wir versuchen, einen ganzen Einsatz gemeinsam durchzuführen? Verdammt, das wäre wie ein Boxkampf.«

Damit gab er sich nicht zufrieden, und das hatte ich auch nicht erwartet. Wir vertraten uns die Beine, um unsere Füße warm zu halten, gingen zwischen den Bäumen auf und ab, den Hügel hinunter und wieder hinauf, während Yasolev mir seine Bälle zuspielte, und ich konterte, wenn es nötig war. Ich wollte ihn nicht ganz mit leeren Händen zurückkehren lassen, denn sie waren an uns herangetreten, der KGB, Yasolevs Abteilung des KGB, genauer gesagt, und es gab keinen Grund, seine Bitte auf unhöfliche, respektlose Weise abzulehnen.

Die üblichen Methoden bei einem Einsatz auf ausländischem Boden waren hier nicht anwendbar: Es wurden keine Kurierketten, keine geheimen Briefkästen, Verbindungsleute und Verstecke gebraucht, denn Yasolevs Organisation verfügte bereits über alle diese Dinge; die ostdeutsche Polizei und die Geheimdienste würden mich als Agenten betrachten, den man in Ruhe ließ, dem man aber half, wenn er darum bat, und das war durchaus akzeptabel; aber es bedeutete auch, unter den wachsamen Blicken dieser Dienste zu arbeiten, wie eine Fliege im Scheinwerferlicht, und dieser Gedanke genügte, um jedem Agenten das Blut in den Adern gefrieren zu lassen, noch ehe der eigentliche Einsatz begonnen hatte.

Wenn ich diesen Auftrag annahm, bedeutete das, daß ich ein winziges fremdes Rädchen im Getriebe der mächtigsten und skrupellosesten Geheimdienstorganisation der Welt sein würde. Und sie konnte an jedem beliebigen Zeitpunkt meiner Mission den Rückwärtsgang einlegen und mich zu Brei zerquetschen, wenn das ihren Zwecken diente. Machen wir uns nichts vor: Dieser Schuß, den ich kurz zuvor tief im Wald gehört hatte, löste bei mir das Bild eines zu Boden fallenden

Menschen aus, weil es die Agenten *dieses* Mannes gewesen waren, die vor noch nicht einmal einem Jahr auf mich geschossen hatten.

Es dauerte zwei Stunden, bis er einsah, daß ich nicht umzustimmen war. Dann stieg er allein den Hügel hinauf, um nachzudenken. Als er zurückkam, war sein Gesicht ausdruckslos, und er sagte nur: »Na schön.«

Nicht ganz – die Worte, die er benutzte, lauteten: *Horocho . . . Tak e buit.* Es klang fatalistischer: So sei es.

»Tut mir leid«, sagte ich. »Es hätte ein Heidenspaß werden können.«

Ich schraubte den Deckel zurück auf die Thermosflasche, und er holte sein Funkgerät hervor und sagte seinen Leuten, daß er mich bis zum Grenzübergang begleiten würde. Wir ließen die Überreste unserer kleinen Picknicks auf dem Baumstumpf zurück und gingen hinunter zur Straße. Im Wagen sagte ich: »Aber, hören Sie, Yasolev, Sie *müssen* jemanden finden, der diesen Auftrag ausführt. Kein vernünftiger Mensch möchte, daß Gorbatschow etwas zustößt. Es ist nur so, daß ich unter diesen Bedingungen nicht arbeiten kann, verstehen Sie das?«

Er ignorierte meine Bemerkung und verharrte während der ganzen Fahrt zurück zum Grenzübergang in brütendem Schweigen. Sein Wagen war uns gefolgt. Er stieg aus, sprach mit den Grenzposten und beugte sich dann durchs Fenster, um mich mit seinen tief eingesunkenen Augen anzuschauen, die Hände noch immer in den Manteltaschen. Er sagte: »Sie unterschätzen Ihre eigenen Fähigkeiten, wissen Sie, und das ist eine sehr große Enttäuschung für uns. Für uns alle.«

Er schlug die Tür zu und trat zurück, und wir fuhren los. Als wir wieder im Westen waren, beugte ich mich vor.

»Zur britischen Botschaft, Unter den Linden.«

Als wir dort ankamen, brach mir der Schweiß aus. Ich zeigte meinen Ausweis vor, rannte zwei Stufen auf einmal nehmend die Treppe hoch und ging in den Funkraum, ohne anzuklopfen. Ich ließ mir von dem Mann am Tisch eine Zerhackerleitung nach London geben, über das Kommunikations-HQ der Regierung in Cheltenham. Als ich mich im Wald mit Yasolev unterhielt, hatte ich es nicht eilig gehabt, doch jetzt konnte es mir plötzlich nicht schnell genug gehen, denn auf der Fahrt zum Grenzübergang hatte ich intensiv nachgedacht. Die ganze Sache war mir mächtig im Kopf herumgegangen, und jetzt wußte ich, was ich zu tun hatte.

»Möchten Sie jemand Bestimmtes sprechen, Sir?«

»Bitte? Nein, die Haupt-Funkzentrale. Nein, warten Sie. Geben Sie mir Bureau One. Ist der Zerhacker eingeschaltet?«

»Ja. ich versuche jetzt, eine Verbindung zu bekommen.«

Er tippte drei weitere Zahlen ein, und ich wartete mit kalten Händen und beschleunigtem Puls: Ich konnte spüren, wie mein Herz gegen die Rippen hämmerte. Ich hatte dieses Projekt gedanklich behandelt, als wäre es einfach nur ein weiterer, neuer Einsatz, aber das war es *nicht*, und es hatte, glaube ich, einfach ein bißchen länger als gewöhnlich gedauert, bis mir das klar geworden war. Entweder das, oder mein Unterbewußtsein hatte bereits beschlossen, daß wir uns aus der Sache heraushalten würden und meine bewußten Entscheidungen dementsprechend gelenkt. Einfach ausgedrückt: Ich hatte schlichtweg kalte Füße bekommen. Ja, zugegeben, die Bedeutung der Sache und die Aussicht, mit dem KGB zusammenarbeiten zu müssen, hatten mich zurückschrecken lassen, aber ich hatte das Offensichtliche, das Entscheidende übersehen.

Mir blieb keine Wahl.

»Die Zentrale, Sir.«

»Können Sie Bureau One nicht erreichen?«

»Ich werde fragen.«

Die Wände waren mit Fotos von Hängegleitern förmlich tapeziert, vermutlich war das sein Hobby. Und ein Bild von Lady Diana hing dort. In allen Regierungsbüros, in denen ich in letzter Zeit gewesen war, beanspruchte sie inzwischen fast soviel Platz an der Wand wie die Königin selbst, aber das war schließlich kein Wunder.

Nun beeil dich doch, um Himmels willen.

»Jetzt steht die Verbindung, Sir. Bureau One.«

Ich nahm ihm den Hörer aus der Hand.

»Ash.«

»Oh, ja.«

Seine Stimme war über Funk genauso leise, wie sie bei unserer Begegnung in der Tiefgarage gewesen war.

»Ich bin eben von Yasolev weg. Ich habe ihm gesagt, daß ich den Auftrag nicht übernehmen kann, aber ich habe meine Meinung geändert.«

»Warum?«

»Weil ich den Auftrag doch will. Und zwar unbedingt.«

»Das würde wohl jedem so ergehen.«

»Ja.«

Ich war den Ereignissen hilflos ausgeliefert.

»Wann haben Sie ihn verlassen?«

»Vor etwa fünfzehn Minuten.«

»Hatte er ein Autotelefon im Wagen?«

»Das weiß ich nicht. Er ist bis zum Checkpoint Charlie in meinem Wagen mitgefahren.«

Ich hörte, wie er sich abwandte und mit jemand anderem sprach, in sehr drängendem Tonfall. Klar: Er mußte jetzt sofort eine Verbindung zu Yasolev bekommen, um zu sehen, ob wir noch eine Chance hatten. Es war gut möglich, daß der KGB nicht mehr bereit war, mit jemandem zusammenzuarbeiten, der kalte Füße gezeigt hatte. Als wir uns trennten, war Yasolev enttäuscht, ja wütend gewesen.

Alles stürzte auf mich ein, die Wände schienen mich erdrücken zu wollen. Ich wußte immer noch nicht, ob das Bureau mich nicht in eine Falle schickte, mich benutzte, indem es mich damit köderte, daß man einem Agenten wie mir eine Mission von solcher Wichtigkeit anvertraute. Ebensogut konnte es sein, daß der KGB mich benutzte: Yasolev, um seine Karriere voranzutreiben, oder seine Organisation wollte mich für irgendwelche nebulösen Zwecke mißbrauchen.

Aber trotzdem war mir eines klar: die Versuchung, die Herausforderung, den Auftrag zu übernehmen, waren groß genug, um mich dazu zu bringen, aus blindem Ehrgeiz den Kopf in die Schlinge zu stecken.

Aber die Angst ließ mir das Blut in den Adern gefrieren.

»Welchen Grund haben Sie Yasolev für Ihre Absage genannt?« meldete sich Shepley wieder.

»Daß mir der Job zu groß ist, zu politisch. Und daß ich mich nach den Regeln des KGB richten muß.«

»Das ist verständlich.«

»Da war er anderer Ansicht. Als wir uns trennten, war er wütend.«

»Auch das ist verständlich. Aber ich muß eines wissen: Sind Sie bereit, den Einsatz nach Yasolevs Bedingungen durchzuführen, wenn er darauf besteht?«

Jetzt, mein Freund, ist deine letzte Chance, wenn du dich retten und nein sagen willst.

»Ja. Ich akzeptiere alle Bedingungen.«

»Sehr gut. Ich möchte, daß Sie mit der nächsten Maschine zurückkommen. Wir haben nicht viel Zeit.«

Ich gab dem Mann den Hörer zurück und stand einen Augenblick reglos da, gab meiner Psyche Gelegenheit, sich wieder zu beruhigen. Am Rand meines Bewußtseins nahm ich bunte Hängegleiter wahr, und daß der Mann mich beobachtete, und dann ein anderes Gesicht, Yasolevs, und die gesichtslosen, namenslosen Leute in London, die auf die Tasten ihrer Computer tippten und die neue Mission ins Leben riefen, die Fakten ordneten: *3. November, 9.54 Uhr, Funkspruch von der Botschaft in Berlin: Der Agent hat den Auftrag übernommen.*

Gefrorenes Blut in meinen Adern.

4 DAISY

Das kann ich nicht.

»Warum nicht?«

Sie wissen, wo ich bin.

Slater blickte auf, suchte nach Croder, entdeckte ihn aber nicht. Er blickte wieder nach unten, beugte sich über das Pult der Funkanlage und dachte nach. Slater war neu in der Funkzentrale. Wir fühlen uns jedesmal verwundbar, wenn hier ein Neuer sitzt.

»Sie meinen, Sie können dort nicht weg?«

Keine Chance.

Die Stimme aus dem Äther klang ziemlich ruhig, aber ich bemerkte eine Spur von falscher Lässigkeit; wahrscheinlich bemerkten die anderen es auch. So hatte ich bei meinen ersten Einsätzen auch geklungen. Wenn du dir sicher bist, daß du nichts mehr tun kannst, außer dich von ihnen herausholen zu lassen oder dir die Kapsel in den Mund zu schieben, dann klingt deine Stimme so, wenn du mit der Funkzentrale in London sprichst, denn am meisten fürchtest du dich davor, daß sie dir deine Angst anmerken.

»Passen Sie auf«, sagte Slater, »wir werden tun, was wir können. Aber – warten Sie einen Augenblick.«

Croder war hereingekommen, und Slater erläuterte ihm das Problem. Croder übernahm das Mikrofon. Seine mechanische Hand ruhte auf dem Pult wie ein Stahlskelett. »Rühren Sie sich nicht von der Stelle und warten Sie, bis es dunkel wird. Gegen Mitternacht wird die Botschaft über Funk Kontakt mit Ihnen aufnehmen. Wenn es möglich ist, Sie herauszuholen, wird die Botschaft Sie herausholen. Falls nicht . . .« Er machte eine Pause. In der Zentrale wurde es totenstill, und ich bemerkte, wie Holmes schluckte. » . . . dann vertraue ich auf Ihre Diskretion.«

Das Bureau kann uns nicht befehlen, die Kapsel zu nehmen; sie können sie uns nur bei der Einsatzvorbereitung aushändigen. Aber wenn du wirklich mit dem Rücken an der Wand stehst und sich in deinem Kopf irgendwelche wichtigen Informationen befinden, die die Gegenseite aus dir herauspressen könnte, dann erwartet man von dir ›Diskretion‹.

Wir haben die Kontaktperson nicht gefunden. Weitere Anweisungen?

Andere Stimme, andere Funkkonsole. Es gab drei Stück hier drin. Auf die schwarze Kunststoffverkleidung von Slaters Konsole war oben mit Kreide das Wort *Pineapple* geschrieben; auf dieser hier stand: *Quarry*. Niemand hatte mir bisher gesagt, wie der Codename meines Einsatzes lauten würde, aber im Augenblick waren sie anscheinend gerade bei Q angelangt.

»Nehmen Sie Kontakt mit Ihrem dortigen Agentenführer auf.

Das ist sein Job. Westons Maschine kommt um elf Uhr sechs. Bis dahin müssen Sie am Flughafen sein.«

Verstanden.

Irgendwo konnte man Morsezeichen hören. Niemand von unseren Leuten benutzte sie; sie waren lediglich Teil des Wellensalats. Ich sah, wie Holmes sich abwandte und sich Kaffee nachgoß. Er machte sich ganz offensichtlich schreckliche Sorgen um den Agenten von *Pineapple.* Er macht sich ständig Sorgen. Wahrscheinlich ist er einfach menschlicher als wir übrigen.

Völlig cool war ich allerdings auch nicht. Ich war ins erstbeste Flugzeug gestiegen, genau meine Anweisung befolgend, und in Heathrow hatten sie mich in einem Streifenwagen geschoben und mich vor zehn Minuten draußen vor dem Gebäude abgesetzt. Wenn ich nie wieder in meinen Leben eine Polizeisirene hören sollte, wäre ich darüber keineswegs unglücklich: Es ist kein sehr beruhigendes Geräusch.

Sie ist bloß eine verdammte Hure.

Malones Stimme, unverkennbar, Costain, der vor *Peashooter* saß, sagte knapp: »Erläutern Sie das.«

Diese Worte von einem Funker bedeuten mehr, als es auf den ersten Blick den Anschein hat. Sie bedeuten: Drück dich gefälligst etwas gewählter aus und gib mir genaue Details durch, denn einer von den höheren Chargen ist anwesend.

C-Charlie hat mir gesagt, daß das blöde Weibsstück eine Venusfalle für die Miliz sei, aber da liegt er völlig falsch. Sie ist bloß eine Nutte. Tausend Pesos, und dafür gibt's noch nicht mal einen guten Fick.

Es hatte keinen Sinn, Malone zu sagen, was das Wort ›erläutern‹ bedeutete. Er war wütend; er haßt es, während eines Einsatzes Zeit zu vergeuden.

»Sagen Sie C-Charlie, daß er sich bei uns melden soll. Wo ist er jetzt?«

In der Einsatzbasis. Jetzt hören Sie mal zu: Ich will neue Anweisungen.

Die Beleuchtung wurde schwächer, flackerte und brannte dann wieder gleichmäßig, aber nicht mehr so hell.

»Stromausfall«, sagte jemand. »Der Sturm ist schuld.«

Die meisten der hohen Räume waren fast dunkel; die

Funkkonsolen standen da wie Schiffe in einem nächtlichen Hafen. Hell erleuchtet. Es gab hier keine Fenster; wir befanden uns im Kellergeschoß.

Zwei Männer unterhielten sich hinter der *Quarry*-Konsole. Einer von den beiden war Stapeley, der unversehrt aus Sri Lanka zurückgekehrt war mit dem Vermerk *Einsatz erfolgreich beendet* in den Akten. Den anderen kannte ich nicht. Die Notstromaggregate waren brummend zum Leben erwacht, und Costain sprach mit seinem Spürhund. Holmes stand neben *Pineapple* und brütete vor sich hin. Da öffnete sich die Tür, und Shepley kam herein. Die Atmosphäre veränderte sich sofort. Sogar Croder übte nicht eine solche Wirkung aus, wenn er die Funkzentrale betrat. Ich hatte Shepley noch nie hier drin gesehen, noch nie erlebt, daß er einen Einsatz persönlich überwachte.

»Wann sind Sie eingetroffen?« Seine leise, ausdrucklose Stimme.

»Vor zehn Minuten.«

Er beobachtete mich im matten Licht der Funkkonsolen, suchte bei mir nach Anzeichen von Nervosität. Ich ließ mir nichts anmerken. Er hatte mir einen außergewöhnlichen Einsatz praktisch in den Schoß gelegt und ein Treffen mit einem KGB-Oberst hinter dem Eisernen Vorhang arrangiert, und ich hatte die Sache sausen lassen, weil ich kalte Füße bekommen hatte – *und er wußte das.* Dann hatte ich es mir anders überlegt, den Kopf in die Schlinge gelegt, und jetzt suchte er bei mir nach Anzeichen, ob ich unter zu großem Streß stand, als daß ich hätte losgeschickt werden können. Er kannte mich nicht persönlich, hatte mich vor unserem Treffen in der Tiefgarage in Berlin noch nie gesehen. Alles, was er hatte, waren meine Einsatzakten, und er war kein Mann, der eine so wichtige Entscheidung traf, ohne mich vorher genau durchzuchecken, und zwar mit *viel* Blickkontakt. In den Verhörzellen – den wirklich effektiven – saßen Leute wie er, und ich kannte ihre Arbeitsweise.

Leise: »Warum haben Sie es sich anders überlegt?«

Jeder andere, sogar Croder, wäre mit mir hinausgegangen und hätte mich diese Dinge unter vier Augen gefragt. Im

Moment war es an den Konsolen ruhig, und man konnte selbst die leise Stimme Shepleys ziemlich deutlich hören. Die anderen in der Zentrale hörten aufmerksam zu, denn es war Bureau One persönlich, der da sprach, und es ging um einen Einsatz, der absolute Priorität hatte.

»Aus persönlichem Stolz.«

Er drehte den Kopf um ein Grad weiter nach links, um besser mit dem rechten Ohr zu hören. »Oh, tatsächlich?«

»Ja.«

Er fuhr damit fort, mich mit schief gestelltem Kopf aus seinen verwaschenen blauen Augen zu beobachten, während ich darüber nachdachte, was er mich wohl als Nächstes fragen würde. Aber es fiel mir schwer, mich zu konzentrieren, und das lag nicht nur an der Art, wie er mich anstarrte; wieder hatte ich das Gefühl, daß er meine Gedanken las, meine Hirnströme überprüfte.

»Sehr gut.«

Also keine weiteren Fragen. Man könnte förmlich spüren, wie plötzlich die Spannung zwischen ihm und mir abfiel, als er sich umwandte, und die Hände in die Taschen schob. Der Lichtschein von den Funkkonsolen ließ sein strohblondes Haar schimmern.

»Mr. Croder, wie ist Ihre Position?«

»Der Agent befindet sich in einem abgeriegelten roten Sektor, Sir. Die Botschaft wird versuchen, ihn herauszuholen.«

»Glauben Sie, daß das möglich ist?«

Treffer.

»Nein.«

Shepley drehte den Kopf ein wenig. »Ist er verheiratet?«

»Ja, Sir. Seit drei Jahren.«

Shepley blickte hinüber zu Costain. »Was ist mit Ihrem Einsatz?«

»Malone hat die Sache jetzt übernommen, Sir, und er ist gut plaziert. Das wird gewiß ein Erfolg.«

»Malone. Er war für Operation *Keyhole* verantwortlich?«

Der Funker schaute Croder an. Croder nickte.

»Ja.«

Shepley wandte sich dem Mann zu, der für *Quarry* zuständig war. »Wie steht es bei Ihnen?«

»Wir sind heute morgen in die Endphase gegangen, Sir. Wir stehen kurz vor dem Ziel.«

»Wie sind die Chancen?«

»Ausgezeichnet, Sir. Ich würde jetzt um keinen Preis das Pult räumen wollen.«

Shepley machte einen Schritt auf *Pineapple* zu, und Croder gesellte sich zu ihm. »Mr. Croder, wo ist Fosdick?«

»In Mailand, Sir. Er befindet sich in Dienstbereitschaft. Wir können ihn jederzeit durch einen unserer Schläfer kontaktieren.«

»Und Stoner?«

»Da muß ich nachfragen.« Croder ging zu der zentralen Telefonkonsole. Shepley ging noch dichter an *Pineapple* heran und las ab, welche Informationen auf der Tafel standen: Laufzeit, Status, Phase, Ziel, mit Kartenverweisen und einer Skizze der Umgebung des Agenten; Helfer, Kontaktpersonen, Funkcodes, Reiseinformationen.

Quarry.

»Ja-ja?«

Shepley drehte den Kopf, und Croder blickte vom Telefonpult auf.

Ich habe ihn in ein Auto gesetzt.

»Sie *haben* ihn?«

Richtig. Er ist ein bißchen benommen, aber bis sie die Grenze erreichen, ist er wieder normal.

Ich starrte auf den schwarzen Lautsprechergrill an der Konsole. Wir alle starrten darauf.

»Sind seine Papiere in Ordnung?«

Sie sind perfekt. Calthrop hat sie für uns gemacht.

Holmes schaute mich an und dann wieder die Konsole. Croder sprach nicht ins Telefon, hielt einfach nur den Hörer in der Hand und drückte die Gabel herunter. Ich war noch nie hier in diesem Raum gewesen, wenn gerade die Endphase eines Einsatzes erfolgreich abgeschlossen wurde und die Stimme des Agenten über den Lautsprecher kam. Normalerweise halten wir uns in der Cafeteria auf, sitzen herum, wenn wir zwischen zwei Einsätzen Dienstbereitschaft haben, um dann aus zweiter Hand Nachrichten wie diese zu hören: *Winthrop geht jetzt in die Endphase, aber Control sagt, daß er zuviel riskiert. Jemand hat mir erzählt, daß* Fanfare *hochzugehen droht, aber sie haben Kennedy hingeschickt. Er soll versuchen, die Sache zu retten. Und Donavon hat's gestern nacht in Beirut erwischt.* Aber diese Gerüchte sind nie verläßlich.

»Schaffen Sie es allein herauszukommen?«

»Kein Problem. Ich räume in der Basis auf, lasse ein bißchen Rauch aufsteigen, und dann haue ich ab. Ist Ihnen das recht?

»Ja, aber bleiben Sie mit uns in Kontakt.«

Der Funker legte einen Schalter um, und Shepley fragte: »Welcher Agent ist das?«

»Roberts, Sir. Er schickt uns einen Dissidenten über die Grenze.«

Einen mit falschen Papieren zusammengesunken in einem Auto sitzenden Dissidenten, begleitet von ein paar Leuten mit ruhigen Gesichtern, aber einem Kloß im Magen. Sie näherten sich nun der Grenze und dem Kontrollpunkt, dem Ende ihrer Mission – dem Ende von *Quarry*, egal ob sie den Mann heil hinüberbrachten oder nicht. Ich wußte nicht, wer er war, aber wenn das Bureau ihn über die Grenze schaffte, war er gewiß kein kleiner Fisch.

Ein russischer Dissident, dessen Name zum Schutz seiner Familie und seiner Freunde geheimgehalten wird, traf letzte Nacht von Westdeutschland kommend in London ein, nachdem er die DDR-Grenze überqueren konnte, ohne identifiziert zu werden. Es wird erwartet, daß das Außenministerium seinem Asylantrag stattgibt.

Und morgen, und in den darauf folgenden Tagen und Wochen würden die Vernehmungsbeamten um ihren Tisch herum sitzen und die Papierstöße auswerten, mit der Gier von Goldsuchern in den Unterlagen wühlen, die der Mann mitgebracht hatte – während anderswo, in engen, kleinen Büros in den Ministerien Ihrer Majestät andere Männer mit zitternden Händen ihre Schreibtische aufräumten, jene stillen und fleißigen kleinen Maulwürfe, die der Dissident hochgehen lassen würde, und die kaum eine Chance hatten, über den Kanal oder gar bis nach Hause zu kommen.

»Sagen Sie ihm, daß er sich bei mir melden soll«, hörte ich Croder ins Telefon sprechen. »So schnell wie möglich. Es ist sehr dringend.« Er kam zurück zur Funkkonsole, wo Shepley wartete. »Stoner ist in London, Sir. Man wird ihn sofort anrufen.«

Shepley nickte knapp. »Sehr gut. Schicken Sie Fosdick inzwischen nach Prag, und zwar möglichst rasch.« Er machte noch einen Schritt und legte den Funker die Hand auf die Schulter, setzte sich auf den Stuhl und ging auf Sendung.

»Hier ist Bureau One. Bitte melden.«

Ich höre, Sir.

»Ich bin gezwungen, Ihren Einsatz sofort abzubrechen. Das hier ist der letzte Funkspruch, den Sie von uns empfangen werden. Aber ich schicke Ihnen so schnell wie möglich zwei Agenten in Ihren Sektor. Sie sind erfahren im Umgang mit solchen Situationen. Es ist jetzt nur wichtig, daß Sie in der Zwischenzeit bleiben, wo Sie sind. Seien Sie also guten Mutes.«

Er legte den Schalter um, stand auf und ging zu Croder. Croder hatte einen Telefonhörer in der Hand, hielt aber die Sprechmuschel zu. »Schicken Sie ihm die zwei Leute in den Sektor«, sagte Shepley, »und sagen Sie ihnen, daß sie den Weg freischießen sollen, wenn nötig. Wer hat hier in der Zentrale die Leitung?«

»Myers, Sir.«

»Teilen Sie ihm mit, daß er mir diese Konsole hier für meine eigene Operation herrichten soll. Welcher Codename ist als nächster verfügbar?«

»Quickstep.«

»Sehr gut. Ich will, daß Myers so schnell wie möglich alles vorbereitet.« Er drehte sich um. »Quiller, wir gehen hier hinein.«

Es war einer der Ruheräume der Funker: Windjacke, Turnschuhe, zwei Fünf-Pfund-Gewichte, eine Ausgabe von *Omni*, ein paar Taschenbücher, eines davon von P. D. James. Das war wahrscheinlich der Mann, der *Quarry* während der Endphase überwacht hatte: *Ausgezeichnet, Sir. Ich würde jetzt um keinen Preis das Pult räumen wollen.*

»In Ordnung«, sagte Shepley und schloß die Tür.

»Persönlicher Stolz. Ich nehme an, das ist der einzige Grund, aus dem wir überhaupt je etwas tun. Etwas, das es wert ist, getan zu werden. Aber warum haben Sie Yasolev gegenüber zuerst abgelehnt?«

Er zog den Stuhl vom Schreibtisch ab, stellte einen Fuß auf die Sitzfläche und stützte den Arm aufs Knie. Ich wollte mich nicht auf das Bett setzen, die einzige Sitzgelegenheit, die noch frei war. In der kurzen Zeit, die ich diesen Mann jetzt kannte, hatte ich gelernt, daß man in seiner Gegenwart besser stehenblieb: Man kann sich nicht hinsetzen und entspannen, wenn er damit beschäftigt ist, die Reflexe seines Gegenüber zu testen.

»Yasolev ist ein Karrieretyp«, sagte ich. »Er wird mich opfern, ohne mit der Wimper zu zucken, wenn es ihm in den Kram paßt.«

»Das würde er zweifellos versuchen. Aber Sie werden beträchtlichen Schutz erhalten. Ich bin gerade dabei, persönlich die Leute auszusuchen, von denen Sie bei Ihrem Einsatz unterstützt werden.«

»Das hatte ich nicht anders erwartet, Sir. Es ist nur so, daß ich es nicht mag, wenn bei der Arbeit zu viele Leute um mich herum sind. Egal, ob es Leute vom KGB, von uns oder von sonstwem sind.«

»Dann werden Sie sich eben darauf einstellen müssen. Jedenfalls, was unsere Seite betrifft. Wenn Sie den Auftrag übernehmen wollen, gibt es keine andere Möglichkeit. Außerdem haben wir die Geisel. Es war nicht leicht, sie zu bekommen.« Ich spürte wieder, wie die Spannung abrupt nachließ, als er seinen Blick zum ersten Mal von mir nahm und auf seine Hände blickte. »Ich gehe davon aus, daß Sie Ihre Meinung endgültig und unumstößlich geändert haben, sonst wären wir nicht hier drin.«

»Ich akzeptiere alle Bedingungen.«

»Sehr gut. Diese Bedingungen haben sich sogar verbessert. Als ich mit Yasolev telefonierte, während Sie auf dem Flug hierher waren, glaubte er, Sie wären endgültig ausgestiegen. Deshalb war er bereit zuzuhören, als ich ein paar Forderungen zu Ihren Gunsten stellte.« Er hob den Kopf. »Wie hätten diese

Forderungen ausgesehen, hätten Sie selbst sie Yasolev gestellt?«

»Kontakt ausschließlich mit Yasolev, ohne andere KGB-Leute im Einsatzsektor.«

»Das habe ich für Sie durchgesetzt.«

Eine große Last war plötzlich von meinen Schultern genommen, und ich atmete auf. »Ich bin beeindruckt.«

»Das dachte ich mir. Was hätten Sie sonst noch verlangt?«

»Funkkontakt direkt mit London, nicht über Einsatzposten.«

»Auch das habe ich durchgesetzt. Daraus können Sie ersehen, wie versessen Yasolev darauf ist, gerade Sie zu bekommen. Was noch?«

»Die Möglichkeit, die ganze Sache abzubrechen und mich aus dem Staub zu machen, vorausgesetzt, daß Sie damit einverstanden sind.«

»Ja, davon war er nicht sehr begeistert, aber ich habe es für Sie erreicht. Sonst noch was?«

»Das ist alles. Wirklich erstklassig.«

»Danke. Es gibt einen Mann namens Hood. Das ist sein wirklicher Name. Aber wir glauben, daß er in Ostberlin, wenn er sich dort als Einheimischer tarnt, den Decknamen Horst Volper benutzt. Möchten Sie sich nicht setzen?«

Ich schob die Taschenbücher zur Seite und ließ mich auf das Bett fallen. »Er ist meine Zielperson?«

»Ihre und Yasolevs. Wir wissen nur wenig über ihn. Er arbeitet allein. Gerüchte aus dem Untergrund bringen ihn mit den Morden an Aquino und am schwedischen Ministerpräsidenten Palme in Verbindung, auch mit verschiedenen besonders brisanten Vorfällen in Paris, Rom und im Orient. Es ist bekannt, daß er sich bis vor drei Jahren in London aufhielt, wo er sich unter falschem Namen als Finanzier in höchsten Regierungskreisen bewegte.« Er rieb sich reflexartig die pokkennarbige Haut unter seinem linken Ohr; das hatte ich ihn schon in Berlin tun sehen. »Wir wissen, daß er dann von London nach Genf reiste, wo er spurlos verschwand. Wir hatten eine Akte über ihn angelegt, weil er eine bedeutende Rolle bei verschiedenen Untergrund-Operationen spielt, wenn es ihm auch jedesmal gelingt, seine Spuren äußerst gründlich zu verwischen. Erst vor einer Woche hörten wir wieder von ihm, als der KGB über die russische Botschaft mit dem Außenministerium Kontakt aufnahm. An mich persönlich erging das Gesuch, ihn um jeden Preis zu finden und auszuschalten.« Das letzte hatte er ein bißchen langsam gesagt. »Fragen?«

»Existiert ein Dossier über ihn?«

»Ja, aber es steht nicht viel drin. Man wird es Ihnen bei der Einsatzvorbereitung geben.«

»Wenn ich ihn finde, wer ist dann dafür verantwortlich, ihn ausgeschaltet zu haben?«

Shepley nahm den Blick von mir. »Das kommt auf die Umstände an. Es könnte ja darauf hinauslaufen, daß Sie die Wahl haben, ihn dem KGB auszuliefern oder die Sache selbst zu erledigen. Vielleicht haben Sie aber keine Wahl. Sie wissen ebensogut wie ich, daß solche Situationen nicht vorhersehbar sind.«

Ich ging darauf nicht ein, obwohl er das vielleicht erwartete. Außer zur Selbstverteidigung hatte ich bisher erst ein einziges Mal getötet. Das war aus persönlichen Gründen geschehen, zwischen zwei Einsätzen, und zwar, um eine tote Frau zu rächen. Shepley wußte das, aber es hatte keinen Sinn, jetzt mit ihm darüber zu sprechen. Ich würde am Ende des Unternehmens *Quickstep* die entsprechende Entscheidung allein treffen, und nur Gott wußte, wie die Dinge sich bis dahin entwickeln würden – und ob ich überhaupt so lange am Leben blieb.

»Kann ich Ferris bekommen?« fragte ich.

»Nein. Er war schon zu oft dort drüben. Ich gebe Ihnen einen Mann als Agentenführer, mit dem Sie noch nicht gearbeitet haben. Sein Deckname ist Cone. Da ich ihn persönlich ausgesucht habe, dürfte es sich erübrigen, daß Sie sich seine Referenzen ansehen.«

»Wo treffe ich ihn?«

»In Berlin. Er ist bereits dort und sucht eine Basis für Sie.«

»Und ein Versteck?«

»Wenn Sie ein Versteck brauchen, können Sie jederzeit zum nächsten KGB-Hauptquartier gehen.«

Auf diese Bemerkung ging ich ebenfalls nicht ein. Wenn ich

drüben war, würde ich mir mein eigenes Versteck suchen. Es gibt Augenblicke, wo man einfach für eine Weile von der Bildfläche verschwinden muß.

»Diese Geisel«, sagte ich, »ist ein Generalmajor?«

»In der Roten Armee.«

»Wo ist er jetzt?«

»In Belgrave Square. Er steht praktisch unter Hausarrest.«

»Ich möchte, daß man ihn freiläßt und zurückschickt.«

Shepley neigte ein wenig den Kopf. »Warum?«

»Bei einer Mission von dieser Bedeutung zählt ein Generalmajor nicht viel. Und ich möchte Yasolevs Vertrauen gewinnen.«

Kurzes Schweigen. Dann: »Nun mal langsam.« Er stand auf, schob die Hände in die Jackentaschen, blickte in alle möglichen Richtungen, nur nicht auf mich, und wog die Idee sorgfältig ab. Dann hob er den Kopf und starrte an die Decke. »Sie segeln gern hart am Wind, was?«

»Ich mache den Vorschlag nicht aus Wagemut.«

Er schaute mich an. »Das ist mir klar. Sie glauben also, daß Yasolev ein Ehrenmann ist?«

»Das habe ich Ihnen bereits schon einmal gesagt. Es spielt aber keine Rolle. Es ist eine Frage des Stolzes.«

Seine blassen Augen betrachteten mich aufmerksam. »Und über Stolz wissen Sie bestens Bescheid, nicht wahr? Das Problem ist, ob ich Ihnen erlauben soll, den Erfolg der Mission aufs Spiel zu setzen. Wenn . . .«

»Wenn ich recht habe, hätten wir einen großen Vorteil. Wir könnten auf diese Weise Yasolevs Vertrauen gewinnen.«

»Und wenn Sie sich irren?«

»Dann wäre für uns nichts verloren. Wenn es den Zwecken des KGB dient, würden sie zweifellos einen kleinen Generalmajor opfern.«

Er wandte sich ab. »Ich werde Ihnen meine Entscheidung mitteilen, bevor Sie in den Einsatz geschickt werden. Haben Sie noch irgendwelche Fragen?«

»Gibt es ein Dossier über Yasolev?«

»Ja. Das bekommen Sie ebenfalls während der Einsatzvorbereitung. Noch etwas?«

»Im Augenblick nicht.«

Er ging zur Tür. »Ich werde *Quickstep* persönlich überwachen, von meinem Büro und von der Funkzentrale aus. Ich bin jederzeit für Sie zu sprechen. *Jederzeit.*« Er öffnete die Tür. »Wenn Sie wollen, rufen Sie mich an, ehe Sie abreisen.«

Zweifel.

»Waffen?«

»Keine Waffen.«

Sie drehte ein Schriftstück auf dem Schreibtisch herum. »Unterschreiben Sie bitte hier.«

Sie gab mir einen Kugelschreiber und putzte sich mit einem kleinen, zerknüllten Taschentuch die Nase.

»Hier?«

»Nein. In dem Kästchen. Möchten Sie eine Impfung?«

»Wozu?«

»Damit Sie sich das hier nicht einfangen«, sagte sie mit tränenden Augen.

»Ich esse viel Knoblauch. Ich kann mich nicht erkälten.«

»Hilft das wirklich?«

»Unbedingt. Nur verliert man dadurch leider alle Freunde.«

»Wer braucht schon *solche* Freunde? Irgendwelche Hinterlassenschaftsänderungen?«

»Nein. Mein Geld geht an *Sicheres Heim.*«

»Ich habe das überprüft. Dieses Heim existiert nicht mehr.«

»Dann setzen Sie irgendein anderes Frauenhaus ein. Egal welches.«

»Da wäre zum Beispiel das Shoreditch-Haus.«

»Gut, dann nehmen Sie das.«

Sie trug den Namen ein. »Alles, was Sie besitzen?«

»Ja.«

»Unterschreiben Sie hier, bitte?«

Die Zweifel folgten mir durch das Gebäude, als ich hinüber zur Chiffrierabteilung ging. Ich war mir jetzt sicher, daß sie mich nur benutzten, beide, Yasolev und Shepley, nicht notwendigerweise gemeinsam, sondern jeder auf seine Weise und für seine Zwecke.

»Geben Sie mir einen einfachen Ersatzcode.«

»Einen von den Alphas?«

»Nein. Nicht mehr als zehn Buchstaben.«

Er ging die Plastikkarten durch, von der blauen zur roten Schrift, während vom Fenster her ein Lichtstrahl durch eines seiner dicken Brillengläser fiel und die Karten erhellte.

»Wie wäre es mit Little Mary?«

Ich bekam das Gefühl, daß ich in der Falle saß, gezwungen wurde, einen Code zu benutzen, der mich verraten würde, wenn die Gegenseite davon erfuhr. Dieser Raum besaß eine Stahltür, draußen stand ein Sicherheitsbeamter Wache, und man brauchte einen speziellen Paß, um eingelassen zu werden. Aber wenn dieser Angestellte hier nun vom KGB eingeschleust – oh, *verdammt*, warum kann man sich nicht gegen Paranoia impfen lassen?

»Geben Sie mir Beta-Drei. Die kurze Version für Außeneinsätze.«

»Der ist nicht schlecht.« Er drehte sich um, öffnete eine Schublade und gab mir den Notizblock. »Haben Sie die Vorwahl des Cheltenham-Zerhackers?«

»Na, das versteht sich doch wohl von selbst.«

»Tut mir leid, ich bin neu hier.«

»Wir haben alle mal klein angefangen.«

Wie eine Ratte im Labyrinth lief ich durch die Korridore, als stellten sie mit mir ein Experiment an. Nein, keine Ratte, ein Meerschweinchen. Verdammt, es war alles zu einfach; Yasolev hatte zu schnell aufgegeben. Ich *konnte* nicht glauben, daß ein erfahrener KGB-Oberst auf ostdeutschem Boden mit einem westlichen Agenten zusammenarbeitete, ohne vorher den ganzen Einsatzsektor mit seiner eigenen kleinen Armee gesichert zu haben. Aber *eine* Sicherheit hatte ich: Sobald ich Wind davon bekam, daß seine Leute irgendwo in meiner Nähe waren, würde ich von meiner Möglichkeit Gebrauch machen, den Einsatz abzubrechen und zu verschwinden.

Im ärztlichen Untersuchungszimmer die unvermeidliche Frage: »Wann?«

»Vor drei Wochen«, sagte ich. »In Norfolk.«

»Phyllis, keine Blutuntersuchung. Wo ist seine Karte?«

Ein kleines Zimmer. Zu klein, zu beengend. Jetzt kam zur Paranoia auch noch Klaustrophobie. Das war in diesem Stadium nicht normal; ein bißchen Nervosität während der Einsatzvorbereitung, okay. Aber das hier kam zu früh und zu heftig.

»Ihr Puls ist etwas beschleunigt. Ist das bei Ihnen vor einem Einsatz immer der Fall?«

»Ja.«

Sag ja zu allem.

»Ihr diastolischer Blutdruck ist ein bißchen zu hoch, einundachtzig. Ist das auch normal?«

»Ja.«

Und warum *nicht* Ferris als mein Agentenführer?

Er war zu wertvoll, um ihn aufs Spiel zu setzen.

»Wollen Sie eine Kapsel?«

»Ja.«

Er holte seine Schlüssel, schloß einen Wandschrank auf und nahm ein Fläschchen heraus, drückte kräftig zu, um den Sicherheitsverschluß zu öffnen, und schüttelte einen der kleinen grauen Zylinder mit dem roten Streifen heraus. »Brauchen Sie auch einen Behälter?«

»Ja.«

Noch ein Zylinder, größer, aus kräftigem, belastbarem Stahl. »So, unterschreiben Sie hier, ja?«

Unterschrift.

Reiseabteilung: »Brauchen Sie Karten?«

»Nein. Ich besorge sie mir vor Ort.«

Sie gab mir den Paß. Sie geben einem immer einen Paß, dessen Nummer tatsächlich mal ausgestellt worden war.

»Wem hat er gehört?«

Sie sah überrascht aus. »Das weiß ich nicht.«

Jedenfalls brauchte der Mann ihn nicht mehr – aber natürlich war es auch möglich, daß er pensioniert worden war, *pensioniert.*

Die Herren waren noch nicht bereit für die Abschlußbesprechung, also stieg ich die Wendeltreppe mit dem abgewetzten pflaumenroten Teppich und dem Mahagonigeländer hinunter. Der einzige Gast in der Cafeteria war Decker, ein neuer Rekrut, der gerade zehn Monate Training in Norfolk hinter sich hatte; er saß an der Theke und schwatzte mit Daisy. Sein Lachen klang hohl, also schickten sie ihn wohl gerade auf seinen ersten Einsatz, und er schwitzte Blut und Wasser.

Eine Teepfütze auf dem ersten Tisch, zu dem ich kam. In diesem verdammten Laden sind immer Teepfützen auf den Tischen. Gott allein weiß, warum, denn Daisy hält immer einen Lappen in der Hand. Ich habe sie noch nie ohne gesehen.

»Hallo, Liebling.«

Dunkle Augenringe, rissige Schminke und grelles, kupferfarbenes Haar, ein Körper wie ein Faß; ich wünschte, sie würden hier *endlich* einmal eine Frau beschäftigen, die man *anschauen* kann, wenn man nervös ist. Das würde helfen, die Spannung ein bißchen zu legen.

»Tee, Daisy.«

»Möchtest du ein Teilchen?«

»O Gott, doch wohl keins von *denen* da?«

»Ich habe schon ein paarmal andere verlangt, aber sie bestellen immer wieder die gleichen.«

Sie wischte die Teepfütze auf und rollte mühsam hinkend davon. Sie hat Rheuma, das arme, alte Mädchen.

Gut, wir müssen uns also etwas einfallen lassen, nicht wahr? Auf, in die Bresche, liebe Freunde, nichts soll uns je erschrecken, und so weiter, hier geht's um Leben und Tod – in der Tat, und zwar um mein Leben und meinen Tod, falls ich einen Fehler mache.

Und es ging um mein Gewissen. Shepley und das Bureau und Yasolev planten vielleicht tatsächlich, mich irgendwelcher mehr oder weniger hehren Ziele wegen zu opfern. Aber ließ sich damit rechtfertigen, daß ich den Auftrag annahm und sie in dem Glauben ließ, ich würde mich an *ihre* Spielregeln halten, statt an meine eigenen? Denn wenn ich diesen Auftrag für sie ausführte, dann würde ich allein arbeiten und mir mein eigenes Versteck suchen und auf Tauchstation gehen, wann immer ich das für nötig hielt, und zwar ohne sie vorher zu fragen. Sie wollten . . .

»Zucker, Schätzchen?«

»Nein.«

Wie üblich schwappte der Tee in die Untertasse, als sie ihn vor mich hinstellte.

»Danke.«

Sie wollten mir die gewaltigen Machtapparate des Bureau und Yasolevs KGB-Abteilung zur Verfügung stellen. Aber ich konnte so nicht arbeiten, *und das wußten sie*, wenigstens wußten es Shepley und das Bureau. Warum hatten sie sich also ausgerechnet mich für diesen Einsatz ausgesucht?

Warum *mich*, Daisy, altes Haus? Daß in der Zentrale nur drei Funkkonsolen in Betrieb waren, bedeutete, daß fünf andere Außenagenten in Dienstbereitschaft waren, die alle so viel Erfahrung und Können besaßen wie ich. Drei davon – Fletcher, Wainwright, Piers – *bevorzugten* es, mit einem ganzen System von Helfern und Kontaktleuten zu arbeiten. Warum hatte Shepley also nicht einen von ihnen ausgewählt?

Glühendheißer Tee, genau, wie ich ihn wollte – der Wunsch, sich die Lippen zu verbrennen, hat etwas Erotisches, eine Reizung der Schleimhäute, die die Nerven beruhigt. Gute, alte Daisy, dein Tee ist immer kochend heiß, aber hör zu, was soll ich tun?

Ich könnte von der Annahme ausgehen, daß man mich als den besten Mann für diesen Job betrachtete. Aber selbst wenn das stimmte, wußte Shepley trotzdem, daß ich es bevorzugte, solo zu arbeiten. Und zweifellos hatte er darüber nachgedacht, denn er war gewiß kein Schwachkopf. *War ihm klar, daß ich diesen Job, wenn ich ihn übernahm, allein erledigen und sie täuschen würde? Und war er darauf vorbereitet?* Das würde mein Gewissen beruhigen, nicht wahr, Daisy, Schätzchen? Aber es war ein bißchen zu einfach.

Ich hatte also zwei Alternativen: Ich konnte *Quickstep* übernehmen und solo arbeiten, ohne sie darüber zu informieren, und, indem ich isoliert und verwundbar arbeitete, das Risiko eingehen, daß die Mission scheiterte. Oder ich ging zu dem Telefon dort drüben, rief Shepley an und sagte ihm, nein, es sei leider doch nicht möglich, er müsse sich einen anderen suchen.

Daisy, drüben an der Teemaschine, wurde von einem so heftigen Lachen geschüttelt, daß fast ihre Perücke weggeflogen wäre; jedenfalls glauben wir insgeheim alle, daß es eine Perücke ist. Ihr Lachen klang wie das einer Bardame.

Um eins von vornherein klarzustellen, mein Freund: Wenn ich nicht zum Telefon ging, bedeutete das, daß Außenagent Quiller bereit war, aus Stolz und persönlicher Eitelkeit hinter den Eisernen Vorhang zu gehen und dort auf eigene Faust zu arbeiten, und zwar ohne die Leute, die ihn überwachen sollten und ohne seinen russischen Kollegen. Und daß er entschlossen war, *trotzdem* erfolgreich zu sein, *trotzdem* sein Ziel zu erreichen.

Größenwahn nennt man das, glaube ich.

So saß ich also zusammengesunken und schwitzend vor meinem Tee, hin- und hergerissen, ein einsamer Spion, vom Ehrgeiz getrieben und vom Gewissen geplagt. Und ich hatte Angst, *mein Gott, was hatte ich für eine Angst.*

Ich weiß nicht mehr, wie lange es dauerte, wie lange ich brauchte, aber der Tee war inzwischen kalt, und ich fühlte mich um Jahre gealtert.

»Ist schon in Ordnung, Schatz, der Tee geht auf meine Rechnung. Man sieht dich hier so selten.« Eine Frau, die zu lieben verstand.

Ich küßte ihre trockene, geschminkte Wange und ging am Telefon vorbei hinaus, allein, einsatzbereit.

5 KATZE

Stahl, wohin man schaute. Stahl und Beton und kahle Wände und der Gestank von Latrinen und Lysol. Das Klirren der Schlüssel, die schweren Stiefelschritte, das Knarren der Ledergürtel und andere Geräusche hallte über die Korridore und eisernen Laufgänge unter dem hohen, dunklen Dach.

»Warten Sie bitte hier, Sir.«

Wieder klirrten Schlüssel. Ein großer Schlüsselbund hing an seinem Gürtel, der Zierrat der Macht, der Herrschaft von Menschen über andere Menschen. Ich will dir etwas verraten:

Nach ein paar Wochen in einem solchen Bau würde ich entweder verrückt werden oder mich befreien, auf die eine oder die andere Art: Mit einer Feile oder einem geklauten Schlüssel, oder indem ich mich mit dem Bettlaken aufhängte. Da ist auch der Grund, warum ich Zoos nicht ausstehen kann.

»So, Sir, folgen Sie mir bitte.«

Unbekümmerter Tonfall, alles bestens, uns gefällt es hier drin auch nicht besser als Ihnen, und so weiter.

Hinter uns fiel eine weitere Tür krachend ins Schloß, und ich verspürte den Drang, mich umzudrehen und einen Blick zurück zu werfen.

Zellenblock D. 26–50.

»Da sind wir, Sir.«

Wir blieben stehen. Der Wärter ging als erster hinein, ich folgte ihm.

»Scarsdale, hier mit Mr. Ash. Ich warte draußen. Wenn Sie etwas brauchen, rufen Sie mich bitte, Sir.« Er senkte die Stimme, um einen Anschein von Vertraulichkeit zu erwecken, obwohl der Mann in der Zelle ihn immer noch hören konnte.

Er ist nicht gewalttätig, hatten sie mir bei der Abschlußbesprechung gesagt.

Das war vor nur einer Stunde gewesen; ich war vom Bureau gleich hierher gefahren, und der Wagen wartete draußen auf mich.

Shepley hatte mir Pauling für die Einsatzvorbereitung zugeteilt, einen trockenen, dürren ehemaligen Agenten, den man in den Innendienst versetzt hatte, weil es ihn ein paarmal beinahe erwischt hatte und seine Nerven nicht mehr mitspielten.

»Er ist sogar ziemlich freundlich, obwohl er sich Ihnen gegenüber vielleicht ein bißchen stur geben wird. Sein Name ist John Bryant Scarsdale. Er war sechs Jahre lang beim MI 5, bis man ihn eines nachts mit einer braunen Einkaufstüte voller Fotokopien an der Victoria Station verhaftete, nachdem jemand einen entsprechenden Tip gegeben hatte.« Pauling las aus der Akte vor. »Die Verhandlung fand im November letzten Jahres im Old Bailey statt. Er wurde in allen neun Anklagepunkten für schuldig befunden. Lord Lansworth sagte, ich zitiere: ›Für mich steht fest, daß Sie ein gefährlicher Mann sind. Sie haben die Identitäten von bestimmten englischen Agenten in Moskau enthüllt, die nun höchstwahrscheinlich entweder tot oder in Haft sind. Ganz zu schweigen von dem nicht wiedergutzumachenden Schaden, den Sie der Sicherheit unseres Landes zugefügt haben.‹ Zitat Ende. Einiges von dem Material, das man in seiner Wohnung in Croydon entdeckte, war so brisant, daß noch nicht einmal der für den Fall zuständige Kronanwalt berechtigt war, es in Augenschein zu nehmen.«

Pauling öffnete eine Schreibtischschublade, schüttelte eine Pille aus einem Tablettendöschen und steckte sie in den Mund. »Sie wissen ja, wie es damals bei MI 5 war. Man beschwerte sich, daß dort nur Leute aus der Oberschicht beschäftigt waren, und der Premierminister gab daraufhin die Anweisung, Bewerber aus allen gesellschaftlichen Schichten einzustellen. Bei Scarsdale erwies sich das als Fehler. Sein Vater war Fabrikarbeiter, und in Gesellschaft der ›feinen Pinkel‹, wie er es ausdrückte, fühlte er sich nicht wohl. Deshalb ist er anscheinend Kommunist geworden. Bei seiner Vernehmung erklärte er, daß das sowjetische System den Wert von Menschen mit ›anständiger, proletarischer Herkunft‹ besser zu würdigen wisse. Möchten Sie sich Notizen machen?«

»Nein. Was hielt man in Moskau von ihm?«

»Das ist ganz interessant. Er erledigte einen speziellen Auftrag, der, glaube ich, äußerst wichtig für sie war. Er besorgte ihnen eine Liste der enttarnten sowjetischen Agenten in England, so daß sie wußten, welche ihrer Agenten uns noch unbekannt waren. Aber bei anderen Aufträgen stellte er sich ziemlich ungeschickt an, so daß einmal sogar einer ihrer Kontaktmänner aus der Botschaft verhaftet wurde, als er sich mit Scarsdale im Piccadilly-Hotel treffen wollte. Schließlich hatten sie genug von ihm und gaben uns einen Tip. Ich . . .«

»Dem Bureau?«

»Nein, dem Secret Sevice. Scarsdale hatte um ein Treffen mit einem sowjetischen Agenten gebeten, als er sich auf einem Kurzurlaub in Zürich befand, und sie glaubten, wir wollten ihn als Doppelagenten bei ihnen einschleusen. Deshalb wurde er an der Victoria Station mit einer Tasche voller Fotokopien verhaftet: Der KGB hatte ihn zu einem Treffen dorthin bestellt, doch natürlich kam niemand von ihnen. Tja, viel mehr haben wir nicht über ihn, aber« – das Telefon klingelte, und er griff nach dem Hörer – »aber Sie können die Akten gern selbst durchsehen, wenn Sie möchten. Entschuldigen Sie. Hallo? Ja, Sir.« Er gab mir den Hörer. »Mr. Shepley.«

»Quiller«, sagte ich.

»Ich habe über Ihre Idee nachgedacht, Generalmajor Solsky freizulassen. Es ist ein ziemliches Risiko, aber mir gefällt Ihre Art zu denken, und ich bin einverstanden. Sie haben Ihre Meinung nicht geändert?«

»Nein. Auf diese Weise bekommen wir ordentlich Kredit beim KGB, den wir dann bei Bedarf einlösen können.« Ich sagte ihm nicht, daß eine Geisel jetzt ohnehin überflüssig war, denn falls es brenzlig wurde, würde ich mich nicht auf unser gegenseitiges Vertrauen verlassen, sondern in einem Versteck auf Tauchstation gehen.

»Sehr gut. Ich werde persönlich mit ihm sprechen und ihm mitteilen, warum wir ihn freilassen. Kommen Sie mit der Einsatzvorbereitung gut voran?«

»Ja, ausgezeichnet.«

»Möchten Sie mich noch einmal sprechen, ehe Sie abreisen?«

»Das ist nicht nötig.«

»Dann wünsche ich Ihnen viel Glück.«

Als ich aufgelegt hatte, gab mir Pauling eine Mappe. »Das persönliche Dossier von Oberst Viktor Yasolev. Was Ihre Tarnung betrifft – sie ist wasserdicht, solange der KGB sich an die Abmachung hält. Der KGB verfügt natürlich über großen Einfluß in der ostdeutschen Geheimpolizei, aber er ist trotz allem immer noch ausländischer Besatzer und kann der HUA nicht trauen. Es gibt aber in Berlin einen zuverlässigen Hauptmann namens Karl Bruger. Sie selbst sind als HUA-Hauptmann getarnt, der momentan beurlaubt ist. Sie bekommen Ihre Papiere drüben von Cone, der Ihren Einsatz führen wird. Wenn Ihre Tarnung irgendwann angezweifelt werden sollte, erhalten Sie Hilfe von Hauptmann Bruger.«

»Gut.« Bruger, nicht Yasolev. das war auf meine Veranlassung geschehen: Ich hatte ihnen gesagt, daß ich während des

Einsatzes nicht offen mit dem KGB in Verbindung gebracht werden wollte.

»Haben Sie sonst noch Fragen?«

»Nein.« Ich wußte alles, was ich wissen mußte.

»Viel Glück mit Scarsdale.«

Er war klein, mit runden Schultern. In Sträflingskleidung, die eine Nummer zu groß war, stand er geduckt da, als sei er gerade geschlagen worden. Er schien nicht damit zu rechnen, daß ich ihm die Hand geben würde, schien alle Höflichkeitsregeln längst vergessen zu haben, wartete mit wachsamen Augen darauf, daß ich etwas sagte.

»Wie lange sind Sie schon hier?«

Er schien mich nicht zu hören, oder er hatte bereits jedes Zeitgefühl verloren und wußte es einfach nicht mehr. Er sah gequält, teilnahmslos, alleingelassen aus.

»Einen Monat.«

Schon nach *einem* Monat befand er sich in einem solchen Zustand.

»Und Ihr Strafmaß?«

In seinem Gesicht zuckte es. »Dreißig Jahre.«

Das würde er nie durchstehen.

»Nett von Ihnen, daß Sie zu einem Gespräch mit mir bereit sind«, sagte ich.

»Bitte?«

Es war ihm offensichtlich gar nicht klar gewesen, daß er sich hätte weigern können, daß er überhaupt irgendwelche Rechte hatte, daß wenigstens noch ein Stückchen seiner Seele ihm gehörte. In der Mitte seines Lebens war ihm anscheinend ein schrecklicher Unfall zugestoßen, durch den er hier an diesem gottverlassenen Ort gelandet war, während draußen alles normal weiterlief. *Einen gefährlichen Mann*, hatte der Lordoberrichter ihn genannt. Und der erbarmungsloseste Feind seiner selbst.

»Sie hatten mit Hood zu tun, wenn ich mich nicht irre.«

Er atmete stoßweise aus, als hätte ich ihn geschlagen, und wandte sich ab, beobachtete mich aber verstohlen von der Seite her. Es war so schwierig, mit ihm zu reden, daß ich mich entschlossen hatte, sofort zum Wesentlichen zu kommen, aber ich war zu schnell vorgegangen.

»Ich habe Ihnen ein paar Mars-Riegel mitgebracht.« Ich hielt ihm die Tüte hin. »Man sagte mir, daß Sie eine Vorliebe dafür haben, genau wie ich.«

Er blickte auf die Tüte, als sei eine Schlange darin. In einer anderen Zelle auf diesem Gang fing ein Mann an, ›My Wild Irish Rose‹ zu singen. Die anderen schrien, er solle aufhören, und die Trillerpfeife eines Wärters ertönte. Der Mann verstummte. Ich fragte mich, warum es den Gefangenen nicht gefiel; der Mann hatte eine recht gute Stimme. Vielleicht war es einfach zuviel für sie, der Gedanke an eine Rose, an eine Frau, in einem Ort wie diesem; das brach ihnen das Herz.

»Hood?« Scarsdale hatte sich wieder umgedreht und schaute mir voll ins Gesicht. Ich konnte die Anspannung, unter der er stand, beinahe körperlich spüren.

Sehr sanft sagte ich: »Wir möchten gern wissen, wo er ist.«

Seine Augen wanderten nach unten und entdeckten die Tüte. »Mars-Riegel?«

»Richtig.«

»Die haben Sie für mich mitgebracht?«

»Ja.«

»Warum?«

»Man sagte mir, daß Sie sie gern essen.«

Er nahm die Tüte und warf sie aufs Bett. »Kommen Sie vom Außenministerium?«

»Ja.«

Er drehte sich plötzlich weg und schob seine kleinen weißen Hände in die Taschen seiner Köperhose. »Ich würde Ihnen raten, ihm besser nicht in die Quere zu kommen.«

»Wir möchten nur wissen, wo er ist.«

»Er ist in . . .« Er verstummte und starrte mich mißtrauisch an. »Warum sollte ich Ihnen das erzählen?«

»Als Gegenleistung könnten wir vielleicht etwas für Sie tun.«

Nach einem Moment: »Also, da müssen Sie schon etwas mehr springen lassen als ein paar Mars-Riegel.«

Es kam wieder Leben in ihn, ein Sinn für die Welt draußen.

Ich hatte ihm seine Persönlichkeit zurückgegeben; ich wollte etwas, das er besaß.

»Wenn Sie mir alles erzählen, was Sie über Hood wissen, werde ich herausfinden, was wir für Sie tun können.«

»Nein, umgekehrt. Sie sagen mir, was Sie für mich tun können, und dann gebe ich Ihnen vielleicht meine Informationen. Ich weiß eine Menge.«

»Auf Ihr Wort kann ich mich nicht verlassen. Bei Ihrem Strafregister.«

Das ließ ihn zusammenbrechen. Er vergrub das Gesicht in den Händen und schwankte vor und zurück. Ich dachte: *Scheiße,* du bist wieder zu schnell. Dabei hatte es schon so ausgesehen, als sei er gefaßt genug gewesen, um mit ihm ein Geschäft auszuhandeln.

»Mein Gott, quälen Sie mich bitte nicht«, sagte er, oder so etwas Ähnliches, das Gesicht noch immer in den Händen verborgen. »Ich weiß nicht, wie lange ich es hier drin noch aushalte.«

Er war niemals erwachsen geworden; er hatte einfach geglaubt, es sei ein Spaß, Spion zu spielen und es den verdammten feinen Pinkeln zu zeigen. *Dreißig Jahre.* Bei der Urteilsverkündung war er bestimmt leichenblaß geworden.

»Ihre Strafe könnte um ein paar Jahre herabgesetzt werden«, sagte ich. »Es kommt darauf an, wie wertvoll Ihre Informationen für das Land sind.«

Er richtete sich auf und nahm die Hände vom Gesicht, brachte es aber nicht fertig, mich anzusehen. »Ich weiß eine Menge über ihn.«

»Dann wollen wir es mal versuchen. *Wir* wissen, wo er ist. Sie auch?«

Langsam drehte er den Kopf und schaute mich an, mit roten Augen. »In Ostdeutschland.«

»Wo dort?«

»In Berlin.«

Ich zog den Mini-Sanyo aus der Tasche. »Sprechen Sie alles auf Band. Ich werde es meinen Vorgesetzten vorspielen. Sie werden dann prüfen, was sie für Sie tun können.«

Er beobachtete mich einen Moment, zitternd, mit schlaffem,

halb geöffnetem Mund. »Erst muß man mich hier rausholen. Sonst sage ich kein Wort.«

»Seien Sie vernünftig, Scarsdale. Sie sind eine zu große Gefahr für das Land.«

Es klang beinahe wie ein Lachen. »Was, *jetzt* noch? Glauben Sie im Ernst, ich würde es riskieren, daß man mich wieder *hier* reinsteckt?«

Vermutlich nicht. Aber wenn Shepley ihn herausholte, dann nur so lange, bis er uns alles über Hood verraten hatte; dann würden sie ihn jagen, ihn unter irgendeinem Vorwand festsetzen und wieder hierherbringen. In jener Nacht an der Victoria Station war sein Leben zu Ende gewesen.

»Ich glaube nicht, daß Sie das riskieren würden, nein. Aber das kann ich nicht entscheiden. Versuchen wir es noch mit einer weiteren Frage. Warum hält sich Hood in Ostberlin auf?«

Er starrte mich wieder an und schüttelte schließlich den Kopf. »Das ist die entscheidende Frage, nicht wahr? Das wollen Sie unbedingt wissen. Aber zuerst müssen Sie mich hier rausholen.« Er zitterte immer noch, konnte es nicht unterdrükken. »Und sagen Sie Ihren Leuten, daß sie sich beeilen sollen, denn ich weiß nicht, wie lange ich's hier drin noch durchstehe, ich weiß es wirklich nicht.«

Drei Straßenlaternen, dunkle Fenster, düstere Hauseingänge und eine völlig leere Straße. Während der letzten Stunde hatten wir ein paar Taxis, ein halbes Dutzend Pkw und einen Streifenwagen gesehen.

»Möchten Sie noch einen Schluck?«

»Nein. Trinken Sie ihn ruhig aus.«

Süßer Kakaoduft strömte durch den Vauxhall. Pauling hatte den Motor ein paar Minuten laufenlassen, damit es ein bißchen wärmer im Wagen wurde, aber wir hatten ein Fenster öffnen müssen.

»Es war extrem schwierig«, hatte Shepley zu mir gesagt. »Niemand kann aus diesem Gefängnis so einfach ›herausgeholt‹ werden. Es sei denn, das Verfahren wird wieder aufgenommen, oder die Königin begnadigt ihn. Aber soviel

Zeit haben wir nicht. Daß die ganze Angelegenheit also streng geheim ist, brauche ich Ihnen wohl nicht zu sagen.«

Sie mußten den Gefängnisdirektor und zwei Wärter informieren. Es mußte wie ein sorgfältig geplanter Ausbruch aussehen. Ein Mitgefangener half Scarsdale, und draußen vor einem Nebeneingang wartete ein Fluchtauto.

Pauling griff zum Telefon und tippte eine Nummer ein. »Wissen Sie, warum das so lange dauert?«

Eine ausgehungerte graue Katze lief über den Bürgersteig, duckte sich, als sie Paulings Stimme im Innern des Wagens hörte, und huschte dann mit angelegten Ohren und leuchtenden Bernsteinaugen davon.

»Der Gefängnisdirektor hat kalte Füße bekommen«, sagte Pauling und legte auf. »Jetzt haben sie den Innenminister aus dem Bett geholt, und Shepley spricht mit ihm.«

»Verdammt, wir werden uns noch den Hintern abfrieren.«

»Es ist noch eine Thermosflasche da.«

Blöder Kakao. Alles, was ich wollte, war, daß Shepley endlich vor laufendem Tonband auspackte, damit ich nach Berlin fliegen, Hood schnappen, ihn dem KGB zum Fraß vorwerfen und mit heiler Haut zurückkehren konnte. *Quickstep* entsprach nicht gerade meinen Idealvorstellungen von einem Außeneinsatz; vermutlich würde ich mich fühlen wie eine Ratte, die um ihr Leben rannte.

Um 2.34 Uhr klingelte das Telefon, Pauling nahm den Hörer ab und sagte: »Verstanden«, und hängte ein.

»Der Gefängnisdirektor hat zugestimmt. Jetzt dauert es nicht mehr lange.«

Aber es verging noch fast eine Stunde, ehe der Austin um die Ecke bog, die Scheinwerfer aus- und wiedereinschaltete und stehenblieb. Eine Wagentür öffnete sich, und ein Mann stieg aus und kam auf uns zu, überquerte mit bleichem Gesicht und in gebückter Haltung die Straße. Gerade als er sich mitten auf der Straße befand, schoß hinter uns ein Wagen heran, Scarsdale erstarrte, geblendet vom Scheinwerferlicht, und der Wagen hielt genau auf ihn zu und schleuderte ihn hoch in die Luft. Er schrie, doch sein Schrei erstarb, als er dumpf auf das Pflaster aufschlug, während der Wagen mit kreischenden Reifen um die Ecke bog und die graue Katze auf eine Mauer sprang und verschwand.

Ich hörte Pauling sagen: »Mit Hood werden Sie es nicht leicht haben. Er ist ein Profi.«

6 CONE

Auf der Friedrichstraße, nördlich des Checkpoint Charlie, hat man Blumenkästen aus Beton aufgestellt, weil vor ein paar Jahren Hans-Joachim Pofahl mit seinem Skoda-Fünfzehntonner unter den Augen von fünfzig bewaffneten Grenzsoldaten die drei rotweißen Barrieren und die knapp zwei Meter hohen Stahltore durchbrochen und es in den Westen geschafft hatte. Das war in einer klaren Sommernacht gewesen. Doch jetzt hatten wir November, und die Temperatur lag knapp über dem Gefrierpunkt, weil sich von Norden eine Kaltfront näherte.

Auf der Westseite standen nur zwei Grenzer. Sie kontrollierten mich, und dann öffnete sich im hellen Flutlicht die dritte Schranke, und ich befand mich in Ostberlin. Es war niemand dort, um mich abzuholen, ich hatte nur die Wegbeschreibung: *Biegen Sie nach rechts in die Leipzigstraße und fahren Sie drei Häuserblocks weit. Das Hotel ist auf der linken Seite.*

Auf dem Parkplatz erwartete er mich, Cone, stand steif dort herum, die Hände in den Manteltaschen, den Kragen hochgeschlagen, zeigte keine Reaktion, wartete nur darauf, daß ich aus dem BMW stieg und zu ihm ging.

»Maypole.«

»Faerie Fey.«

Eine eisigkalte Hand, die meine nur ganz kurz berührte und sofort wieder in der Manteltasche verschwand, während er mich durch seine dunkle Brille betrachtete, hinter der ich seine Augen nicht sehen konnte.

»Gab es an der Grenze Probleme?«

»Nein.«

Ein schmaler Kopf und schmale Schultern, leichenhafte

Blässe im Gesicht und ein Mund wie eine frisch verheilte Wunde. Sein dünner Körper war gekrümmt, als wäre er in einem bitterkalten Wind geboren worden und hätte nie Schutz davor gefunden, ja, überhaupt nie Schutz gesucht, weil er wußte, daß es keinen gab.

Der Agentenführer von *Quickstep.*

Seine Hand kam wieder zum Vorschein. »Geben Sie mir die Autoschlüssel. Hier sind Ihre neuen. Sie gehören zu dem schwarzen Lancia dort drüben.« Ostberliner Kennzeichen. »Ich lasse Ihren zurückbringen. Wann haben Sie zuletzt etwas gegessen?«

»Ich bin nicht hungrig.«

»Aber wann war es?«

»Vor ein paar Stunden.«

Er blieb sofort am Ball: Er wollte wissen, wie fit ich war, wie kräftig, wie lange ich durchhalten konnte, falls ich während irgendeiner Einsatzphase in Schwierigkeiten geriet – geschnappt wurde oder untertauchen mußte. Bei der Abschlußbesprechung hatten sie mir erzählt, daß er an *Nightlight* beteiligt gewesen war und persönlich eine Suchaktion gestartet hatte, als sein Agent vermißt wurde. Nach zwei Wochen fand er ihn in einer Berghöhle; er war noch am Leben und von oben bis unten voll Fledermausscheiße. »Cone ist wie der Felsen von Brighton«, hatte Pauling zu mir gesagt, »der hält durch bis zuletzt.«

»So«, sagte Cone, »das hier ist Ihre Basis.«

Ich ging mit ihm in das Hotel, und er wartete, während ich mich anmeldete. Im Aufzug drückte er auf den Knopf für die dritte Etage und nahm seine dunkle Brille ab, schaute mich aber nicht an; er schielte ein wenig, oder er hatte ein Glasauge, jedenfalls stimmte mit seinen Augen irgend etwas nicht.

»Haben Sie sich schon mit Yasolev getroffen?« fragte ich.

»Oh, ja. Wir gehen jetzt zuerst zu ihm. Streng nach Protokoll: Er will Ihnen Ihr Zimmer zeigen. Der KGB bezahlt, also ist er praktisch Ihr Gastgeber. Er wohnt in Dreihundertacht, Sie in Dreihundertsiebenundfünfzig, ich bin zwei Stockwerke höher, Zimmer Fünfhundertundzwanzig. Anders ließ es sich nicht machen – das Hotel ist ziemlich voll.« Er gab mir einen

Schlüssel. »Das ist der Ersatzschlüssel von meinem Zimmer, falls Sie aus irgendeinem Grund mal nicht in Ihr Zimmer können. Ich bin fast immer dort anzutreffen, und falls ich einmal weggehen sollte, sage ich Ihnen vorher Bescheid.« Seine Stimme klang monoton, als ob er von einem Blatt ablas, und sie hatte einen trockenen, rauhen Unterton, vielleicht ein Echo des Windes, dem er nicht entrinnen konnte.

Yasolev öffnete uns in Hemdsärmeln, eilig. »Kommen Sie herein. Sie sind früher hier als erwartet.« Er blickte mich scharf an, taxierte mich mit seinen nikotingelben Augen. Seit wir uns das letzte Mal getroffen hatten, war eine Menge geschehen. Ich hatte den Auftrag abgelehnt und dann doch angenommen, und er hatte gewiß vom Tod Scarsdales erfahren. »Trinken Sie etwas, meine Herren.« Er zeigte auf den Tisch und fügte, während er sich eine Jacke aus dem Schrank holte, mit einem Achselzucken hinzu. »Oder nehmen Sie ein Stück Schokolade.«

Unter *›Persönliche Besonderheiten‹* stand in dem Dossier, das sie mir gegeben hatten: *Er ist im Winter anfällig für Nebenhöhlenentzündungen, haßt Homosexuelle, hat eine Allergie gegen Katzen, besitzt eine Sammlung von Samurai-Schwertern aus seiner Zeit in Tokio. Mag Sushi, Austern und Schokolade.*

»Ich zeige Ihnen Ihr Zimmer.« Auf dem Weg hinaus blieb er stehen und schaute mich an. »Meine Abteilung weiß Ihre Anweisung, Generalmajor Solsky freizulassen, sehr zu schätzen, und ich persönlich natürlich auch. Das war ein kühner Zug.«

»Wir können nur auf diese Art spielen.«

»Da stimme ich Ihnen zu. Aber es war trotzdem ein kühner Zug.« Er führte uns über den langen Flur, ging mit energischen Schritten voraus, wobei er sich die Jacke wieder aufknöpfte, die er eben in der Eile falsch zugeknöpft hatte. »Sie haben den Schlüssel?«

Ich gab ihn ihm, und er schloß die Tür auf, öffnete sie und ließ uns den Vortritt. »Ich hoffe, daß Sie sich hier wohlfühlen.«

Nicht besonders. Es handelte sich um ein modernes Hotel, und wir befanden uns im dritten Stock. Es gab keine Feuerleiter, keine Regenrinnen, keine Fenstersimse, nur einen

Blick auf die Mauer mit ihren in Flutlicht getauchten Stacheldrähten und Wachtürmen – *das* war auf den Postkarten, die sie unten an der Rezeption verkauften, gewiß nicht zu sehen.

Cone ging hinüber zum Telefon, während ich mich umschaute. »Binns, kommen Sie bitte herauf.«

Yasolev stand einen Moment da, die Hände hinter dem Rücken verschränkt. Dann ging er zum Badezimmer und schaute hinein, wohl zum festzustellen, ob Seife und Handtücher an ihrem Platz waren. Cone stellte uns Binns nicht vor, als der Mann hereinkam; dazu war auch gar keine Zeit, denn er öffnete sofort den Reißverschluß seiner schwarzen Tasche, holte einen Abhör-Detektor heraus und suchte damit die Wände ab. Unterdessen öffnete Cone den Kleiderschrank und zeigte mir die Sachen, die er für mich besorgt hatte, vermutlich hier in Ostberlin.

»Bei den Schuhen bin ich mir nicht ganz sicher – Sie haben einen sehr schmalen Fuß. Probieren Sie sie besser an. Wenn Sie die Sachen, die Sie im Moment tragen, ausgezogen haben, stopfen Sie sie in den Beutel dort. Ich kümmere mich dann schon darum.«

Auf einem Tablett standen Bier und ein paar Gläser, aber es gab keinen Flaschenöffner.

»Der Wodka ist uns leider ausgegangen«, sagte ich zu Yasolev. »Wie wäre es mit einem Bier?«

»Nein. Ich habe schon genug Wodka getrunken.« Er zeigte sich mit der flachen Hand unters Kinn. »Ich habe mir mächtig Sorgen gemacht, das kann ich Ihnen sagen.«

»Haben Sie geglaubt, ich würde nicht kommen?!«

»Ja. Nach dem, was geschehen ist.«

Er meinte das mit Scarsdale. »Es war eine Schlappe«, sagte ich, »weiter nichts.«

»Aber eine ziemlich große. Wie ich höre, wußte er eine Menge über Horst Volper.«

»Dann müssen wir uns diese Informationen jetzt eben selbst beschaffen.«

Binns zerlegte die Lampe in ihre Einzelteile.

»Haben Sie denn schon neue Spuren?«

»Nein«, sagte ich.

Aus Yasolevs Blick ließ sich nichts ablesen, aber er legte den Kopf schief, und ich fing an, seine Gestik zu verstehen. In diesem Fall bedeutete sie: *Verdammt noch mal!* »Sie haben *keine* anderen Spuren?«

»Nicht wirklich. Wir müssen einen anderen Weg finden.«

Es war unheimlich. Yasolev war mein Gastgeber, aber trotzdem suchten wir das Gästezimmer nach Wanzen ab. Er war KGB-Offizier, und trotzdem sprach ich mit ihm über den Auftrag, an dem ich arbeitete, ohne daß er auf der anderen Seite einer Zweihundert-Watt-Lampe saß und die Informationen aus mir herauspreßte. Pauling hatte mich bei der Abschlußbesprechung deswegen gewarnt. »Sie haben wahrscheinlich auch schon darüber nachgedacht, daß die ganze Sache ein bißchen merkwürdig ist. Das ist das erste Mal, daß London mit dem KGB zusammenarbeitet, und Sie sind das Versuchskaninchen. Aber für Yasolev wird es auch merkwürdig sein. Bei diesem Einsatz wird Ihnen die enge Zusammenarbeit mit dem KGB einen intimen Einblick in das System der gegnerischen Seite ermöglichen, und Sie werden Informationen mitbringen, an die wir sonst nur herankämen, wenn wir ihre Organisation infiltrieren würden. Und wenn etwas schiefgeht, ist es Yasolevs Schuld, denn es war seine Idee.«

Das Telefon klingelte, und Cone nahm den Hörer ab. Yasolev achtete nicht darauf. Er beobachtete mich, immer noch mit schiefgelegtem Kopf, und wartete darauf, daß ich ihm verriet, wie ich Volper ausfindig machen wollte. Es gab nur einen Weg, aber darüber konnte ich unmöglich mit ihm sprechen.

»Es ist alles bestens«, sagte Cone und legte auf. Sein Deutsch war nicht ganz akzentfrei, aber man hatte mir gesagt, daß sein Russisch gut genug war, um der Unterhaltung zwischen Yasolev und mir zu folgen.

»Das wär's«, sagte Binns. Das war das erste Mal, daß er überhaupt gesprochen hatte. »Alles klar.« Er schob den Abhör-Detektor in die schwarze Tasche und ging zur Tür. Cone bedankte sich bei ihm, und Yasolev nickte energisch.

»Ich habe darauf bestanden«, sagte er. »Ich habe darauf bestanden. Wir wollen, daß Sie sich hier wohlfühlen.«

»Nett von Ihnen.«

Aber niemand war beeindruckt, auch Binns nicht. Er konnte das Zimmer noch so gründlich absuchen, sogar die Tapete von der Wand ziehen, und doch war es immer noch möglich, Mikrowellen auf das Fenster zu richten, um jene Schwingungen aufzufangen, in die das Glas durch menschliche Stimmen versetzt wurde. Und ohne Röntgenstrahlen konnte er nicht feststellen, ob man beim Bau des Hotels Wanzen oder Quarzmikrofone in den Wänden versteckt hatte. Es handelte sich lediglich um eine diplomatische Geste Yasolevs, mit der er uns sein Vertrauen demonstrieren wollte, und er erwartete, daß wir sie dankbar aufnahmen.

»Jetzt lasse ich Sie allein, damit Sie sich in Ruhe einrichten können. Wir unterhalten uns, wenn Sie soweit sind. Meine Zimmernummer finden Sie neben dem Telefon.« Er nickte mit dem Kopf und ging.

»Er ist nervös«, sagte Cone. »Aber das haben Sie sicher auch schon gemerkt.«

»Er ist nicht der einzige, der nervös ist.«

»Es wird schon klappen. Sie bekommen erstklassige Unterstützung.«

Ich konnte ihm leider nicht sagen, daß er sich in diesem Punkt irrte. Ich würde ihn als Agentenführer akzeptieren und mich an die Formalitäten halten, aber ich würde *Quickstep* auf eigene Faust durchführen. Denn wenn sich eine Horde von Bureau-Leuten und eine Horde von KGB-Agenten an meine Fersen hefteten und mir überallhin folgten, konnte ich es unmöglich schaffen.

»Hier sind ein paar Telefonnummern«, sagte Cone und gab mir einen Notizblock. »Karl Bruger ist der HUA-Hauptmann, der Ihnen helfen wird, wenn Ihre Tarnung in Gefahr ist. Hier ist seine Dienstnummer. Das hier ist die Durchwahl des Militärattachés an der sowjetischen Botschaft. Sie können ihn anrufen, wenn Sie offizielle Unterstützung brauchen und Yasolev nicht erreichbar ist. Falls auch der Attaché nicht zu erreichen ist, haben Sie hier noch die Direktdurchwahl des russischen Botschafters. Das Codewort lautet in beiden Fällen *Liaison*. Und das hier ist die Durchwahl des Kulturattachés der britischen Botschaft, Dickie Pollock. Er ist seit drei Jahren hier und kennt sich ziemlich gut aus, was ihn zu einem sehr nützlichen Kontaktmann für Sie macht. Und hier sind ein paar Nahaufnahmen von Horst Volper.«

»Wann wurden sie gemacht?«

»Während der letzten zwei Jahre.«

Ich steckte sie ein.

»Gut«, sagte Cone, »probieren Sie jetzt Ihre neuen Sachen an, besonders die Schuhe. Könnte ja sein, daß Sie ab und zu mal einen Spurt einlegen müssen.« Er sagte das, ohne eine Miene zu verziehen. An der Tür drehte er sich um, richtete seinen leicht schielenden Blick auf mich und fügte hinzu: »Yasolev wird Sie fragen, wie Sie an Volper herankommen wollen. Werden Sie es ihm sagen?«

»Nein.«

»Wissen Sie es denn?«

»Ja.«

Er nahm die Hand vom Türknopf und kam ein Stück ins Zimmer zurück. »Sind Sie denn bereit, es mir zu sagen?«

»Es würde Ihnen nicht gefallen.«

Er schaute mich fest an. »Wieviel Schutz werden Sie brauchen?«

»Keinen.«

»Es ist mein Job«, sagte er mit seiner monotonen Stimme, »Sie mit heiler Haut durch *Quickstep* zu führen. Es wäre mir lieb, wenn Sie es mir nicht unnötig schwer machen würden.«

»Hören Sie, Sie können nichts daran ändern. Betrachten Sie es doch einmal von der Seite: Man hat Scarsdale ausgeschaltet. Man hat erwartet, das würde mich abschrecken, aber das ist nicht der Fall. Also wird man jetzt versuchen, mich auszuschalten. Das ist unsere *einzige* Möglichkeit, an Volper heranzukommen. Und keine Sorge, sie werden nicht lange auf sich warten lassen.«

7 AMNESIE

»Sind das dort drüben Nutten?«

Ein Mann in einem schwarzen Ledermantel stieß gegen unseren Tisch, als er sich einen Weg nach vorn bahnte. »Verzeihung«, sagte er auf deutsch.

Die Luft hier drin war voller Zigarettenqualm.

»Nutten?« sagte Pollock. »Das glaube ich nicht. Jedenfalls hat mir noch keine von ihnen ein Angebot gemacht.« Ein sauberes weißes Lächeln. Die bunten Lichter über der kleinen Tanzfläche spiegelten sich in seinen Brillengläsern. »Ich nehme an, daß sie nur hier sind, um sich einen vergnügten Abend zu machen.«

»Sind denn Bordsteinschwalben darunter?«

»Was? Ja, es könnten ein paar unter ihnen sein. Es kommen auch KGB-Leute von der russischen Botschaft hierher, obwohl sie sich natürlich stets Attachés nennen. Viele der Gäste hier sind Botschaftsangehörige – Amerikaner, Briten, Franzosen, Russen. Für die meisten ist es zu Fuß nur ein paar Schritte bis hierher. Sind Sie sicher, daß Sie nichts Stärkeres trinken möchten?«

»Dafür bin ich zu durstig.«

»Das hier ist meine Lieblingskneipe. Sie liegt nicht nur in der Nähe der Botschaft, sondern auch noch dicht hinter der Mauer – deswegen heißt sie auch Charlie's. Hier spielen sich immer irgendwelche Intrigen ab.« Wieder ein blitzendes Lächeln. »Die Leute reden hier darüber, wie man am besten nach drüben kommt, besonders jetzt, wo der Schießbefehl aufgehoben ist.« Er winkte dem Kellner. »Aber die meisten Gespräche drehen sich um Politik, und die meisten sind im Moment natürlich für Gorbatschow. Sie hoffen, daß er etwas Großes für Deutschland tut.«

»Für die DDR.«

»Für beide Teile. Dasselbe noch mal, Willi. Die Menschen sind von der Idee gefesselt, daß es bald wieder *ein* Deutschland geben könnte. Wissen Sie was? Vor ein paar Monaten bot sich mir die Gelegenheit, nach Rom zu gehen – als zweiter Kulturattaché –, denken Sie nur an die ganze herrliche Kunst dort! Aber ich habe abgelehnt. Ich habe das Gefühl, hier in der DDR wird in Kürze etwas sehr Dramatisches passieren, und das möchte ich auf keinen Fall versäumen. Ich meine, dann kann ich später immer sagen: *Ich war dabei.*« Rasches Lächeln.

Eins von den Mädchen saß an einem Tisch in der Ecke unter einer gelben Lampe und beobachtete mich.

»Glauben Sie denn, daß er tatsächlich etwas Großes vorhat?«

»Unser Gorbi? Ganz sicher.« Der Kellner knallte noch einen Krug *Heineken* auf den Tisch und schrieb es auf die Rechnung. »Danke schön. Natürlich geht er mit seiner Glasnost-Politik ein großes Risiko ein. Ich meine, es ist zwar ganz schön, von den flexibleren Beziehungen zwischen Moskau und den osteuropäischen Staaten reden zu hören, aber die Leute werden dadurch unruhig. Wenn sie erst einmal ein bißchen Freiheit geschnuppert haben, werden sie gleich das Ganze wollen, und dann könnte es leicht zu Aufständen kommen, wie dreiundfünfzig hier in der DDR und später in Ungarn, der Tschechoslowakei und Polen. Das könnte Gorbatschow die Macht kosten, und dann würden wieder die Panzer rollen. Aber das wissen Sie ja wahrscheinlich alles schon.«

»Nicht alles.«

»Interessiert es Sie denn, oder möchten Sie lieber . . .«

»Es interessiert mich sehr.«

Sie beobachtete mich nicht wirklich, schaute nur ab und zu zu mir herüber. Blonde Haare, blaue Augen, eine waschechte Arierin, nackte Schultern in einem winzigen Kleid, rauchte eine Zigarette nach der anderen. Sie hatte kurz nach uns das Lokal betreten.

»Nun«, sagte Pollock, »die Ostdeutschen sehnen sich nach der Wiedervereinigung, denn sehr viele von ihnen haben Verwandte im Westen, von denen sie durch die Mauer die ganze Zeit über getrennt waren. Andererseits haben manche Leute eine Todesangst, denn wenn Europa atomwaffenfrei wird – und die Entwicklung geht eindeutig in diese Richtung –, werden die Amerikaner den größten Teil ihrer Truppen abziehen, so daß Westdeutschland plötzlich ohne Schutzschild dasteht. Und es ist nicht auszuschließen, daß sich die Westdeutschen diesen Schutz dann in Moskau suchen.« Er spreizte auf dem Tisch die Hände und blickte mir fest in die Augen. »Können Sie sich vorstellen, wie der Rest Europas sich fühlen würde, wenn ein *wiedervereinigtes* Deutschland, kein bloßer Satellitenstaat, sich mit der Sowjetunion *verbünden* würde? *Das* ist es, wovor viele Leute eine Heidenangst haben.« Diesmal lächelte er nicht.

»Mein Gott.«

»Ich wollte Ihnen nicht den Abend verderben.« Er trank die Hälfte seines Bieres in einem Zug und schaute auf die Uhr. »Nun ja, ich persönlich halte das für Unsinn. Ich glaube, es wird ein vereinigtes kapitalistisches Deutschland geben.«

»Und außerdem wird das seine Zeit brauchen.«

»Es sei denn, Gorbatschow entschließt sich zu einer großen Geste. Zu einer symbolischen Geste, die für sich sprechen und ein halbes Dutzend Gipfeltreffen auslösen würde.«

»Sie denken dabei offensichtlich an etwas Bestimmtes.«

»In der Tat. Ich glaube, daß etwas im Busch ist, und deshalb bleibe ich hier, für den Fall, daß unser Gorbi mit dem Vorschlaghammer ein Loch in die Mauer schlägt.«

»Meinen Sie das im Ernst?«

»Absolut. Das wäre typisch für ihn: Er ist ein brillanter Public-Relations-Mann, und eine *solche* Geste würde weltweit mehr Aufsehen erregen als die Mondlandung. Damit würde er in die Geschichte eingehen, nicht wahr?« Er trank sein Bier aus. »So, ich brauche eine Mütze voll Schlaf. Seine Exzellenz erwartet mich morgen schon ziemlich früh zu seiner Besprechung. Aber vorher würde ich Ihnen wirklich gern noch etwas Interessanteres zu trinken besorgen.«

»Nicht nötig, vielen Dank. Ich werde auch bald gehen.«

Um 23.13 Uhr bezahlte er die Rechnung, sagte mir, ich sollte ihn anrufen, wenn ich etwas brauchte, und ging. Er duckte sich unter einem Kellnertablett weg und bahnte sich durch das überfüllte Lokal einen Weg hinaus.

Nur eine Minute später kam sie herüber.

»Ich möchte nicht, daß du so einsam bist.«

»Das ist aber rührend.«

»Ich sehe dich hier zum ersten Mal.«

»Ja?«

»Mein Name ist Hedda.« Sie nahm eine neue Zigarette aus der Schachtel. »Wie heißt du?«

»Kurt.«

Das Jazz-Trio machte eine Menge Lärm, und sie beugte sich über den Tisch dicht zu mir herüber. Die blonden Haare hingen ihr ins Gesicht. »Ist er von der britischen Botschaft?«

»Wer?«

»Dein Freund.«

»Ja.«

»Ich habe keine Freunde.« Kleine, ziemlich spitze Zähne, auf ihrer Lippe ein Tabakkrümel. Zigarettenrauch drang beim Sprechen aus ihrem Mund. »Ich rede ständig vom Rübermachen, und das langweilt sie.«

»Wovon?«

»Vom Rübermachen.« Sie beugte sich noch weiter vor, sprach lauter. »Ich habe es einfach satt bis obenhin, weißt du? Sie nennen es einen Arbeiter-und-Bauern-Staat, aber in Wahrheit ist es ein Zwei-Klassen-System – entweder man hat Westwährung oder nicht. Das Dach des Metropol steht voller Lancias und BMWs, aber die meisten Leute können sich höchstens einen Trabi leisten. Wartest du hier auf jemanden?«

»Nein.« Ich war nicht sicher, ob sie meinte, daß ich auf ein Mädchen wartete.

»Oh, ich dachte.«

»Was möchtest du trinken?«

»Ich habe schon zuviel getrunken. Merkt man mir das nicht an?«

»Nein, überhaupt nicht.«

»Weißt du, was ich glaube? Ich glaube, daß Moskau damals den Boykott der Olympischen Spiele in Los Angeles nur angeordnet hat, weil sie wußten, daß die DDR sie haushoch schlagen würde.«

»Das würde mich nicht überraschen.«

»Hast du Angst vor AIDS?«

»Nein.«

»Dann bist du entweder verheiratet oder vorsichtig.«

»Vorsichtig.«

»Aber es ist doch trotzdem furchtbar, nicht wahr? Jetzt fürchten sich die Leute sogar schon vor dem Ficken.«

»Wie kamst du auf die Idee, daß ich hier auf jemanden warte?«

»Ich dachte . . . ich habe mich halt geirrt, weiter nichts.«

Sie suchte keinerlei Blickkontakt mit mir; es sah aus, als ob sie in ein Telefon sprach. Vielleicht war sie high. Ich versuchte es mit einer vagen Vermutung.

»Seit wann arbeitest du für den KGB?«

»Wofür?« Rauch strömte aus ihrem Mund. Sie schaute mich jetzt an, aber ihr Blick war völlig leer.

»Für den KGB.«

»Bist du verrückt?« Ihr Gesicht blieb ausdruckslos; sie war wie eine Sprechpuppe. »Ich habe heute gesehen, wie Unter den Linden ein sowjetischer Militärlaster einfach mitten auf der Straße wendete. Einer von unseren Vopos hielt ihn zwar an, aber er bekam keinen Strafzettel. Ich *hasse* diese Leute; es ist, als ob sie uns jeden Tag *vergewaltigen*. Du wartest nicht zufällig auf Volper?«

»Auf wen?«

»Auf Horst Volper.« Leerer, gleichgültiger Blick.

Ich sagte: »Nein.«

Sie nahm sich die nächste Zigarette. »Willst du eine?«

»Ich habe es mir abgewöhnt.«

»Ich wüßte nicht, wie ich ohne die Dinger leben sollte.«

Wegen des Lärms verstand ich nicht jedes ihrer Worte. »Hast du drüben Verwandte?« Auf der anderen Seite der Mauer.

»Ja.« Für einen Moment regte sich etwas in ihren eisblauen Augen. »Meinen Vater. Ich habe ihn seit meinem fünften Lebensjahr nur dreimal gesehen. Ist das nicht schrecklich?«

»Er mußte herüberkommen, um dich zu sehen?«

»Ja. Mein Gott, es ist, als ob ich im Gefängnis sitze, nicht wahr? Aber das stimmt ja wohl auch. Und weißt du, was das Schlimmste ist? Für mich ist drüben Deutschland. Die BRD ist kein fremdes Land, sie ist deutsch, genau wie ich. Sie ist mir nur fremd, weil ich nicht dorthin kann. Geht dir das nicht genauso?«

»Ich habe mich daran gewöhnt. Und die Mauer wird nicht ewig stehen. Wer weiß, vielleicht reißt sie Gorbatschow eines Tages nieder.«

»Das werde ich nicht mehr erleben«, sagte sie.

Es verging noch eine Stunde, dann sagte sie gute Nacht und verließ den Klub. Ich wartete drei Minuten, ehe ich die Treppe zum Ausgang hinaufstieg. Ich sah, wie sie in einen dunklen Trabant stieg, dessen ramponierter vorderer Kotflügel mit Klebeband geflickt war. Fünf Minuten später fuhr ich im Fünfzig-Meter-Abstand auf der Französischen Straße hinter ihr her. Ein Taxi befand sich zwischen uns, ansonsten waren die Straßen leer, und im Rückspiegel war nichts zu sehen. Das Schicksal von *Quickstep* hing an dem seidenen Faden, dem ich durch die Nacht folgte, den beiden Rückleuchten vor mir, die ich nicht aus den Augen verlieren durfte.

Auf der Werderstraße war jetzt außer dem Taxi noch ein kleiner Lieferwagen zwischen uns. Da tauchte plötzlich ein schwarzer Audi im Rückspiegel auf. Er war aus einer Seitenstraße eingebogen, und ich maß ihm keine Bedeutung bei, weil wir schon gut drei Kilometer vom Club entfernt waren, und er erst jetzt aufgetaucht war.

Als wir nach rechts in die Spandauer Straße abbogen, zeigte die Uhr am Armaturenbrett 0.35 an, und der Audi kam ein bißchen näher: Er war wie wir abgebogen, aber ich nahm ihn immer noch nicht ernst, denn er fuhr zu dicht auf. Es konnte keiner von Yasolevs Leuten sein. In diesem Fall nämlich hätten sie mich vorher schon zu Charlie's Club verfolgen müssen, was mir aufgefallen wäre, denn ich hatte mich dort gründlich umgesehen. Cone würde mir nur dann jemanden hinterherschicken, wenn ich Unterstützung anforderte, oder wenn er der Meinung war, daß ich sie nötig hatte.

Nach links in die Grunerstraße, wo das Taxi in einer Seitenstraße verschwand, so daß sich nur noch der Lieferwagen zwischen mir und dem Trabant befand, dessen Rücklichter ich gut sehen konnte, wenn ich ein bißchen nach links zog. Um diese Zeit waren die Straßen fast völlig leer, und der einzige

Streifenwagen, den ich bislang gesehen hatte, stand drei Häuserblocks hinter uns.

Meine Augen tränten ein wenig von dem dichten Zigarettenqualm im Club, 0.41 Uhr, und ich war mir sicher, daß es richtig gewesen war, mir nichts anmerken zu lassen, als sie Volper erwähnte.

Ich darf sie nicht verlieren.

Nach rechts in die Karl-Marx-Allee, 0.45 Uhr, und praktisch kein Verkehr auf den Straßen. Ein anderer Streifenwagen fuhr auf der Gegenfahrbahn in Richtung Norden. Der Audi war noch hinter uns, bog aber seinen Block weiter ab, und im Rückspiegel war nichts mehr zu sehen.

0.49 Uhr.

»Achtundneunzig – drei.«

Es kann nicht achtundneunzig Uhr drei sein. Eine solche Uhrzeit gibt es überhaupt nicht.

»Puls ist normal.«

Zigarettengeruch an meiner Jacke. Und noch ein Geruch.

Desinfektionsmittel. Es roch nach Desinfektionsmittel.

Entsetzen.

»In Ordnung, Sie können ihm die Infusion abnehmen.«

Das Entsetzen, wenn man orientierungslos ist, nicht weiß, was vorgeht.

»Das Licht«, sagte ich. »Können Sie das Licht ausmachen?«

Es blendete mich. Irgend etwas lag auf mir. Decken.

»Hat er etwas gesagt?«

Cones Stimme.

»Ja, er ist jetzt bei Bewußtsein.«

Bei Bewußtsein? Verflucht noch mal, natürlich bin ich bei Bewußtsein.

Ich sagte: »Natürlich bin ich bei Bewußtsein.«

Es war jetzt fast dunkel, nur noch eine Lampe brannte, wie ein Mond im Nebel.

»Wie fühlen Sie sich?« Cones Gesicht mit den schielenden Augen und dem klaffenden Mund schwebte über meinem.

»Was meinen Sie denn, wie ich mich fühle?« Ich versuchte, mich aufzusetzen, aber das Mädchen im weißen Kittel legte mir die Hand auf die Schulter, und ich war nicht kräftig genug, um Widerstand zu leisten.

»Sie dürfen noch nicht aufstehen«, sagte ein Mann auf deutsch. Auch im weißen Kittel.

»Sind Sie Arzt?«

»Ja.«

Da stand noch jemand und schaute zu mir herunter.

Yasolev.

Ich sagte: »Bin ich hier im Krankenhaus?«

»Ja«, sagte der Doktor.

Also irgendeine Art von Amnesie.

»Bin ich einsatzfähig?«

»Bitte?«

»*Einsatzfähig*, verdammt noch mal. Was für *Verletzungen?«*

»Ganz ruhig«, sagte Cone. »Es ist alles in Ordnung. Sie haben sich nichts gebrochen.«

Jetzt war es Wut. Und Panik. »Sagen Sie mir, in welchem *Zustand* ich bin.«

Die größte Angst eines Agenten: dienstunfähig zu werden und den Einsatz beenden zu müssen.

»Sie waren stark unterkühlt«, sagte Cone, »und Sie haben ein paar Prellungen und Hautabschürfungen. Aber es ist nichts Ernstes.

»Unterkühlung. Cone, sagen Sie mir, was passiert ist, ja?« Ich war extrem höflich, ungeheuer geduldig, denn in meinen Kopf schrillten Klingeln und zuckten Blitze – mit anderen Worten, meine Nerven waren wundgescheuert, und mein Verstand schrie nach Informationen, damit ich mich wieder in der Wirklichkeit zurechtfinden konnte. Also mußte ich die Dinge unter Kontrolle behalten, unbedingt.

»Sie wären beinahe ertrunken«, sagte Cone. »Die Polizei hat Sie aus der Spree gezogen. Der andere Mann war bereits tot.«

Ein Gefühl, als würde schwarzes Wasser über meinem Gesicht zusammenschlagen, meinen Mund füllen, mich erstikken . . . *Oh, verdammt . . .*

»Schwester.«

»Ja, Doktor . . .«

»Bleiben Sie ganz ruhig«, sagte Cone, und die Schwester hielt mich an den Schultern fest. Ich hatte einen Atemkrampf, einen Erstickungsanfall, völlig unerwartet. »Sie haben sich verschluckt, weiter nichts.«

Es dauerte eine Minute, bis ich wieder sprechen konnte. »Aus der Spree? Wie kam ich denn dorthin?«

»Wir hoffen, daß Sie uns das erzählen werden.«

Ein Gefühl völligen Vergessens, völliger Leere überkam mich. Es ließ mich das Blut in den Adern gefrieren, doch ich hielt es aus, solange es ging, ehe ich um Hilfe bat.

»Doktor«, fragte ich auf deutsch, »habe ich eine Gehirnerschütterung?«

»Ja. Eine leichte Gehirnerschütterung.«

»Und einen Schock?«

»Ja, auch einen Schock, durch die Unterkühlung und durch das Trauma.«

»Ich verstehe. Nun, ich – was ist mit Amnesie?«

»Sie haben Schwierigkeiten, sich zu erinnern?«

Ich antwortete nicht sofort. Wenn man gegen Panik ankämpfen muß, kann man an nichts anderes denken. Sie überkam mich in Wellen, ließ mir das Blut erstarren, blockierte mein Denken, raubte mir den Atem. Nach einer langen Pause sagte ich: »Cone.«

Er beugte sich tiefer herab.

»Das letzte, woran ich mich erinnern kann, ist, wie ich um null Uhr neunundvierzig auf die Uhr am Armaturenbrett geschaut habe.«

Er blickte mich einen Moment prüfend an. »Das war vor zwölf Stunden.«

Heilige Mutter Gottes.

»Was sagt er?« Auf russisch.

Cone drehte sich zu Yasolev um. »Er hat eine Gedächtnislücke.«

Der Arzt schaute die beiden verständnislos an, und mir fiel ein, daß ich seine Frage nicht beantwortet hatte. »Ja«, sagte ich zu ihm, »ich habe Schwierigkeiten, mich zu erinnern, was zwischen null Uhr neunundvierzig heute nacht und dem Moment, als ich eben zu mir kam, geschehen ist.«

Er spreizte die Hände. »Das passiert manchmal nach einem

Unfall. Das Bewußtsein schützt sich vor unangenehmen Erinnerungen. Ich würde mir deswegen keine Sorgen machen. Vielleicht ist es in dieser Zeit nichts Wichtiges geschehen.«

Aber, verdammt, ich hatte eine Frau verfolgt, die mich zu Horst Volper, zum Ziel meines Auftrages führen konnte, so daß ich die Chance gehabt hätte, Volper zu erwischen und innerhalb weniger Stunden oder Tage *Quickstep* zu Ende zu führen. *Nichts Wichtiges?*

»Cone. Sie sagten: ›Der andere Mann war tot.‹ *Welcher* andere Mann?«

»Wir wissen nicht, wer er ist.«

Alles hing von mir ab. Ich mußte mich erinnern.

»Wo ist er?«

»In der Leichenhalle.«

»Versuchen Sie denn nicht herauszufinden, wer er ist?«

»Doch.«

»Wie spät war es, als man uns im Fluß fand?«

»Im Unfallbericht ist ein Uhr fünfzehn eingetragen.«

Sechsundzwanzig Minuten. Das war die Lücke.

»Wo war der Wagen?«

»Ihr Wagen?«

»Ja.«

»Zwei Häuserblocks weit weg, in einer Seitenstraße der Karl-Marx-Allee.«

»Aber, das ist – was meinen Sie damit, *mein* Wagen? War da noch ein anderer?«

»Er braucht jetzt Ruhe, bitte. Er . . .«

»Sie meinen, ich bin zum Fluß *gelaufen?* Aber das ist . . .«

»Dort, wo Sie gefunden wurden, lag ein Wagen im Fluß.«

»Im Fluß . . . Sie meinen, ich war in einem *anderen* Wagen?«

»Das vermuten wir. Es handelt sich um einen Mercedes.«

»Und warum ist dieser Wagen in den Fluß gestürzt?«

»Das wissen wir nicht.«

»Aber, verdammt noch mal, waren die Reifen zerschossen, oder ist er von einem anderen Wagen gerammt worden . . .«

»Das reicht jetzt.« Der Arzt trat zwischen Cone und das Bett und gab der Schwester einen Wink. »Meine Herren, Sie müssen jetzt gehen. Mein Patient braucht Ruhe.«

Yasolev sagte irgend etwas darüber, daß man einen Cassettenrecorder holen sollte, aber Cone unterbrach ihn.

»Doktor, es ist wirklich sehr wichtig. Wir brauchen . . .«

»Nichts ist für mich so wichtig wie das Wohlergehen meines Patienten. Verstehen Sie das bitte.«

»Geben Sie mir noch dreißig Sekunden«, sagte ich zu ihm, und er schaute zu mir herunter.

»Na schön. Aber regen Sie sich bitte nicht auf.«

»Cone«, sagte ich, »rufen Sie den Botschaftsarzt an und fragen Sie ihn, ob er sich mit Hypnose auskennt. Wenn ja, bin ich bereit, mich von ihm hypnotisieren zu lassen. Ich würde ja den Arzt hier fragen, aber es muß in meiner eigenen Sprache geschehen. Das ist die *einzige* Chance.«

»Eine ziemlich wilde Vermutung.«

»Hören Sie, es ist alles *hier* drin, in meinem Kopf, und wir müssen es nur schaffen, es herauszuholen. Es ist nichts *verloren.«*

Cone schaute Yasolev an und sagte auf russisch: »Hypnose. Was halten Sie davon?«

»Ja.« Er nickte heftig. »Ja, ja.«

Cone ging ans Telefon und bat die Vermittlung um eine Leitung nach draußen.

»Können Sie sich in den Alpha-Zustand versetzen?«

»Ja.«

»Gut. Sind Sie schon einmal hypnotisiert worden?«

»Schon öfter.«

Er hieß Cosgreave und war seit etwa sechs Monaten bei der Botschaft. »Im Westen wollen sie mich nicht. Ich bin ihnen zu kommunistisch.« Er schien niemals zu lächeln, war sehr angespannt, düster, ein erloschenes Feuer glühte noch in ihm. Du lieber Himmel, was sie sich wohl dabei dachten, ausgerechnet auf *dieser* Seite des Eisernen Vorhangs einen Linken in der Botschaft zu beschäftigen? Bestimmt hatte er in Cambridge studiert, war einer von uns, wie man so sagt.

»Haben Sie einen bestimmten Wunsch für die Einleitung der Hypnose?« fragte er mich.

»Ich stelle mir das Bild eines Messingpendels vor.«
»Das funktioniert immer. Ein großes, langsames Pendel?«
»Ja.«
»Gut, fühlen Sie sich bequem?«
»Die Lampen da stören.«
Er gab der Schwester ein Zeichen. »Möchten Sie, daß sie im Zimmer bleibt?«
»Das ist mir egal.«
Die großen Lampen wurden ausgeschaltet, und ich spürte, wie sich meine Augenmuskeln entspannten. Ich war noch immer in Decken gehüllt, aber es war mir jetzt nicht mehr zu heiß; ein Gefühl der Behaglichkeit überkam mich. Allerdings verspürte ich auch die vage Angst, daß es nicht funktionieren könnte und wir etwas Entscheidendes nicht erfuhren: *Wer war der Mann in dem Mercedes, und was hatte er zu mir gesagt?*
Cosgreave zog sich einen Stuhl heran. »Wenn Sie im Alpha-Zustand sind, heben Sie einfach einen Finger.«
Ich schloß die Augen und entspannte mich, wurde schwer. Ich hörte, wie das Kissen nachgab, als die Nackenmuskeln ihre Spannung verloren, und der Kopf schwer wurde. Meine Gehirnwellen verlangsamten sich, ich hörte eine Uhr ticken, doch dann glitt ich hinab in die Stille, Stille und wachsende Dunkelheit, während mein Bewußtsein dahintrieb, schwebte, schwebte. Ich hob einen Finger und ließ ihn wieder fallen, trieb, schwebte . . . leise ertönte seine Stimme . . .
»Jetzt beobachten Sie das große Pendel aus Messing . . . es schwingt . . . schwingt hin und her . . . hin . . . und her . . . das Licht schimmerte darauf, während es schwingt . . . hin und her . . . hin und her . . .«
Mein Kopf sank immer tiefer in das Kissen, während ich in der Dunkelheit schwebte, dahintrieb. Seine Stimme war immer noch leise, aber ich hörte sie jetzt deutlicher, mein Bewußtsein öffnete sich sanft, wurde aufmerksam.
»Was ist das letzte, woran Sie sich erinnern? Es ist nicht schlimm, wenn es Ihnen nicht einfällt; dann versuchen wir es einfach später noch einmal.«
»Eine Straße. Die Karl-Marx-Allee.«
»Sie gehen über eine Straße? Sie . . .«

»Ich fahre. Ich fahre über die Karl-Marx-Allee. Ich folge einem anderen Wagen, mit einer Frau am Steuer.«

»Was sehen Sie? Was fühlen Sie? Es ist wirklich nicht schlimm, wenn Sie sich nicht erinnern können.«

»Ich sehe nur die Straßenlaternen, und manchmal spiegeln sich die Scheinwerfer meines Wagens in einer Schaufensterscheibe. Ich höre den Motor, und meine Sachen riechen nach Zigaretten. Das ist alles. Ein paar Blocks vorher sind wir in die Allee eingebogen. Die Uhr am Armaturenbrett zeigt null Uhr fünfundvierzig an. In den Straßen tut sich nicht viel, fast kein Verkehr. Ein Streifenwagen auf der Gegenfahrbahn. Hinter mir war ein anderer Wagen, ein schwarzer Audi, aber er bog nach einer Weile ab, und dann sah ich einen Fiat im Rückspiegel. Als ich wieder auf die Uhr schaute, war es null Uhr neunundvierzig.«

Stille.

0.49 Uhr.

»Stellen Sie mir keine weiteren Fragen mehr?«

»Ich glaube nicht. Es spielt wirklich keine Rolle. Sprechen Sie weiter, wenn Sie möchten. Sprechen Sie einfach weiter.«

0.49 Uhr.

»Wenn Sie meinen. Aber ich bin nicht sicher . . .«

»Sprechen Sie einfach weiter.«

»Wir fuhren die Straße hinunter, das war alles. Ich hatte den Abstand jetzt ziemlich vergrößert, weil das Taxi abgebogen war, und ich nicht wollte, daß sie meinen Wagen erkannte. Dann schaute ich wieder auf die Uhr.«

»Wie spät war es da?«

»Null Uhr neunundvierzig. Nein, null Uhr fünfzig.«

»Gut, fahren Sie fort.«

»Ich blieb einfach an ihr dran, es war eine routinemäßige Verfolgung. Dann bremste sie ab, kurz hinter dem Strausbergerplatz, und bog nach rechts in die Andreasstraße. Ich beschleunigte, bog in dieselbe Straße ein und sah gerade noch, wie sie auf einen Parkplatz fuhr.

Das war heikel, weil ich nicht sicher sein konnte, ob sie den Wagen dort abstellen würde. Aber ich ging das Risiko ein und parkte den Lancia halb auf dem Bürgersteig, stellte den Motor ab und ging zu Fuß weiter. Ich hörte, wie der Motor des Trabant verstummte.

Eine Autotür schlug, und dann sah ich sie und versteckte mich hinter einer Mülltonne. Ohne Eile und ohne sich umzudrehen, ging sie vom Wagen weg. Ich folgte ihr im Abstand von ungefähr dreißig Metern. Sie überquerte eine Art Schuttplatz und bog dann in eine Gasse ein, an deren Ende eine einzelne Straßenlaterne brannte. Ich hielt mich knapp zwanzig Meter hinter ihr und benutzte Hauseingänge, Mülltonnen, einen umgestürzten Zaun als Deckung, damit sie mich nicht sah, falls sie sich umdrehte. Jetzt führte die Gasse zwischen hohen Hauswänden hindurch, wo es praktisch keine Deckung gab. Also blieb ich zurück und riskierte es, daß ich sie verlor, wenn sie weiter unten in einem der Hauseingänge verschwand. Es war nicht zu ändern, aber es spielte auch gar keine Rolle mehr, denn plötzlich zerriß Motorlärm die Stille. Ich wirbelte herum, und blendend grelles Scheinwerferlicht hüllte mich ein.«

8 SKIDDER

Ich hatte keine Chance, denn der Wagen nahm die ganze Breite der Gasse ein, und es gab keinen Hauseingang in meiner Reichweite, und die Mauern waren zu hoch, und es gab nichts, auf das ich hätte klettern können. Also wartete ich, bis die Scheinwerfer nahe genug waren, sprang und landete mit den Handflächen auf der Motorhaube, zog die Beine an und wurde über die Windschutzscheibe hinweg nach hinten übers Dach geschleudert. Mein Stiefel stieß gegen die CB-Antenne in der Mitte des Kofferraumdeckels, die Antenne brach ab, aber ihr Fuß hielt, so daß ich mich mit dem einen Stiefel daran abstützen und mit dem anderen das Heckfenster eintreten konnte. Ich bekam den Fensterrahmen zu fassen und hielt mich daran fest, als der Wagen beschleunigte und durch die Gasse schoß wie eine Kugel durch einen Gewehrlauf. Er erreichte die Straße und schleuderte mit quietschenden Reifen von einer Seite zur anderen, so daß die Karosserie wild hin und her schwankte. Mein Stiefel rutschte vom Antennenfuß ab, und ich klammerte mich mit einer Hand am Fensterrahmen fest, flog hin und her, als der Wagen im Zickzackkurs von einer Straßenseite zur anderen schleuderte.

Der Fahrer hatte offenbar geglaubt, mich abschütteln zu können, aber ich fand wieder Halt am Antennenfuß. Er trat auf die Bremse, und ich prallte mit der Schulter gegen den Fensterrahmen. Ich hielt mich jetzt mit beiden Händen am Rahmen fest, aber bestimmt würde er gleich anhalten, aussteigen und mich fertigmachen. Es war zweifellos bewaffnet, und wenn ich absprang und wegzulaufen versuchte, würde er mich niederschießen. Ich bekam eine Gänsehaut, denn ich wußte, es war aus, *fini*.

Scheinwerferlicht.

Es ergoß sich über den Asphalt und überflutete das Heck des Mercedes. Der Fahrer trat aufs Gaspedal, die Räder drehten durch, packten zu. Es ging wie ein Schlag durch meinen Körper. Mir blieb nichts anderes übrig, als mich festzuklammern, denn wenn ich jetzt herunterfiel, hatte ich keine Chance, meinen Kopf zu schützen. Hinter uns ertönte eine Sirene, und Blaulicht blitzte auf. Der Mercedes fing wieder zu schleudern an, denn dieser Mann hatte den Auftrag, mich zu beseitigen, und er wollte ihn ausführen, ehe die Polizei uns einholte.

Es war die gleiche Handschrift: Scarsdale hatten sie auf die gleiche Weise erledigt, doch bei mir waren sie davon ausgegangen, daß sie es nicht so leicht haben würden. Deshalb hatten sie sich die Gasse ausgesucht und das Mädchen als Lockvogel benutzt. Es mußte ihnen wie eine sichere Sache erschienen sein, und das wäre es auch gewesen, wenn ich nicht so gut reagiert hätte.

Ich konnte nicht sehen, wohin er fuhr, konnte die Straßennamen nicht sehen, weil ich mit dem Gesicht nach unten lag. Ich rutschte mit dem Fuß ab, fand Halt, rutschte wieder ab, während die Glasscherben am Fensterrahmen mir in die Hände schnitten. Ich wußte nicht, wie schnell er genau fuhr, aber der Motor lief jedenfalls auf Hochtouren. Er rammte den Bordstein, so daß der Wagen einen Satz machte, sich auf die Seite legte und wieder aufrichtete, auf die Seite legte, aufrichtete, wie ein Schiff in schwerer See. Die Sirene heulte jetzt dicht hinter uns, und das Scheinwerferlicht spiegelte sich auf dem Lack der Karosserie und blendete mich.

Wir bogen ab, und der Wagen schleuderte über eine Kreuzung, wobei die Reifen ein langgezogenes Jaulen erzeugten, das von den Gebäuden widerhallte. Die Fliehkraft zerrte an mir, so daß sich mein Gesicht verlagerte, mein Fuß von der Antennenhalterung abrutschte, meine Beine plötzlich frei in der Luft hingen und meiner einen Hand der Fensterrahmen entglitt. Ich knallte mit der Hüfte gegen die hintere Dachstrebe. Dann bremste er wieder, und das Scheinwerferlicht es Streifenwagens wurde plötzlich sehr hell und schwang dann zur Seite, als der Streifenwagen ins Schleudern geriet und über den Bürgersteig schoß und in ein Schaufenster krachte. Mir kam der Gedanke, jetzt einfach loszulassen und zu versuchen, den Aufprall durch Abrollen zu dämpfen und so den Schaden möglichst klein zu halten. Denn weil die Polizei in der Nähe war, hätte der Fahrer bestimmt nicht angehalten, um mich zu erledigen. Die Polizisten hätten sich dann gewiß um mich gekümmert und mich ins Krankenhaus gebracht, falls ich überlebte.

Aber auch ich hatte meine Prioritäten, und die oberste Priorität war, mir diesen Mann vorzuknöpfen und ihn zum Reden zu bringen. Und wenn er mir nur einen Namen, einen einzigen Namen verriet, oder sonst irgendeinen Hinweis gab und mich so Horst Volper, den ich finden *mußte,* ein Stück näher brachte.

Wieder ertönte eine Polizeisirene, eine andere, irgendwo vor uns: Die Vopos hatten über Funk Verstärkung angefordert, und um diese Zeit, wo die Straße praktisch leer waren, gab es bestimmt genug Funkstreifen, die gerade nichts zu tun hatten. Auf der Kreuzung vor uns tauchten Scheinwerfer auf, und der Fahrer bremste, steuerte nach rechts gegen den Bordstein und machte eine rasante Kehrtwende, so daß meine Beine zurückschwangen, mein Fuß wieder Halt am Stumpf der Antenne fand, und ich wieder mit beiden Händen den Fensterrahmen zu fassen bekam. Aber so langsam machte ich mir Sorgen, daß meine Muskeln ermüdeten, ehe wir irgendwogegen prallten und ich mir den Mann am Steuer vornehmen konnte. Außerdem machte ich mir wegen der Vopos Sorgen, denn wenn der Kerl den Wagen zu Schrott fuhr und sie ihn angriffen und er die Pistole zog, hatte er keine Chance. Sie waren ihm zahlenmäßig überlegen und würden ihn erschießen, ehe ich ihn ausquetschen konnte. Ich war nur Minuten, Zentimeter davon entfernt, Antworten aus ihm herauszuholen, die mir Zugang zum Ziel meiner Mission verschaffen konnten, aber er brachte sich in immer größere Lebensgefahr, und mich mit ihm.

Scheinwerfer vor uns, und eine jaulende Sirene. Er riß den Wagen herum und streifte einen Laternenpfahl. Der Mercedes schwankte und legte sich auf die Seite, ehe er schräg gegen den Streifenwagen prallte. Ich wurde nach vorn geschleudert, mein Fuß rutschte von der Antennenhalterung ab, und ich prallte mit der Schulter gegen den hinteren Dachpfosten. Für einen Moment verging mir Hören und Sehen, denn die Karosserien der beiden Wagen streiften sich, Glas splitterte, und ein Hagel aus Scherben ergoß sich über den Mercedes. Der Sirenenlärm schwoll an, bis mir die Trommelfelle taub wurden. Ich konnte nur noch eins tun: mich festklammern und warten, bis es vorbei war. Ein Mann schrie etwas, und dann waren wir wieder frei und schleuderten über die Straße, drehte uns auf der Kreuzung, prallten vom Bürgersteig ab und rasten wieder geradeaus weiter. Vor uns sah ich jetzt nur noch die Straßenlaternen, denn einer der Scheinwerfer war weggerissen worden, und die Sicherung, die dabei durchgebrannt war, hatte auch den anderen ausfallen lassen. Von den Reifen stieg der Gestank nach verbranntem Gummi auf.

Er konnte mich im Rückspiegel sehen, und ich rechnete damit, daß er seine Pistole ziehen, sich für eine Sekunde im Sitz umdrehen und auf mich schießen würde. Dagegen konnte ich nichts tun, außer einfach loslassen, was mir genauso sicher den Tod gebracht hätte. Er mußte sich darauf konzentrieren, aus dem enger werdenden Netz der Polizei zu entkommen. Wahrscheinlich hoffte er, mich unterwegs abschütteln zu können, so daß ich am vorderen Ende einer langen, roten Spur auf der Straße liegenblieb. Aber trotzdem fragte ich mich, warum er nicht seine Pistole zog. Eine mögliche Antwort lautete, daß er ein Spezialist für das Töten mit dem Auto war und Schußwaffen, genau wie ich, verachtete.

Wir fuhren jetzt sehr schnell, die Straße war breit, und ich vermutete, daß es sich wieder um die Karl-Marx-Allee handelte. Sie hatten ihn aus den Seitenstraßen hinaus ins Freie getrieben. Das war ein Grund mehr, sich Sorgen zu machen, denn nun gab er ein leichtes Ziel ab. Sie konnten hier noch ein Dutzend Streifenwagen zusätzlich einsetzen, oder gleich fünfzig, die ganze Allee absperren, ihm in die Reifen schießen und warten, bis der Wagen ins Schleudern kam und gegen ein Hindernis rauschte. Ich schätzte, daß wir jetzt an die einhundert Stundenkilometer schnell fuhren, und der Fahrtwind zerrte an meiner Kleidung. Wenn er den Mercedes jetzt zu Schrott fuhr, würde ich nicht mehr in der Lage sein, ihn oder überhaupt noch irgend jemanden zum Reden zu bringen. Der Einsatz hatte erst vor zwei Tagen begonnen, und bei dem Gedanken, daß Cone Shepley, der an der Funkkonsole von *Quickstep* saß, jetzt wahrscheinlich bald melden mußte: *Außenagent endgültig ausgefallen*, packte mich plötzlich Wut.

Von überallher ertönten jetzt Polizeisirenen und hallten von den Gebäuden wider, und die Straße war in Scheinwerferlicht getaucht. Einen Häuserblock weiter trat der Fahrer auf die Bremse und driftete, indem er den Gasfuß benutzte, in eine Seitenstraße. Aber wir waren immer noch viel zu schnell, so daß es ihm nicht sauber gelang. Das Heck schwang herum und prallte gegen den Bordstein. Er versuchte zu korrigieren, doch wir schrammten an den Schaufenstern entlang. Die Berührung von Blech mit Glas und Stein erzeugte ein fürchterliches Kreischen, das mir fast den Verstand raubte. Dann kamen wir wieder frei. Ich erhaschte einen Blick auf das Straßenschild und sah, daß wir uns nicht auf der Karl-Marx-Allee befunden hatten, sondern daß dies hier eine Seitenstraße der Stralauer war. Wir hatten die Vopos für den Augenblick abgehängt, aber ich konnte in der Ferne immer noch ihre

Sirenen hören, und es war nur eine Frage der Zeit, bis sie uns wieder einholten.

Ich mußte mich von der Ermüdung meiner Unterarmmuskeln ablenken, denn sie brannten jetzt, und wenn es mir nicht gelang, ein Stück nach vorn zu kriechen und einen Ellbogen in das Rückfenster zu bekommen, würde ich mich höchstens noch anderthalb Minuten festhalten können. Ich wartete darauf, daß er abbremste, so daß der Ruck mich nach vorn warf. Doch er beschleunigte jetzt ständig, und der Zug an meinen Handgelenken verstärkte sich. Zudem machte sich noch ein anderer Faktor bemerkbar: meine Fähigkeit, die hereinkommenden Sinnesdaten richtig zu verarbeiten, drohte zu schwinden, weil ich jetzt seit geraumer Zeit massiv von einem Inferno aus Licht und Lärm, Bewegung und Schmerz bombardiert wurde. Die Belastung näherte sich den Punkt, an dem ich anfing zu halluzinieren, und dann war es aus, *finito*.

Es kam nur darauf, daß ich mich festhielt; daß ich meine ganze Energie auf dieses eine Ziel richtete und nicht mehr daran dachte, warum das eigentlich sein mußte; daß ich alle anderen Überlegungen ignorierte und mich ganz auf die Fakten konzentrierte: Das sind meine Hände, und sie müssen sich an der Blechkante hier festhalten, sich an ihr verankern, eins mit ihr werden. *Meine Finger sind aus Eisen und unbezwingbar stark.* Der Wagen machte plötzlich einen heftigen Schlenker und legte sich auf die Seite, als der Fahrer wieder versuchte, mich abzuschütteln. *Meine Handgelenke sind auch aus Eisen, und sie können nicht ermüden, also bin ich ohne Furcht.* Wir schleuderten gegen einen parkenden Wagen, und als wir wieder davon abprallten, war ein Kotflügel des Mercedes halb abgerissen und schleifte am Reifen. *Der Organismus hat nichts weiter zu tun, als an seinem Platz zu bleiben, sich mit eisernen Fingern am Blech festzuhaken und mit eisernen Handgelenken mühelos der Belastung standzuhalten.* Ein plötzlicher Beschleunigungsschub, bei dem die Hinterräder durchdrehten. Dann stieß er einen Schrei aus, der Mann am Steuer, der Wagenbug kippte weg, und abrupt herrschte eine seltsame Stille, in der ich nur das Schleifen des verbeulten Kotflügels am sich noch drehenden Reifen und den Motor im Leerlauf hörte; ein Gefühl des Fliegens, der

Schwerelosigkeit, und dann eine ruhige Wasserfläche, auf die wir hinabstürzten. Wir schlugen auf dem Wasser auf, und die weiße Explosion des Aufpralls schleuderte mich weg. Instinktiv fing ich an, Wasser zu treten.

»Ich weiß es nicht.«

»Volper? Heißt er Volper?«

»Ich weiß es nicht.«

Ich drückte ihm wieder den Kopf unter Wasser, und er wehrte sich zappelnd. Es war, wie wenn man einen Hund ertränkt.

Kalt. Eiskalt.

Sirenen in der Nacht, die mit ihren Rhythmen ein Orchester bildeten, steigend und fallend und wieder steigend hallten ihre Echos über das flache, stille Wasser. In Ufernähe, wo es seichter war, glaubte ich das Dach des Mercedes zu erkennen, und die Vopos würden es gewiß auch bald entdecken. Ich mußte mich also beeilen, denn wenn sie uns erst einmal gefunden hatten, war er meinem Zugriff entzogen.

»Wie heißen Sie?« Auf englisch. Zuerst hatte ich deutsch mit ihm gesprochen, aber das verstand er nicht.

»Skidder.«

Deckname. »Ich will wissen, wer Ihr Auftraggeber ist.«

Er antwortete nicht. Wieder drückte ich seinen Kopf unter Wasser und spürte, wie er gegen meinen Griff ankämpfte. Einen Menschen halb zu ertränken, um ihn zum Sprechen zu bringen, ist nicht gerade eine exakte Wissenschaft, und selbst ein Arzt kann nicht genau wissen, wann man aufhören muß, um ihn wieder Luft holen zu lassen. Vorhin war er noch viel stärker gewesen, als er versuchte, zum Ufer zu schwimmen. Er hatte mir den Arm um den Hals gelegt und mich unter Wasser gedrückt – ein großer, schwerer Mann, dem die Sirenen Angst einjagten –, ich mußte ihm mit den Fingerknöcheln schmerzhafte Schläge beibringen, um ihn gefügig zu machen.

Jetzt zappelte er unter meinen Händen wie verrückt. Nicht mehr die Sirenen waren es, vor denen er sich fürchtete, sondern das Ertrinken. Ich ließ ihn den Kopf über Wasser strecken und wartete, bis sein Keuchen nicht mehr so schlimm klang.

»Skidder, ich will Informationen, und Sie wollen am Leben bleiben. *Arbeiten Sie für Horst Volper?«*

Ich glaube, er versuchte zu nicken, und es klang wie *ja,* aber es konnte auch nur sein pfeifender Atem gewesen sein. Ich würde ihn später wieder fragen. »Skidder. Wer ist die Zielperson?«

Oh, *verdammt,* es war *kalt* hier in diesem Wasser, *tödlich kalt.* Er antwortete nicht, also tauchte ich ihn wieder unter. *Dieser verfluchte Kerl,* er stahl mir die Zeit und sorgte dafür, daß ich mich zu Tode fror. Also los, wehr dich ruhig, bleib schön unten, damit du begreifst, was ich von dir will. Fünf Sekunden, zehn . . . *hoch.*

Er spuckte Wasser, würgte.

»Wer ist die Zielperson? Na los, wer ist es?«

Er stieß einen Laut hervor.

»Was?«

»Gor . . . schow . . .«

»Gorbatschow? *Hast du Gorbatschow gesagt?«*

»J-ja.« Nicken. »J-ja.« Er spuckte Wasser.

Er wurde schwerer, und das war ein Warnsignal. Wir standen im seichten Wasser, so daß ich nicht sein ganzes Gewicht zu halten brauchte, aber seine Kräfte schwanden, und ich mußte vorsichtig sein, denn dieser halb ertränkte Koloß konnte *Quickstep* ein großes Stück voranbringen und so helfen, später Zeit zu sparen und vielleicht Menschenleben zu retten.

»Wie sieht der Plan aus, Skidder? *Hör zu,* du gibst mir ein paar Antworten, und ich ziehe dich aus dem Wasser und bringe dich in ein Krankenhaus. Aber wenn du mir noch länger meine Zeit stiehlst, ersäufe ich dich, *hast du mich verstanden?«* Er hing jetzt schwer, sehr schwer in meinen Armen. »Was ist Volpers Plan?«

Die Sirenen waren jetzt lauter, und ich sah Scheinwerferlicht über das Wasser huschen, als ein Streifenwagen in die Straße einbog.

»Was?«

Er hatte etwas gesagt.

Ich wartete, aber er wiederholte es nicht, also tauchte ich ihn unter Wasser und zog ihn wieder hoch.

»Los, Skidder, ich will Informationen.«

Aber es schien jetzt nicht mehr nötig zu sein, ihn noch einmal unterzutauchen, und es hätte wohl auch nicht mehr viel Sinn gehabt, ihn in ein Krankenhaus zu bringen; er war jetzt ein totes Gewicht in meinen Händen, seine Beine hatten nachgegeben. Auch mir schwanden allmählich die Sinne: Das Wasser ließ das Blut in den Adern gefrieren, machte die Glieder taub, und ich dachte nur noch daran, ans Ufer zu gelangen, ehe es zu spät war.

Ich wartete, aber er sagte nichts mehr.

»Los, Skidder!«

Er sagte nichts mehr.

Sirenen, ganz in der Nähe jetzt. Ein Suchscheinwerfer erhellte den Fluß, wanderte über das Wrack des Mercedes hinweg, kam zurück, verharrte einen Moment darauf, wanderte weiter, blendete plötzlich grell meine Augen.

»Skidder!«

Nichts mehr.

Da war nur das grellweiße Licht, das uns einhüllte, und sein Gesicht, Skidders Gesicht, dicht vor dem meinen, mit offenen Augen und schlaffem Mund. Da war sein totes Fleisch in meinen Händen, und Stimmen, Stimmen, die mir vom Flußufer aus etwas zuriefen, und eine Autotür schlug zu, und ein Mann rannte, und ein weiterer Streifenwagen bremste mit ersterbender Sirene.

Mein Denken glitt in eine Illusion ab: Ich war mir der Streifenwagen und der Männer, die zum Ufer hinunterrannten, und des Mannes in meinen Armen und der dunklen, flachen Wasserfläche des Flusses, die sich jenseits der strahlenden Lichter in unendliche Weiten ersteckte, sehr wohl bewußt. Aber das alles war unwirklich, ein Trugbild, und die bohrende Kälte bildete die einzige Realität, raubte mir meine Kraft, betäubte meinen Verstand, verwandelte mich in etwas Unbewegliches, in ein Wesen, das dabei war, seine Bedeutung zu verlieren – *Vorsicht!* Jetzt setzte die Euphorie ein, als der Wille, mich zu bewegen, dem angenehmen Gefühl, einfach gar nichts mehr zu tun, Platz machte – *beweg dich, um Gottes Willen, beweg dich.* Einfach gar nichts mehr tun, hinabsinken, und das Wasser leckte jetzt an meinem Hals, an meinem Mund – *beweg dich, beweg dich, du ertrinkst.* Ein Mann mit einer Uniformmütze und andere uniformierte Männer. *»Es ist alles in Ordnung, wir holen Sie raus, halten Sie sich an mir fest«, und die hellen Lichter drehten sich im Kreis, und da war das Gesicht des Mannes, der mich beobachtete, zu mir herunterblickte, nickte, sich etwas notierte.*

»Ja, als man Sie fand, waren Sie ziemlich hinüber.«

»Oh, verdammt, es war *kalt,* das kann ich Ihnen sagen.«

Er nickte wieder. »Und Sie erinnern sich, wie man Sie hierher brachte?«

»Ja. An das meiste. Es war nichts Besonderes. Sie zogen mich aus dem Fluß. Ich zitterte heftig und nahm kaum Notiz von dem, was um mich herum vorging. Ich wollte bloß etwas Heißes zu trinken. Eine Fleischbrühe? Ja, eine Fleischbrühe.

»Die Leute haben ihre Sache gut gemacht.« Er schaltete den Recorder aus. »Wie fühlen Sie sich jetzt?«

»Ich bin in Ordnung.«

Das stimmte natürlich keineswegs. Meine Psyche befand sich in wildem Aufruhr, und ich war wütend, weil ich die Situation falsch beurteilt, dem Mann zu hart zugesetzt und so nichts von ihm erfahren hatte, *wütend über das, was Cone getan hatte,* wütend und deprimiert, weil jetzt der Tod an meinen Händen klebte und vor allem, weil ich *Quickstep* dort draußen im nachtdunklen Wasser des Flusses buchstäblich in den Sand gesetzt hatte.

9 TEE

»Legen Sie sich bitte auf den Bauch«, sagte sie auf deutsch.

Ich drehte mich um, und sie fing wieder mit der Massage an, eine riesige Frau mit riesigen, aber geschickten Händen, die genau wußten, wieviel Schmerz sie verursachten, und ihn unter Kontrolle hielten.

»Nein. Nicht in den nächsten paar Tagen.«

Cone saß neben dem Bett auf einem Vinylstuhl mit Chromgestell und hielt den Telefonhörer in der Hand.

»Entspannen Sie sich bitte.«

Ich wurde so schlaff, wie ich konnte. Hauptsächlich machte mir die rechte Schulter zu schaffen, mit der ich gegen den Dachpfosten des Mercedes geknallt war. Ansonsten hatte ich nur ein paar Hautabschürfungen, die nicht der Rede wert waren.

Die Vorhänge waren zurückgezogen, und an der Decke schimmerte, wie Lichtreflexe auf Schnee, ein Leuchten, das von den Flutlichtstrahlern an der Mauer herrührte.

»Ich werde ihn fragen, Sir.« Lauter: »Wie ist Ihre Moral?«

»Nicht sehr gut«, antwortete ich. »Darüber müssen wir noch sprechen.«

Von dem Massagetisch aus, auf dem ich lag, konnte ich sein Gesicht nicht sehen, aber er schwieg einen Moment, ehe er das, was ich gesagt hatte, an Shepley weitergab. Eine Schulterprellung, ein paar Schrammen und die leichten Nachwirkungen einer Unterkühlung waren nichts sonderlich Schwerwiegendes, wenn man bedachte, wie nahe ich dem Tod gewesen war. Aber die Einsatzmoral des Außenagenten ist entscheidend für jede Mission. Wenn es mir nicht gelang, meine Angst in den Griff zu bekommen, würde Shepley mich höchstwahrscheinlich durch einen anderen Agenten ablösen lassen, ehe ich *Quickstep* und die äußerst empfindliche Beziehung zwischen Bureau und KGB gefährdete.

»Bleiben Sie jetzt bitte zehn Minuten lang entspannt.«

»Ja. Danke, Fräulein.«

»Bitte.«

Ich stand auf, ging zum Bett und legte mich hin, während sie die Beine des tragbaren Tisches zusammenklappte und mit ihm hinausstapfte.

Dieser *verdammte* Audi. *Dafür* wollte ich eine Erklärung von ihm.

»Sir? Nein, die Verbindung zur Gegenseite ist abgerissen. Ja, ich schicke Ihnen einen Bericht. Nein, dem Mann ließen sich nur ein paar Worte entlocken. Es war . . .« Er verstummte, hörte zu und sagte dann: »Ash, nehmen Sie mal den Hörer?«

Ich setzte mich auf, und er gab ihn mir.

»Außenagent.«

»Was haben Sie aus ihm herausgeholt?«

Dieses Gespräch lief über Zerhacker; der Mann namens Binns hatte einen T3 an das Telefon angeschlossen. »Er sagte, daß Gorbatschow das Ziel ist.«

»Und das war alles?«

»Ja.«

»Glauben Sie, daß es die Konsequenzen wert war?«

Er meinte Skidders Tod. »Wir haben die Bestätigung, wer die Zielperson ist, und außerdem ist einer ihrer Killer ausgeschaltet.« Eigentlich wollte ich es dabei belassen, doch mein Ärger verlangte nach Erleichterung. Ohne die Stimme zu heben, sagte ich: »Wenn Sie meinen, daß ich mehr aus ihm hätte herausholen müssen, möchte ich Sie daran erinnern, daß wir nicht in einem gemütlichen Verhörzimmer saßen. Wir standen bis zum Hals in eiskaltem Wasser, und er war ein harter Bursche.«

»Ich mache Ihnen keinen Vorwurf. Holen Sie mir bitte Cone an den Apparat zurück, ja?«

Ich gab ihm den Hörer und achtete nicht auf das, was er sagte. Es war nicht völlig ausgeschlossen, daß Bureau One Cone die Anweisung erteilte, mich aus dem Einsatz zu nehmen, weil ich die Sache mit Skidder vermasselt hatte und die Gefahr bestand, daß dies meine Arbeitsmoral beeinträchtigte.

»Es gibt Arbeit für uns«, sagte Cone, als er aufgelegt hatte. »Einer von unseren Schläfern hat zufällig einen Funkspruch aufgefangen, aus dem hervorgeht, daß der Luftwaffenstützpunkt Werneuchen Ausgangspunkt für eine Geheimoperation ist. Mr. Shepley möchte, daß Sie sich mal damit beschäftigen.«

Ich öffnete die Augen. »Ist das Volpers Operation?«

»Das wissen sie nicht.«

»In Werneuchen«, sagte ich, »sind Bomber stationiert.«

»Versuchen Sie, etwas darüber herauszufinden. Aber zuerst brauche ich Ihren Bericht. Fühlen Sie sich dazu in der Lage?«

Ich sagte ja, und er holte den Recorder, stellte ihn auf die Bettkante, zog seinen Stuhl näher heran, schaltete das Ding ein und sagte: »Bericht über einen tödlichen Zwischenfall, DIF Cone, Außenagent Quiller.« Er gab Uhrzeit und Datum an und lehnte sich zurück.

»Der Todesfall war unbeabsichtigt«, sprach ich auf Band. »Ich mußte ermessen, wieviel ich der betreffenden Person zumuten konnte, und wie lange. Das war schwierig, denn es stand mir nur wenig Zeit zur Verfügung, und wir waren beide starker Unterkühlung ausgesetzt.«

Sein grobschlächtiges, schweres Gesicht, das schlaff auf dem Wasser lag, seine Augen, die mich nicht anschauten, obwohl sich unsere Gesichter so nahe waren.

»Es waren auf meiner Seite keinerlei persönliche Motive im Spiel. Ich glaube, daß er schon viel früher bewußtlos geworden wäre, wenn ich ihn nicht untergetaucht hätte. Dann hätte ich überhaupt nichts von ihm erfahren. Oder er hätte sich weiterhin geweigert, etwas zu sagen.«

Das Gewicht seines Körpers unter meinen Händen, als wir zusammen im eiskalten Fluß hin- und herschwankten, beide dem Tode nahe. Zwei Männer, die, von der Flut der Umstände wie Treibgut zueinandergespült, zur Melodie der Sirenen in der Nacht einen kleinen *Danse macabre* aufführten.

»Ich habe keinerlei Gewissensbisse. Ich empfinde kein Bedauern.«

Aber ich bin deprimiert, verdammt deprimiert.

Daß man keine Gewissensbisse und kein Bedauern empfindet, gehört in jeden Bericht. Während nämlich manche von uns um einen getöteten Menschen so wenig Aufhebens machen wie um eine zerquetschte Fliege, finden andere, daß es ihre Arbeit, ihren Einsatz beeinträchtigt, und dann werden sie zumeist abgelöst.

»Die betreffende Person hatte das Ziel, mich zu töten, und sie verfolgte dieses Ziel mit großer Entschlossenheit; die Falle war eigens dafür vorbereitet worden. Daher empfinde ich kein Bedauern. Bei meiner Arbeit geschehen solche Dinge nun einmal, aber ich gebe zu, daß ich mich ein wenig deprimiert fühle, was bei mir nach tödlichen Zwischenfällen normal ist.«

Worte, Worte, oh, mein Gott, *Worte.* Es *macht* mir etwas aus, einen Menschen zu töten. Und daß er vorher versucht hatte, mich umzubringen, hatte *nichts* damit zu tun. Da war dieses gräßliche Geräusch gewesen, dieses Gurgeln, und *das* hatte etwas damit zu tun, dieses Geräusch, als jemand ertrank wie ein Hund, während ich ihn untertauchte und meinen natürlichen Instinkt, ihn zu retten, unterdrückte.

»Ich bin überzeugt, daß ich ihm so viele Informationen abpreßte, wie es unter den gegebenen Umständen möglich war, und daß ich seinen Tod nicht durch eine falsche Einschätzung der Lage beschleunigt habe.«

Scheiße, aber das konnten sie nicht wissen. Diese wehleidigen Verwaltungstypen wollen nur eines: das, was sie ein klares Bild nennen. ›Geben Sie uns ein klares Bild, alter Junge, seien Sie so gut‹, damit sie es in ihre sauberen, kleinen Computer-Tastaturen eintippen können, ehe sie nach Hause gehen zu Steak und Kidney-Pudding und sich vor den Fernseher setzen. Glauben diese Mistkerle denn *wirklich*, daß man ihnen ein klares Bild davon geben kann, wie es ist, wenn man bis zum Hals in einem Fluß steht, sich zu Tode friert und entscheiden soll, wieviel Todesangst man einem Mann einjagen darf, um ihn zum Singen zu bringen? Sie wissen nicht.

»Noch etwas?«

»Bitte?«

»Ist das alles?«

»Ja.« Ein Mord, schön verpackt. Oh, mein Gott, wie ich diese Bürokraten hasse.

»Haben Sie nachgeschaut, ob er Papiere bei sich hatte?«

»Nein. Dazu war keine Zeit. Die Vopos kamen.«

Nach einem Moment: »Wie fühlen Sie sich jetzt?« Er hatte den Recorder abgeschaltet, ehe er das sagte.

»Verdammt mies.«

Eine ziemlich vage Beschreibung. Dieser Mann war mein Agentenführer, und seine Aufgabe bestand darin, sich um seinen Agenten zu kümmern und ihn in jeder Form zu unterstützen. Er mußte den Agenten in jeder Einsatzphase beobachten und entscheiden, ob er noch einsatzfähig war und nicht von Furcht, Schuldgefühlen, Bedauern oder anderen Emotionen beherrscht wurde. Und wenn er es für notwendig hielt, mußte er London empfehlen, den Agenten abzulösen.

»Was meinen Sie mit ›verdammt mies‹?« Er schielte auf seine Fingernägel.

Ich mußte Zeit gewinnen. Ich stand vom Bett auf und ging herum, um die Reaktion meines Körpers zu testen – die Schulter schmerzte nur, wenn ich sie bewegte; andere Körperteile machten sich ebenfalls bemerkbar: linker Oberschenkel, linkes Schienbein, die Rippen; das rührte von der Fahrt auf dem Kofferraum des Mercedes her; aber meine Füße und Knöchel waren in Ordnung. Ich konnte noch immer rennen, was das Zeug hielt, falls es notwendig war. Das ist die größte Sorge, wenn man sich im Einsatz verletzt hat – ob man, wenn nötig, noch schnell genug rennen kann.

»Zum einen«, sagte ich, »bin ich stocksauer. War das *Ihr* Audi?«

»Welcher Audi?«

»Hören Sie, bevor ich mich mit Pollock in Charlie's Club traf, habe ich die Umgebung *sehr* sorgfältig überprüft. Sie war sauber. Woher wußten Sie also, daß ich in den Fluß gefallen war?«

»Soviel ich weiß, benutzen wir keinen Audi.«

»Er hat mich also nicht verfolgt?«

»Möglich.«

»Sie *haben* mich also beschatten lassen?«

»Ja.«

Dieser verdammte Bastard.

Wenn zu wenig Verkehr herrscht, um ein Fahrzeug unauffällig verfolgen zu können, kann man einen dritten Wagen zwischen verfolgendem und verfolgtem Fahrzeug plazieren mit der Anweisung, dort zu bleiben, bis sich irgendein unbeteiligtes Fahrzeug dazwischenschiebt, und dann abzubiegen und zurückzukommen, wenn es notwendig ist. Das Ziel dabei ist, sicherzustellen, daß sich immer ein anderer Wagen zwischen verfolgendem und verfolgtem Fahrzeug befindet. Möglicherweise war der Audi deshalb abgebogen, als der Fiat aufgetaucht war, aber das war jetzt eine rein akademische Frage: Cone hatte zugegeben, daß er mir jemanden nachgeschickt hatte.

»Wann wurde mit der Beschattung begonnen?«

»Als Sie vom Club wegfuhren.«

»Scheiße.«

Bevor ich in den Club ging, hatte ich überprüft, ob mir jemand gefolgt war, aber als ich ging, war ich zu sehr damit beschäftigt gewesen, das Mädchen im Auge zu behalten.

»Warum haben Sie mich beschatten lassen?«

»Weil Sie damit rechneten, daß Volper versuchen würde, Sie zu beseitigen. Das haben Sie mir selbst gesagt.«

»Und warum haben Sie mich nicht darüber informiert?«

»Es hätte Ihnen nicht gefallen.« Er blickte von seinen Fingernägeln auf. »Nicht wahr?«

»Oh, verdammt, lassen wir uns etwas Tee bringen.« Das Mittel, das sie mir gegen die Unterkühlung gegeben hatten, hatte mich völlig ausgetrocknet. »Wenn ich jemanden zur Unterstützung gebraucht hätte, hätte ich ihn angefordert.«

»So geht es diesmal nicht«, sagte er und griff zum Telefon.

»Es ist so verdammt gefährlich.«

Wenn einem die eigene Organisation jemanden zur Unterstützung schickt, ohne daß man darüber informiert wird, kann das eine Menge Ärger verursachen: Vor drei Jahren verbrachte ich in Mexico City eine halbe Nacht damit, einen Beschatter in eine Falle zu locken. Als ich ihn schließlich im Heizungsraum eines Hotels im Schwitzkasten hatte, stellte sich heraus, daß er ein Beschatter war, den ein überängstlicher örtlicher Agentenführer auf mich angesetzt hatte. Dadurch dauerte der Einsatz zwei Wochen länger, weil ich die Spur der Zielperson verloren hatte.

»Es ist ein kalkuliertes Risiko«, sagte Cone, bestellte auf deutsch eine Kanne Earl Grey, legte auf, erhob sich aus seinem Stuhl und stand mit vorgebeugten Schultern da, lehnte sich gegen seinen bitterkalten Wind. »Meine Anweisungen lauten, Sie zu schützen, wann immer ich es für nötig halte.«

»Ich kann auf mich selbst aufpassen. Sie kennen meine Erfolgsbilanz.«

»Bis jetzt haben Sie sich immer sehr gut gehalten. Aber Sie hatten mehr als einmal Glück.« Er schaute mir in die Augen, was ungewöhnlich war. Er hatte einen Treffer gelandet, und wahrscheinlich wollte er sehen, wie ich darauf reagierte.

»Wir brauchen alle Glück, wenn der Wagen ein Rad verliert, aber das ändert nichts.«

»Diesmal schon. Diesmal ist es Mr. Shepley persönlich.«

»Er ist Soldat. Und Soldaten meinen immer, sie müßten eine Masse von Truppen bewegen.«

Es sah fast wie ein Lächeln aus; seine Gesichtshaut straffte sich, und für eine Sekunde wich die unablässige Konzentration aus seinem Blick. »Ich glaube nicht, daß man diesen Mann einen Soldaten nennen kann, bei seinem Arbeitsstil. Sie müssen sich darüber klar werden, daß wir diesmal von Ihnen Kooperationsbereitschaft erwarten. Ich weiß, das fällt Ihnen nicht leicht, aber *diesmal* versuchen wir, einen der beiden mächtigsten Männer auf diesem Planeten zu schützen. Es wäre nett, wenn Sie das berücksichtigen.«

Ich dachte darüber nach: Das mußte ich. Ich brauchte mir nicht den Kopf darüber zerbrechen, was der KGB tun würde, wenn sein oberster Chef Schutz brauchte, denn das wußte ich bereits: Sie schickten Yasolev, und der bat uns um Zusammenarbeit. Volper war britischer Staatsbürger, und um ihm auf die Spur zu kommen, wühlte das Bureau in London derart im Untergrund, daß die Stadt wahrscheinlich inzwischen vom Einsturz bedroht war. Was Cone meinte, war, daß ich die Bedeutung dieser Sache noch immer nicht ganz erfaßt hatte, und möglicherweise lag er damit richtig. Aber trotzdem gab es nur eine Art, auf die ich arbeiten konnte, und das hatten sie gewußt, als sie mir den Auftrag erteilten.

»Gut. Aber wenn Sie jemanden zu mir ins Einsatzgebiet schicken, will ich informiert werden. Ich will wissen, wer es ist, wo er eingesetzt wird und wie seine Anweisungen lauten.«

»Da verlangen Sie ziemlich viel.« Jemand klopfte an die Tür. Cone öffnete sie eilig, und wir schwiegen, bis der Boy das Tablett auf den runden Plastiktisch gestellt hatte und wieder verschwunden war.

»Nein, ich möchte vorher über die Leute informiert werden, die in meinem Einsatzgebiet *aktiv* sind. Es ist mir klar, daß die ganze Gegend voll von Spitzeln ist.«

»Sie würden es nicht glauben, wie viele es sind. Sie wollen mein Wort darauf?«

»Ja. Die *aktiven* – einverstanden?«

Er brachte mir meinen Tee, und ich kam ihm auf halbem Weg entgegen und fragte mich, ob ihm die Symbolik bewußt war.

»Einverstanden, Sie werden informiert. Zwischen uns muß Vertrauen herrschen, genau wie gegenüber Yasolev. Wir müssen uns auf halbem Weg entgegenkommen.« Wieder straffte sich seine Gesichtshaut, und in seinen Augen funkelte es. Ich hatte plötzlich den Eindruck, daß dieser Cone schlauer war, als ich vermutet hatte, schneller, härter, unerbittlicher, und daß er mit jener Macht ausgestattet war, über die nur Menschen verfügen, die ganz oben in der Hierarchie stehen: der Macht, mich jederzeit zu opfern, wenn er glaubte, daß ich den Erfolg der Mission gefährdete. Mir wurde plötzlich bewußt, daß nicht nur die Verbindung mit dem KGB geeignet war, mir den Schlaf zu rauben. Meine eigenen Leute erwarteten von mir ›Kooperationsbereitschaft‹, und ich konnte davon ausgehen, daß sie mir einen Agentenführer zugeteilt hatten, der mich sofort ausradierte, wenn ich nicht ›kooperierte‹. Ja, diesmal lagen die Dinge wirklich anders.

Er hielt die Tasse mit beiden Händen und beugte sich darüber, als wollte er sich wärmen, obwohl es hier im Zimmer nicht kalt war. »Und das beruht auf Gegenseitigkeit, nicht wahr? Wenn Sie sich in eine gefährliche Situation begeben, möchte ich, daß Sie mich vorher informieren.«

»Das wird nicht nötig sein. Ich brauche mich gar nicht erst in irgendwelche Situationen zu begeben. Man wird so oder so wieder versuchen, mich auszuschalten.«

»Sie betrachten sich also als Freiwild?«

»Sie nicht?«

»Doch.« Er schielte hinunter auf seinen Tee. »Das ist unvermeidlich. Und Sie sind bereit, das Feuer auf sich zu ziehen?«

»Es ist die einzige Möglichkeit, an sie heranzukommen. Ich habe das schon öfter gemacht.« In Moskau, Westberlin, Prag. »Das ist eine klassische Methode, wie Sie sicher wissen. So geht es am *schnellsten.*«

»Beim nächsten Mal«, sagte er, »wird die Gegenseite auf Nummer Sicher gehen.«

»Das größte Risiko besteht darin, daß mir jemand von unseren eigenen Leuten in die Quere kommt. Die ganze Sache ist verdammt heikel. Es könnte dazu kommen, daß ich einen unserer Männer töte, noch bevor er die Möglichkeit hat, mir seinen Ausweis zu zeigen. Ich wünschte, Sie würden das einsehen.«

Er stellte die Teetasse neben das Telefon, holte seine Aktentasche, nahm einen Briefumschlag heraus und riß ihn auf.

»Ich habe fünf Männer in Einsatzbereitschaft. Das sind ihre Gesichter.« Er gab mir ein paar Fotos. »Ich setze sie nie alle gleichzeitig ein. Als Sie den Club verließen, hat Sie nur einer dieser Männer beschattet. Bewahren Sie diese Fotos irgendwo auf, wo sie niemand finden kann.«

»Wie lauten ihre Decknamen?«

»Machen Sie sich deswegen keine Gedanken. Diese Männer werden nur in Erscheinung treten, wenn etwas passiert, und dann sind ihre Namen wohl kaum von Interesse für Sie.«

Ich steckte die Fotos weg. »Gut, das hilft mir weiter. Glauben Sie, daß Yasolev ebenfalls Leute draußen hat?«

»Er hat Ihnen sein Wort gegeben. Ich weiß nicht, wieviel es wert ist.«

Ich beließ es dabei. »Was ist mit der Polizei?«

»Wir haben sie nicht gebeten, nach Ihnen zu sehen. Vielleicht war es Yasolev.«

Ich goß mir noch etwas Tee ein. »Was unternimmt die Polizei wegen meines kleinen Ausflugs in die Spree?«

»Yasolev hat sie gebeten, die Angelegenheit auf sich beruhen zu lassen. Man wird Ihnen keine Fragen mehr stellen.«

»Aber es hat ihre Aufmerksamkeit erregt, nicht wahr? Der Kerl hat mindestens zwei ihrer Wagen ruiniert und ist im Leichenschauhaus gelandet.«

»Das ist nicht zu ändern.« Das Telefon klingelte. »Wir müssen Yasolev die HUA überlassen.« Er nahm den Hörer ab.

Ich bekam eine Gänsehaut, je länger ich darüber nachdachte. Cone hatte fünf Männer zu meiner Unterstützung, und die Spree-Sache hatte Yasolev sicher reichlich Nerven gekostet, also setzte er jetzt womöglich auch noch KGB-Hilfsleute ein, und obendrein interessierte sich nach dem, was vorgefallen war, vielleicht auch noch die ostdeutsche Polizei für mich, trotz Yasolevs Bitte, sich herauszuhalten: Schließlich bewegten wir uns hier auf ihrem Territorium. Aber wir konnten nur an Volper herankommen, wenn wir ihn wieder zu einem Anschlag auf mich ermunterten. Und den würde er nur unternehmen, wenn er es nicht mit einer ganzen Armee aufnehmen mußte: Andernfalls wußte er, daß ich keine Bewegungsfreiheit hatte und keine Gefahr mehr darstellte.

Ich hatte geahnt, daß ich ein Versteck finden, untertauchen und *Quickstep* im Alleingang durchführen mußte, aber ich hatte nicht gedacht, daß das schon so früh erforderlich sein würde.

»Er möchte uns sprechen.« Cone legte auf.

»Yasolev?«

»Ja. Scheint sich Sorgen zu machen.« Er ging durchs Zimmer und nahm den Deckel von der großen Messingkanne, um zu sehen, wieviel Tee noch darin war.

»Was hat er gesagt?«

»Nur, daß er sich mit uns unterhalten möchte.« Er ging zur Tür und öffnete sie, als eine kleine höfliche Geste. »Er ist hierher unterwegs.«

Die verchromte Art-Deco-Uhr an der Wand zeigte 23.05 Uhr an. Noch vor einer Stunde hatte Yasolev uns angerufen und gesagt, er wolle sich schlafenlegen.

»Er kommt hierher? Dann hat er offenbar irgendeine Nachricht erhalten.«

»Das ist anzunehmen.« Cone senkte die Stimme. »Bevor er kommt: Wir haben noch eine Anweisung aus London erhalten. Wir sollen Cat Baxter überprüfen. Sie kommt nach Ostberlin.«

»Der Rockstar?«

»Ja.«

»Warum sollen wir sie überprüfen?«

»Tja, das ist eine sehr gute Frage.« Er ging mit seiner Tasse ins Badezimmer, spülte sie aus, trocknete sie mit einem Handtuch ab und kam zurück. Dann stand Yasolev plötzlich in der offenen Tür, in einem abgetragenen roten Morgenmantel und mit zerzausten Haaren. Er schaute Cone, dann mich an.

»Ich habe gerade die Information erhalten, daß Generalsekretär Gorbatschow . . .

Cone winkte mit der Hand und sagte: »Die Tür.«

Ich ging an Yasolev vorbei, schloß sie und kam zurück.

»Danke. Die Nachricht besagt, daß Generalsekretär Gorbatschow Ostberlin einen inoffiziellen Besuch abstatten wird.«

»Wann?« fragte Cone.

»Er trifft am Siebzehnten dieses Monats hier ein.«

Also in nur einer Woche.

»Da ist noch Tee«, sagte Cone, »falls Sie etwas trinken möchten.«

10 LIBIDO

»Sie haben ihn erschossen.«

Die Mauer war hier noch näher.

»Ihm in den Rücken geschossen.«

Drohend ragte sie in den Himmel, die Mauer.

»Warum hat er es getan?«

Etwas anderes konnte man durch das Fenster hier nicht sehen: nur die Mauer, von Flutlicht angestrahlt, hoch emporragend. Dabei ist sie eigentlich gar nicht so hoch: vier Meter zwanzig. Es ist ihre Bedeutung, die sie so gewaltig wirken läßt, das, wofür sie steht. Und der Stacheldraht, die Wachtürme, die Posten mit den Maschinengewehren.

»Wahrscheinlich wollte er frei sein«, sagte ich.

Er trank noch einen Schluck Schnaps, schürzte die Lippen und kniff die Augen zusammen. Ein klarer Schleimtropfen, der an seiner Nase hing, glänzte in dem kalten, weißen Licht.

In der Glastür des Schrankes gegenüber vom Fenster sah man sogar ihr Spiegelbild, das Spiegelbild der Mauer. Sie schloß uns ein; in dem kleinen, überheizten Zimmer waren wir eingezwängt zwischen dem hell angestrahlten Monstrum draußen vor dem Fenster und seinem Spiegelbild auf der Schranktür. In diesen Zimmern, diesen Häusern, entlang dieser Straßen hatten die Menschen nur ein Thema: die Mauer. 1961 war sie plötzlich herangerollt wie eine Flutwelle, um dann hier zu erstarren und eine Stadt in der Mitte durchzuschneiden.

Gunter Blüm, sechzig, Taxifahrer: »Es ist hier gar nicht so schlecht.«

»Nein.«

»Wir sind besser dran als die Leute in Polen oder der Tschechoslowakei. Es gibt hier Industrie, Handel, Sachen in den Schaufenstern. Man kann ganz gut leben.« Er wischte sich mit dem Handrücken die Nase ab. *»Warum hat er es also getan?«*

»Diese Dinge sind noch keine wirkliche Freiheit«, sagte ich. »Vielleicht war es das, was er suchte. Wie alt war er?«

»Zweiunddreißig. *Noch ein junger Mann.«*

Wir befanden uns hier in der Nähe des Spittelmarkts, in der zweiten Etage. Die andere Wohnung befand sich neben dieser hier, neben seiner. Sie gehörten beide ihm.

»Wann ist es passiert?«

»Vor drei Jahren. Vor drei Jahren und siebzehn Tagen.« Er rieb über eine Blase an seiner Hand. »Danach hat sie einen Selbstmordversuch unternommen.«

»Ihre Frau?«

»Seine Mutter. Sie war mehr seine Mutter als meine Frau, verstehen Sie? Er bedeutete ihr alles.« Er hob den Kopf ein wenig. »Wie das eben manchmal mit Müttern und Söhnen ist.«

Das war das vierte Haus, das ich mir ansah. Ich hatte nicht in den Anzeigenteil der örtlichen Zeitungen geschaut, weil ich etwas suchte, das in der Nähe des Hotels, in der Nähe der Botschaften lag. Ich hatte zwei Stunden damit zugebracht, einen Verfolger abzuschütteln. Es war keiner von Cones Leuten gewesen, denn sein Gesicht war auf keinem der Fotos. Vielleicht also einer von Yasolevs Leuten, falls er sein Versprechen gebrochen hatte, oder einer von Volpers Männern. Dann hatte ich mich zu Fuß auf die Suche gemacht, nach ›Zimmer zu vermieten‹-Schildern in den Fenstern Ausschau gehalten.

»Wo ist sie jetzt?«

Von einer Frau war hier keine Spur zu sehen.

»Sie wohnt bei ihrer Schwester in Strausberg. Sie ... wir

verstanden uns einfach nicht mehr, nachdem das passiert war.« Wieder hob er ruckartig den Kopf. »So was Schreckliches hätte sie nicht tun dürfen. Ich habe es ja auch nicht getan, obwohl er auch mein Sohn war. Sie hatte doch immer noch mich.«

Der billige Klassenzimmerstuhl knarrte, als er den Rest Schnaps hinunterkippte; er war ein großer, schwerer Mann mit tätowierten Armen; seine geballten Fäuste ruhten auf dem Tisch, und wütend blickte er immer wieder zum Fenster hoch, als wollte er den Feind im Auge behalten.

»Ich habe davon gelesen«, sagte ich.

»Ja, die Sache hat großes Aufsehen erregt.« Er griff nach der Schnapsflasche, überlegte es sich dann aber anders und warf einen Blick auf die Uhr, die in dem Regal über die Spüle stand.

Die Geschichte hatte Aufsehen erregt, weil sie einer gewissen Ironie nicht entbehrte. Paul Blüm hätte es fast in den Westen geschafft: Er hatte oben auf der Mauer gestanden, als sie ihn erschossen, und was auf der anderen Seite heruntergefallen war, in die Freiheit, war seine Leiche gewesen.

»Warum hat er es getan?« Das ging ihm nicht aus dem Kopf.

»Er wollte ein Zeichen setzen«, sagte ich.

»Inzwischen ist der Schießbefehl aufgehoben. Wenn er doch nur so lange gewartet hätte.«

»Sein Zeichen ist noch immer von Bedeutung. Es gibt viele andere, die sich ebenfalls nach der Freiheit sehnen. Er hat auch für sie gesprochen.«

»Ein Held also. Er ist ein Held? Als ich zum Grenzübergang kam, waren sie dort anderer Ansicht. Ich wußte nicht, daß er es versucht hatte. Am nächsten Morgen erfuhr ich es aus der Zeitung, und ich ging zum Grenzübergang, rasend vor Wut, verprügelte ein paar von den Wachtposten, drehte durch.« Er blickte wieder zum Fenster. »Sie schlugen mich zusammen und buchteten mich für vierundzwanzig Stunden ein. Sie sagten, er sei nur ein gewöhnlicher Krimineller gewesen, ein Verräter am Sozialismus und diese ganze Parteischeiße.« Jetzt ruhte sein Blick auf mir, wachsam. »Ich kenne Sie nicht. Ich weiß nicht, wer Sie sind.«

»Keine Angst. Ich bin im Schwarzmarktgeschäft tätig.«

Er blickte weg. »Ich handele auch ein bißchen.«

Das tun sie alle. »Und Sie sehen Ihre Frau nie?« Das mußte ich wissen.

»Nur ab und zu.« Sein Kopf ruckte wieder ein bißchen hoch. »Ich liebe sie noch immer. Aber es tut mir nicht leid, daß sie sich nur selten sehen läßt. Es hat ihr das Herz gebrochen, wissen Sie, und ich kann es nicht ertragen, wenn Frauen weinen. Sie möchte sein Grab besuchen. Ich glaube, wenn das endlich möglich wäre, würde sich ihr Zustand bessern.«

»Sie haben ihn drüben beerdigt?«

»Ich habe einen Vetter. Ich habe ihm das Geld geschickt. Er schickte uns ein paar Fotos. Paul liegt auf einem Friedhof in Grunewald. Aber es ist etwas anderes, ob man persönlich dort ist, oder ob man es nur auf Fotos sieht. Ich würde alles dafür geben, doch sie werfen noch nicht mal einen Blick auf unsere Reiseanträge. Für sie ist er eben nur ein Krimineller. Gott im Himmel« – er schlug mit den Händen auf den Tisch, stand auf und stieß den Stuhl zur Seite – »er ist dort drüben *geboren*. Sie haben ihn getötet, als er versuchte, hinüber in seine Heimat zu kommen!«

Wie ein Tier im Käfig stapfte er auf und ab. Seine großen, immer noch zu Fäusten geballten Hände hingen herab, sein Atem ging schwer, der Mund war verkniffen.

»Glauben Sie, daß Ihre Frau zu Ihnen zurückkehren würde, wenn sie das Grab gesehen hat?« fragte ich.

»Oder sie würde drüben bleiben. Egal, auf jeden Fall würde sie sich besser fühlen, besser damit fertig werden.«

»Warum sind Sie nicht weggezogen?«

Er blieb stehen. »Wohin?«

»Einfach weg von der Mauer.«

Er wandte sich wieder dem Fenster zu; sein breiter Kopf beugte sich vor. »Nein. Ich werde mich nicht einfach abwenden.«

Ich stand aus dem abgewetzten Kunstledersessel auf. »Er würde das bestimmt nicht wollen.«

»*Ich* will es. Ich will sie weiter *hassen*.«

Ich ließ ihn noch eine Weile reden, genug, um ihm etwas

Erleichterung zu verschaffen; dann holte ich meine Brieftasche. »Ich nehme die Wohnung«, sagte ich, »für einen Monat.«

»Die Wohnung?« Er hatte ganz vergessen, warum ich hergekommen war.

Etwas Besseres würde sich kaum finden lassen, und meine Zeit wurde knapp. Vor drei Tagen hatte Yasolev uns gesagt, daß Gorbatschow nach Ostberlin kommen würde, uns blieben also nur noch vier Tage. Aus dieser Höhe konnte man leicht hinunter in den kleinen, verdreckten Hof hinter dem Haus springen, und in das Fenster vorne konnte niemand hineinschauen – davor war nur die Mauer. Es gab eine Treppe statt eines Aufzugs und ausreichend Deckung draußen auf der Straße: Lieferwagen, die zum Auf- und Abladen vor der Papierfabrik standen; fünf Hauseingänge in Sichtweite und ein langes Schaufenster schräg gegenüber, in dem sich ein großer Sichtbereich spiegelte; ein hoher Bauzaun ringsum ein Grundstück, auf dem ein dreistöckiges Gebäude abgerissen wurde.

Ich gab ihm etwas Geld. »Ich möchte meine Ruhe«, sagte ich, »genau wie Sie. Ich bin in keine gefährlichen Geschäfte verwickelt, ich möchte einfach nur ungestört sein. Geht das in Ordnung?«

»Ich kümmere mich nicht um die Angelegenheit anderer Leute.« Er nahm das Geld.

»Ich hoffe, ich kann mich darauf verlassen. Geben Sie mir den Namen Ihrer Frau und die Adresse ihrer Schwester. Bis Monatsende besorge ich ihr eine Besuchserlaubnis für den Friedhof auf der anderen Seite.«

Er hob rasch den Kopf. »Das können Sie?«

»Ich garantiere dafür. Wenn Sie gut auf mich aufpassen.«

»Mein Wort darauf.«

Ich hatte mein Versteck.

»Haben Sie mich denn nicht gesehen?«

Sie trug eine Luftwaffenuniform, Handschuhe, der Mantel bis unters Kinn zugeknöpft als Schutz vor dem eisigkalten Wind. Die Rangabzeichen eines Oberleutnants.

»Es waren die Bremsen«, sagte ich. »Mit den Bremsen stimmt was nicht.«

»Wie bitte?« Sie kam näher heran, hob die Stimme, um das Dröhnen eines vorbeifahrenden Lastwagens zu übertönen, dessen Räder durch den Matsch pflügten. Es hatte letzte Nacht geschneit.

»Die Bremsen«, sage ich, »sie funktionieren nicht.«

»Sie geben also zu, daß Sie verantwortlich sind?«

»Ja. Sie sollten besser Ihre Tür zumachen.« Sie hatte sie aufgelassen, als sie ausgestiegen war, um den Schaden zu begutachten. Er war nicht größer als bei den beiden Wagen, die ich am vorigen Abend gerammt hatte: verbeulter hinterer Kotflügel, kaputte Rückleuchte.

Sie ging zurück zu ihrem Wagen, holte eine schwarze Aktentasche heraus und schlug die Tür zu. »Zeigen Sie mir bitte Ihren Führerschein und Ihren Versicherungsschein.« Ein Bus kam vorbei und schleuderte Schneematsch hoch, doch sie rührte sich nicht, als er ihr über die Stiefel spritzte. Sie wußte sich zu konzentrieren.

»Gehen wir dort hinein«, sagte ich, »hier ist es zu kalt.«

Sie schaute auf die beschlagenen Scheiben des Restaurants, dann auf ihre Uhr, dann in mein Gesicht.

»Zeigen Sie mir Ihren Ausweis.«

Ich zeigte ihn ihr, den offiziellen mit dem HUA-Emblem, und sie warf einen genaueren Blick auf mich. Sie hatte dunkle Augen, eine blasse Haut und einen geraden, strengen Mund. »In Ordnung, Genosse Hauptmann.«

In dem Restaurant war es fast dunkel. Entweder wollte der Wirt, daß es wie ein Nachtklub wirkte, oder er wollte Strom sparen. Sie stellte ihre Aktentasche auf eine Bank bei der Tür und öffnete sie mit raschen, geschickten Bewegungen. Die beiden anderen Frauen waren langsamer, weniger selbstbeherrscht gewesen. »Hier ist mein Führerschein. Darf ich bitte Ihren sehen?«

Wir tauschten unsere Adressen aus; einer ihrer Handschuhe fiel herunter, und ich hob ihn auf; sie bedankte sich nicht. Das Fenster vibrierte, als etwas Großes vorbeifuhr, und ein Mann mit einer mottenzerfressenen Pelzmütze kam herein, schlug die

Tür zu und stampfte mit den Schuhen auf, um den Schneematsch abzuschütteln; aber ich interessierte ich mehr für die Frau – Oberleutnant Lena Pabst, Luftwaffenstützpunkt Werneuchen, zweiunddreißig, unverheiratet – und die Art, wie sie schrieb, schnell, senkrecht, die Art, wie sie dastand, straff und gerade, völlig selbstsicher.

»Danke, Genosse Hauptmann.«

»Ich habe seit heute morgen nichts mehr gegessen«, sagte ich. »Würden Sie mit mir zu Abend essen?«

Ich glaube, ich hatte den richtigen Ton getroffen: Es war keine Einladung, nur ein Vorschlag. Wir waren nicht so sehr ein Mann und eine Frau, sondern ein Hauptmann der Geheimpolizei und ein Luftwaffenleutnant in einem kommunistischen Staat; falls sie ja sagte, würde sie ihre Rechnung selbst bezahlen, wenn wir gingen.

»Einverstanden. Ich habe Zeit.«

Die beiden anderen waren femininer gewesen, entspannter, und keine von beiden hatte etwas über Moskau gewußt, sich für Politik interessiert. Deshalb war ich bei ihnen nicht sehr weit gegangen. Diese hier jedoch gab mir während des Essens eine intellektuell ziemlich anspruchsvolle Zusammenfassung ihrer Gedanken über die Zukunft Europas.

»Es ist ausgeschlossen, daß Deutschland noch lange geteilt bleibt, wenn man das weltpolitische Denken im Kreml, die unbestreitbare Genialität Gorbatschows in Betracht zieht. Und es ist ausgeschlossen, daß das neue Deutschland das korrupte und burgeoise System des dekadenten Westens übernimmt. Die Richtung, die wir einschlagen werden, ist offensichtlich.«

Wir hatten keinen Wein bestellt. *Ich muß noch fahren. Aber wenn ich in meine Wohnung komme, trinke ich Underberg.* Sie hatte nicht gesagt: *wenn ich nach Hause komme.*

»Waren Sie schon im Westen?«

»Nur für ein paar Tage«, sagte sie, »auf der anderen Seite.«

»Man hat Ihnen die Ausreise genehmigt?«

Sie bewegte rasch den Kopf, um mich anzuschauen. »Eine Gruppe von uns stellte den Antrag für eine Reise zu erzieherischen Zwecken. Er wurde bewilligt. Da gab es nichts Großartiges zu ›genehmigen‹.«

Mir war ein Fehler unterlaufen, und sie hatte es sofort gemerkt; ich dachte wie jemand aus dem Westen und mußte aufpassen, daß ich mich nicht verriet.

»Und wie hat es Ihnen gefallen?«

»Waren Sie schon drüben, Genosse Hauptmann?«

»Ich heiße Kurt, wie Sie wissen. Darf ich Sie Lena nennen?«

»Einverstanden, Sie dürfen mich Lena nennen.«

»Danke. Ja, ich war in Westberlin.«

Sie blickte wieder nach unten. Ihre kräftigen Finger spielten mit einer Brotkruste. »Ich fand es pathetisch. Ich glaube, es ist nicht so wichtig, ob die Leute mit dem Auto an den Bankschalter fahren und ihre Geschäfte abwickeln können, ohne auszusteigen. Es bedeutet mir nichts, zwischen einem Dutzend verschiedener Frühstücksflocken-Marken wählen zu können, die alle fünfzig Prozent Raffinadezucker enthalten. Ich brauche Brot. Brot, einfaches, gutes Essen, und Arbeit für eine bessere Welt. Aber die Unterschiede zwischen Ost und West sind nicht wirklich von Bedeutung. Die Leute kleiden sich ziemlich ähnlich, haben Kinder, gehen ins Kino, fahren Auto. Krieg wird durch Furcht ausgelöst, nicht durch die kleinen Unterschiede im Lebensstil, und solange diese beiden allmächtigen Nationen sich auf diesem Planeten kampfbereit gegenüberstehen, wird es immer Furcht geben. Wir brauchen eine geeinte Welt. Nicht aus Nationen, sondern aus Menschen, Erdbewohnern, die in Harmonie zusammenleben, für die Zukunft arbeiten und sich für das größte Wagnis rüsten, den Schritt hinaus in den Weltraum. Doch um das zu erreichen, ist noch ein letzter Krieg nötig. Mein Luftwaffenstützpunkt, Werneuchen« – sie drehte sich im Stuhl und schaute mich an – »befindet sich an der vordersten Front dieses Krieges, und dieser Gedanke erregt mich mehr, als ich sagen kann. *Ich* befinde mich in der vordersten Linie des letzten Krieges auf Erden. Und wenn er vorüber ist, werde ich immer noch hier sein und den Beginn der neuen Welt erleben. Wenn ich nachts daran denke, ist das für mich wie ein Orgasmus.«

Ihre dunklen Augen wurden plötzlich feucht und leuchteten, ihre Lippen öffneten sich, die Spitzen ihrer scharfen Zähne berührten einander, ihr kleines Gesicht bekam etwas Wildes, Füchsisches, Sinnliches.

»Das kann ich gut verstehen«, sagte ich.

Beim dritten Mal hatte es endlich geklappt: Am Abend zuvor hatte ich einen Fiat und einen VW angerempelt und gleich zweimal in Schweinefleisch mit Sauerkraut herumgestochert, ohne daß es mich weitergebracht hätte, aber die hier entsprach genau meinen Vorstellungen: manisch, besessen und pro-Gorbatschow eingestellt.

»Das hat mich überrascht.« Sie schaute mich immer noch an.

»Was?«

»Daß ich vom Orgasmus gesprochen habe.«

»Wenn Gefühle intensiv genug sind, enden sie immer dort.«

»Sie scheinen mir nicht der Typ Mann zu sein«, sagte sie, »der es so weit kommen läßt, daß seine Bremsen versagen.«

Sie schaute mich immer noch an. Ihr Blick wanderte hinunter zu meinem Mund, dann wieder zu meinen Augen.

»Es könnte bei dieser zwanglosen Unterhaltung bleiben.«

»Muß es aber nicht.«

»Nein.«

Der Mann mit der mottenzerfressenen Pelzmütze hatte uns gegenüber unter den Bildern von Lenin und Honecker gesessen; jetzt ging er. Ich hatte ihn beobachtet, weil er kurz nach uns das Lokal betreten hatte, aber ich war beruhigt; er hatte zu dicht bei uns gesessen, und die Leute hier kannten ihn, er war offensichtlich Stammgast. Außerdem war der Luftwaffenstützpunkt Werneuchen achtzehn Kilometer von Berlin entfernt, und ich hatte auf der Fahrt hierher genug Umwege gemacht, um jeden möglichen Verfolger abzuschütteln. Das war unbedingt nötig. In Berlin würde ich mich wieder offen bewegen, aber hierher war ich gekommen, um Informationen zu beschaffen, und dabei wollte ich nicht gestört werden.

»Ich bin nicht der Typ«, sagte sie, »den Männer gerne zufällig kennenlernen wollen.«

»Die meisten Männer sind konservativ.«

Ihr Blick ruhte immer noch auf mir. Nach einem Moment:

»Ich glaube, wir haben viel gemeinsam. Sie sind sehr diszipliniert. Genau wie ich.«

»Ich nehme die Dinge, wie sie kommen.«

»Da bin ich komplizierter«, sagte sie.

Ich schaute zu dem Jungen mit der Schürze hinüber. »Möchten Sie noch einen Kaffee?«

»Nein. Ich gehe jetzt. Möchten Sie mitkommen?«

»Selbstverständlich.«

Underberg, schwarz, bitter, die deutsche Version von Fernet Branca, in einem Schnapsglas, stark duftend, klebrig,

Licht drang durch die Schlitze einer Jalousie, blaues Licht, das auf schwarzes Leder, schwarze Seide fiel und die Weihrauchschwaden, die aus der schwarz lackierten Schale aufstiegen, milchig wirken ließ. Ein einzelnes goldenes Auge, unter der Augenbraue einer Maske an der Wand befestigt, schaute zu.

»Hier sind sie«, sagte sie. Das blaue Licht ruhte auf ihrer blassen Haut und ihren dunklen, dicken Haaren; im Schatten zeichneten sich die Umrisse langer Muskeln ab.

Metall glitzerte, fein ziseliert, eingekerbt, mit Cloisonné; Ledergeruch erfüllte die Luft, mischte sich mit dem Sandelholzduft und dem Geruch, den ihr Körper ausströmte.

»Wo hast du sie her?«

»Ich sammle sie.«

Das war keine Antwort. Aus der Heizung, deren Thermostat ständig ein- und ausschaltete, strömten Hitzewellen.

»Wie hast du sie durch den Zoll geschafft?«

»Machst du Witze? Sie wurden aus Polen eingeschmuggelt.«

Aus dem Innern des Gebäudes drang schwach die Stimme des Wachtposten. Jemand kam spät zurück.

»Hier, berühr das«, sagte sie. »Fühl es.«

Der Thermostat schaltete ein, schaltete aus. *Nimm die hier, schau, wie kunstvoll sie gearbeitet ist. Hast du je etwas so Phantasievolles gesehen?* Es war keine Wildheit mehr in ihr, jetzt, wo sie mir diesen anderen Aspekt ihrer Besessenheit enthüllte; sie entspannte sich, wurde träge, nachgiebig. Ich war nicht uninteressiert; die Libido ist mit den dringenden Bedürfnissen der Psyche, nicht des Körpers, verknüpft, und in dieser Frau gab es die gleichen dunklen Tiefen wie in mir, den gleichen Drang, in das Verborgene vorzudringen. Hier war nicht die Domäne des Eros, sondern des Thanatos, und was hier geschah, hatte nichts mit der Zeugung von Leben zu tun, sondern mit dem Ausdruck von Todesfurcht.

Während dieser nächtlichen Stunden maskierte und demaskierte sie sich und enthüllte mir eine Nacktheit, die mich zutiefst berührte.

Ich riskiere zuviel, sagte sie wieder und wieder, und das war der innerste Kern ihrer Identität, das dunkle Zentrum, um das sich alles drehte: Sie sprach von der Gefahr, wie sie von der Liebe sprach; und irgendwann vor Tagesanbruch kam mir der Gedanke, daß sie in dieser kurzen Entblößung ihrer Psyche den gleichen pathologischen Neigungen Ausdruck verlieh, die mich in einen Einsatz nach dem anderen getrieben hatten, immer auf der Suche nach jener einen, größten Erfahrung – einem Kuß des Todes.

Sie machte Kaffee, und wir tranken ihn gemeinsam im ersten Tageslicht, das durch die Jalousien fiel. Sie wirkte gesättigt, erschöpft, befreit.

»Ist diese schöne neue Welt, von der du sprichst, nicht bloß eine Fassade?« fragte ich.

»Nein, sie ist mein ganzer Lebenszweck, auch wenn das ein Widerspruch zu sein scheint. Sie ist ein intellektuelles Konzept und hat nichts mit dem zu tun – was darunter vorgeht.«

Also erzählte ich ihr, daß Generalsekretär Gorbatschow sich in großer Gefahr befand und daß sie mithelfen konnte, die Gefahr abzuwenden, indem sie in Werneuchen nachforschte, ob es in den Trainingsflugplänen für die nächsten vier Tage irgendwelche Änderungen gab. Ich gab ihr die Telefonnummer meines Hotelzimmers und sagte ihr, sie solle den Decknamen Renata benutzen.

11 SPIEGEL

Zwölf Uhr mittags: Treffen mit Yasolev.

Ich bin mir nicht völlig sicher, aber ich glaube, zu diesem Zeitpunkt war es kurz davor, *Quickstep* abzubrechen und uns zu sagen, wir sollten aus Berlin verschwinden.

»Wir wollten Informationen.« Er stand breitbeinig da. »Jetzt haben wir Informationen. Wir sollten dementsprechend handeln.« Seine großen, plumpen Hände zerhackten die Luft.

»Es sind keine wirklichen Informationen«, sagte Cone ruhig.

»Wir haben die Bestätigung, daß Gorbatschow die Zielperson ist. Ihre Abteilung hat Sie gewarnt, daß der Luftwaffenstützpunkt Werneuchen mit seinen Bombern eine mögliche Bedrohung darstellt.«

»Das sind nur Mutmaßungen, Viktor, keine exakten Informationen.«

»Auf jeden Fall«, sagte ich, »habe ich jemanden, der in Werneuchen für uns arbeitet.«

»Wen?« Seine Augen unter den gerunzelten Brauen blickten abwehrbereit, ungeduldig. Wahrscheinlich befürchtete er, daß wir die wenigen vorhandenen Spuren aus für ihn undurchsichtigen Gründen herunterspielten. Darauf, Menschen zu vertrauen, hatte man Yasolev nicht trainiert.

»Einen Offizier«, sagte ich, »aus der Verwaltung.«

»Einen britischen Spion?«

Cone senkte den Blick. Ich antwortete nicht. Yasolev neigte den Kopf, beharrte nicht auf einer Antwort. Wenn London und der KGB bei einem einzelnen Einsatz zusammenarbeiteten, hieß das noch lange nicht, daß wir ihnen unsere Agentennetze offenlegten. Auch war ich nicht bereit, ›Renata‹ bloßzustellen.

»Ich kann *zehn* Agenten nach Werneuchen schicken.«

»Das wissen wir.« Cone beugte sich vor, die Hände in den Taschen vergraben, und blickte Yasolev fest an. »Sie können fünfzig hinschicken, aber dann werden die Leute dort sich verschließen wie Krabben, und Sie . . .«

»Er meint, keiner wird den Mund aufmachen«, sagte ich, denn Cones Russisch war ziemlich holperig; er hatte Muscheln gemeint – *molluski,* – und ich wollte jedes Mißverständnis vermeiden. Yasolev war schon aufgebracht genug.

»Genau«, sagte Cone, »und Sie werden nichts aus ihnen herausbekommen.«

Yasolev schwieg eine Zeitlang und vermied es bewußt, uns anzusehen, blickte statt dessen auf die Mauer draußen vor dem Fenster, auf das Teetablett mit seinen noch unbenutzten Tassen, auf den abgewetzten Teppich mit den Zigarettenflekken. Wir hatten uns noch keinen Tee eingeschenkt; wir hatten uns noch nicht einmal hingesetzt; die Spannung hielt uns auf den Beinen wie Marionetten, deren Schnüre sich verheddert haben.

»Sie wissen, welche Verantwortung auf mir lastet.« Diesmal bewegten sich seine Hände nicht; er hatte eine reglose, halsstarrige Haltung eingenommen. »Die Verantwortung für die Sicherheit des Generalsekretärs liegt in meinen Händen. In *meinen* Händen.«

»Wir alle sind der Meinung, daß Gorbatschow jeden Einsatz wert ist«, sagte ich, »sonst wären wir nicht hier. Es steht schließlich nicht nur Ihr Hals auf dem Spiel, sondern noch einige andere Dinge.« Ich benutzte nicht genau diese Worte, aber so ähnlich drückte ich mich aus. Aber daß er sich so sträubte, lag nicht nur daran, daß man ihn an die Wand stellen würde, wenn seinem Generalsekretär etwas zustieß; er war ein KGB-Mann, und wenn der KGB auf Informationen aus ist, schicken sie normalerweise ein ganzes Regiment, stellen das jeweilige Gebäude auf den Kopf und schütteln es kräftig durch.

»Und Sie glauben wirklich, daß ein Agent so viel erreichen kann wie zehn?«

»Sobald in Werneuchen der KGB auftaucht«, sagte Cone, »wird dort keiner mehr den Mund aufmachen, und Horst Volper wird sofort zu einem Alternativplan greifen. Wir müssen sehr behutsam vorgehen.«

»Dann werde ich einen von meinen Agenten hinschicken. *Einen einzigen.*«

»Gut«, sagte Cone leise, »dann packen wir unsere Sachen und fliegen nach Hause.«

Das überraschte mich. Aber uns blieben nicht mal mehr vier

Tage. Yasolev hatte uns hergeholt, damit wir diesen Job auf unsere Art erledigten. Und so, und nicht anders, sollte es bleiben.

»Jetzt gehen Sie aber wirklich *zu weit.*« Er zerhackte wieder Luft, und ich war froh, daß meine Hand nicht im Weg war. »Als wir uns zur Zusammenarbeit bereit erklärten, herrschte gegenseitiges Einvernehmen darüber, daß . . .«

»Viktor.« Cone sprach jetzt so leise wie Shepley. »Wenn Sie sich nicht an die Spielregeln halten, reisen wir ab.«

Yasolev wiegte den Körper hin und her wie ein in die Enge getriebener Bär. Ich bekam plötzlich eine Ahnung davon, wie es war, wenn er die Geduld verlor und den Tod eines Menschen anordnete.

»Sie wollen meinen Standpunkt nicht verstehen.«

»Ich verstehe ihn sehr gut«, sagte Cone. »Und ich möchte, daß Sie den unseren verstehen. Sie haben dafür garantiert, daß sich der KGB nicht in den Einsatz einmischt.«

Wir warteten.

»Aber begreifen Sie denn nicht, wie groß meine Verantwortung ist? Wenn . . .«

»Ihre Verantwortung ist jetzt auch nicht größer als zu dem Zeitpunkt, als Sie mit London Kontakt aufnahmen«, sagte Cone.

»Aber selbstverständlich ist sie jetzt größer. Der Generalsekretär kommt schließlich nach Ostberlin.«

Das stimmte, und es gab nur einen Ausweg. »Glauben Sie denn, daß von Werneuchen eine Gefahr für den Generalsekretär ausgeht?« fragte ich ihn.

»Aber natürlich. Ihre Abteilung in London hat diesen Verdacht doch selbst geäußert. Ist das nicht so?«

»Ja. Also können Sie doch an dem Tag, bevor Gorbatschow in Berlin eintrifft, so viele Leute nach Werneuchen schicken, wie Sie wollen, den Flughafen abriegeln, den Maschinen völliges Startverbot erteilen und alle Piloten festsetzen lassen. Solange sein Flugzeug nicht hier gelandet ist, besteht für den Generalsekretär keine Gefahr, und wir möchten, daß Sie uns bis dahin in Ruhe arbeiten lassen.«

13.15 Uhr: Mittagessen mit Pollock im Steingarten.

»Es ist nur so, daß mich Fußball einfach nicht interessiert?«

»Es geht doch nichts über Cricket, nicht wahr?« Er sagte es mit Leidenschaft. »Im Winter verbringe ich die meiste Zeit damit, mir Cricket-Aufzeichnungen auf Video anzusehen. Wenn Sie sich auch mal etwas davon anschauen möchten, können Sie mich gern anrufen.«

»Ich komme darauf zurück.«

Um 14.15 Uhr würde ich hinaus auf die Straße gehen.

»Aber sogar mit den Videocassetten wird einem die Zeit bis Mai ganz schön lang.«

»Bis Mai?«

»Wenn die Cricket-Saison wieder anfängt.«

»Oh, ja.«

Hinaus auf die Straße, wenn ich genügend Mut aufbrachte.

Er hatte gesagt, daß er nur eine Stunde Zeit hatte, tut mir schrecklich leid. ›Gorbis‹ Besuch hatte alle anderen Aktivitäten in den Hintergrund gedrängt. Deshalb würde ich um 14.15 Uhr hinaus auf die Straße gehen. Und es kam überhaupt nicht in Frage, daß ich mich darum herumdrückte. Sie erwarteten es von mir: Shepley, Cone, Yasolev. Ich selbst erwartete es von mir.

»Ist Ihnen der Appetit vergangen?«

»Ich habe erst ziemlich spät gefrühstückt.«

»Ach so.«

Ich hatte Pollock zum Mittagessen eingeladen, weil ich sicher war, daß Horst Volper ihn permanent beobachten ließ. Soweit ich es hatte feststellen können, war mir vom Hotel bis hierher niemand gefolgt. Und mein Versteck in der Nähe des Spittelmarkts war noch unentdeckt. Pollock bot Volpers Team die Chance, meine Fährte aufzunehmen und zuzuschlagen, deshalb folgten sie ihm mit Sicherheit überallhin, gewiß auch hierher zum Steingarten. Zweifellos warteten sie draußen.

Mir wurde allmählich warm, und das war ganz normal, obwohl das Lokal nur schlecht geheizt war.

»So.« Er schaute auf die Uhr. »*Tempus fugit.*«

Ich zückte meine Brieftasche, aber er legte einen Hundertmarkschein auf die Rechnung. »Sie sind selbstverständlich Gast der Botschaft.« Blitzendes, weißes Lächeln. Dann, mit gesenkter Stimme: »Wir haben hier nicht oft jemanden mit Ihren Referenzen zu Besuch.«

Ich bedankte mich.

»Sind Sie mit dem Service im Hotel zufrieden?«

»Kein Grund zur Klage, nur die Aussicht ist nicht berauschend.«

»Oh, ja, Ihr Zimmer liegt auf der Frontseite, nicht wahr? Der Anblick ist ein bißchen düster, ich weiß. Ich habe mich auch noch nicht recht daran gewöhnt, und dabei bin ich jetzt schon seit drei Jahren hier. Ein ziemlich *unerfreuliches* Bauwerk, nicht wahr?«

»Da bin ich ja beruhigt. Ich dachte schon, ich sei überempfindlich.«

Er stand auf und nahm seinen Mantel vom Haken. »Oh, nein, das geht den meisten Besuchern an die Nieren. Ich habe schon eine Menge in dieses Hotel geschickt, reisende Künstler, Kulturhyänen. Für Cat Baxter habe ich auch dort gebucht.« Er tastete nach dem Mantelärmel. Ich half ihm. »Danke.«

Der Rockstar.

»Wann kommt sie?«

»Morgen.«

»Bringt sie ihre Band mit?«

»Ja. Sie gibt ein großes Konzert. Mein Gott, ich hoffe, daß sie sich gut benimmt – sie ist schlimmer als Vanessa Redgrave, wobei Cats Steckenpferd allerdings die Menschenrechte sind. Soll ich Sie in meinem Taxi mitnehmen?«

»Danke, ich habe es nicht weit.«

Hoffentlich stimmte das. Ich hoffte *sehr*, daß das stimmte.

»Dann geben Sie gut auf sich acht. Und wenn Sie etwas brauchen sollten, wissen Sie ja, wo Ihre Freunde sind.«

»Ja.«

Und wo meine Feinde sind.

Draußen.

In der Nähe der Toiletten entdeckte ich ein Telefon. Cone meldete sich nach dem zweiten Klingeln.

»Ich wollte Ihnen nur eben Bescheid sagen, daß Cat Baxter und ihre Band morgen hier eintreffen. Die Botschaft hat sie in unserem Hotel einquartiert«, sagte ich.

»Sehr schön.«

»Ich schlage vor, daß Sie London informieren. Was macht Yasolev?«

»Keine Ahnung. Er ist drüben in der sowjetischen Botschaft.«

»Glauben Sie, daß er uns die Zusammenarbeit aufkündigt?«

»Ich weiß nicht. Er ist ein harter Bursche, aber sein Job ist auch verdammt hart. Und Thatcher und Reagan . . . gut und schön. Aber Gorbatschow ist dabei, die halbe Welt umzukrempeln, und wir wollen nicht, daß irgend jemand ihn stoppt. Und lassen Sie Yasolev meine Sorge sein. Sind Sie noch mit Pollock zusammen?«

»Er ist gerade eben gegangen.«

»Sie sind im Steingarten?«

»Ja.«

»Was haben Sie jetzt vor?«

Eins, zwei, drei: »Ich werde versuchen, die Aufmerksamkeit der Leute auf mich zu lenken, die mich töten wollen.«

Er antwortete nicht sofort. »Sie werden Unterstützung erhalten.«

Ich will aber keine.

Ich sagte: »Verstanden.«

»Ich möchte, daß Sie mich auf dem laufenden halten.«

»In Ordnung«, sagte ich. Was hätte ich auch sonst sagen sollen? Wenn ich mich bei ihm meldete, ehe der Tag um war, bedeutete das schlicht und einfach, daß ich noch lebte und daß ich Horst Volper aufgespürt hatte. Meldete ich mich nicht, mußte er London signalisieren: *Außenagent ausgefallen.*

Ich warf den Hörer auf die Gabel und ging durch die Eingangshalle. Über der Tür ein großes Poster – *Berlin, Hauptstadt der Deutschen Demokratischen Republik!* – dieser Schriftzug fand sich überall, auf Postern, Büchern, Postkarten, so, als hätten sie ein bißchen Schwierigkeiten, die Leute davon zu überzeugen.

Schwingtüren, eine Frau hinter mir – Danke schön. Bitte schön. – Und ich war draußen auf der Straße.

Plötzlich fühlte ich mich nackt, verwundbar.

Meine Vorgehensweise an diesem Nachmittag war ziemlich

simpel. Ich würde sie auf mich aufmerksam machen, so daß sie die Gelegenheit erhielten, im Freien über mich herzufallen. Volper war das Ziel von *Quickstep*, und da wir nicht wußten, wo wir nach ihm suchen sollten, blieb uns nichts anderes übrig, als seine Leute zu stellen und auszufragen. Bei Skidder hatte das nicht sehr gut funktioniert, aber immerhin wußten wir jetzt, daß anscheinend eine Verbindung nach Werneuchen bestand. Vielleicht klappte es heute nachmittag besser. Aber als ich die Stufen hinabstieg und auf dem Bürgersteig die Dieckmannstraße entlangging, fühlte ich mich sehr verwundbar, weil sie gewußt haben mußten, daß ich mit Pollock im Steingarten gewesen war. Sie hatten Zeit genug gehabt, auf einem Dach gegenüber einen Mann mit einem Jagdgewehr zu postieren, und *jetzt*, in diesem Moment, konnte der Schuß fallen. Die Luft fühlte sich unnatürlich kalt an, und mein Körper schien seltsam leicht zu sein, denn das Nervensystem reagiert immer auf die gleiche Weise, egal, ob man tatsächlich dem Tode nahe ist oder nur glaubt, ihm nahe zu sein: Die Wirklichkeit verändert sich auf subtile Weise, und man fühlt sich seltsam leicht, schwebend.

Dann war es vorbei, und die Nerven beruhigten sich. Ich sah die Straße wieder klar und deutlich und ging in zügigem Tempo weiter, so, als hätte ich etwas Wichtiges zu erledigen, denn ich mußte sie glauben machen, daß ich mir ihrer Gegenwart nicht bewußt war.

Tewson.

Das war einer von Cones Männern, ich kannte ihn, und er ging fünfzig Meter hinter mir auf der anderen Straßenseite.

Sie werden Unterstützung erhalten.

Cone setzte keine Amateure ein. Vermutlich hatte er die Männer gleich nach seiner Ankunft in Berlin persönlich ausgesucht, und einige hatte er vielleicht sogar mitgebracht oder vorausgeschickt. Gestern hatte ich zwei Stunden gebraucht, um einen von ihnen abzuschütteln, ehe ich nach Werneuchen fahren konnte. Heute würde es schneller gehen. Ich hatte Vorkehrungen getroffen, denn diese Straßen waren eindeutig ein roter Sektor, und ich wollte auf keinen Fall, daß einer von Cones Männern mir zu Hilfe kam, wenn ich auf

Tuchfühlung mit Volpers Leuten war und die Antworten bekam, nach denen ich suchte.

Tewson ging nicht so schnell wie ich; er mußte den Abstand zu mir nicht verringern, bevor ich eine Straßenecke erreichte: Weiter vorn waren mit Sicherheit Ersatzmänner postiert, zwei, oder sogar drei, die mich weiterverfolgen würden.

Mehr konnte Cone nicht tun. Wir hatten das alles bereits durchgekaut. Er wußte, daß ich jederzeit versuchen konnte, mich abzusetzen, und er konnte lediglich versuchen, Shepleys Anweisungen auszuführen. Viktor Yasolev trug eine große Verantwortung, aber das traf auch auf Cone zu. Man würde ihn zwar nicht an die Wand stellen, wenn er mich nicht wieder heil nach Hause brachte, aber es würde ihm eine Menge schlafloser Nächte bereiten. Er war einer der wenigen Agentenführer – Ferris war auch so einer, und Bainbridge –, für die es eine Frage des persönlichen Stolzes ist, ihre Außenagenten zu beschützen. Er hatte sie immer wieder heil nach Hause gebracht, sie manchmal aus Situationen herausgeholt, wo andere Agentenführer ihre Männer längst aufgegeben hätten. An diesem Nachmittag versuchte er sicherzustellen, daß ich nie allein war, nie ohne Unterstützung, aber das konnte ich nicht akzeptieren, denn wenn es ernst wurde, wollte ich freie Bahn haben.

Charlottenstraße. Ich bog an der Ecke ab und ging in nördlicher Richtung. Die Luft war feuchtkalt, es roch nach dem Wasser der nahen Spree. Ich fühlte mich jetzt besser; als ich das Lokal verlassen hatte, hatten die Nerven auf die unmittelbar drohende Gefahr reagiert, aber inzwischen war die Gänsehaut wieder verschwunden. Ich ging mit kräftigen Schritten, und der Organismus baute das überschüssige Adrenalin allmählich ab. *Nicht das ganze Adrenalin.* Etwas davon konnte ich jetzt jederzeit ganz plötzlich brauchen.

Tewsons Ablösung befand sich hundert Meter vor mir auf der anderen Straßenseite. Ich entdeckte sein Gesicht zunächst nicht, aber ich wußte, daß er irgendwo dort war. Und dann sah ich ihn: Er benutzte eine gute, bewegliche Deckung – andere Passanten – und kehrte mir die meiste Zeit den Rücken zu.

»Alles klar, Gunter?«

Ich stieg ein, schlug die Tür zu und lehnte mich sofort

zurück. Hinter uns befand sich ein Mercedes SEL, und ich wollte nicht, daß mir etwas entging.

Cones Mann befand sich jetzt an der Ecke Charlottenstraße und Franzstraße. Er hatte gesehen, wie ich in das Taxi eingestiegen war, hatte uns den Rücken zugedreht und sprach in sein Funkgerät. Aber falls Cone keinen Wagen im Einsatz hatte, was bei dieser Art der Beschattung unwahrscheinlich war, konnte er nichts unternehmen.

»Bin ich rechtzeitig gekommen?«

»Ja.« Er wollte ein Lob, daran hätte ich denken sollen; in diesem Geschäft ist es nicht üblich, jemanden zu loben. »Genau rechtzeitig. Bieg erst rechts und dann links ab, und fahr so schnell, wie es hier erlaubt ist.«

»Wie du willst.«

Geben Sie mir den Namen Ihrer Frau und die Adresse ihrer Schwester. Bis Monatsende besorge ich ihr eine Besuchserlaubnis für den Friedhof auf der anderen Seite.

Er wußte, daß ich dafür kein Geld verlangen würde. Ohne irgendwelche Einzelheiten zu nennen, hatte ich mich ihm gegenüber als jemand ausgegeben, der sein Geld damit verdiente, Leute über die Grenze zu schaffen. Seit dem Mauerbau hatte es rege Geschäfte mit Leuten gegeben, die auf die andere Seite wollten. Die Preise waren unterschiedlich. Junge Leute herüberzuschaffen, deren Arbeitskraft für die Deutschen Demokratische Republik wertvoll war, war riskanter und kostete dementsprechend mehr: Um die fünfundzwanzigtausend US-Dollar. Der Preis für Blüms Frau hätte normalerweise ein Viertel davon betragen: Sie war eine Frau und bereits mittleren Alters. Aber er wußte, daß ich kein Geld verlangen würde, denn ich hatte ihm gesagt, er könne ein paar Dinge für mich tun.

»Fahr rüber zu Unter den Linden.«

Er nickte.

Ich wollte zu Unter den Linden, weil wir dort mehr Bewegungsfreiheit hatten. Der Mercedes war uns gefolgt, als wir in der Charlottenstraße losgefahren waren, aber das mußte nichts bedeuten. Ich nahm nicht an, daß es Cones Wagen war, denn als Verfolgungsfahrzeug war er viel zu groß und auffällig, und außerdem zu teuer für das Budget des Bureau. Es konnte Volpers Wagen sein. Vielleicht war er ein paarmal an mir vorbeigefahren, nachdem ich den Steingarten verlassen hatte. Es war unmöglich, daß er Gunter von dessen Wohnung hierher gefolgt war, denn ich hatte dafür gesorgt, daß niemand mein Versteck entdeckte. In dem SEL saßen möglicherweise zwei oder noch mehr Männer. Ihr Ziel war es, mir auf den Fersen zu bleiben, bis sich eine günstige Gelegenheit für meine Ermordung ergab. Sie brauchten damit nicht den ganzen Nachmittag zu warten. Sie konnten damit nicht den ganzen Nachmittag zu warten. Sie konnten jederzeit auf die linke Spur ausscheren, neben uns herfahren und mich mit der Maschinenpistole erledigen. Aber das hielt ich für unwahrscheinlich. Es gibt viel Polizei in den Straßen von Ostberlin, und es war hier so öde und ruhig, daß niemand es wagen würde, soviel Aufmerksamkeit auf sich zu ziehen.

Und außerdem kannte ich jetzt allmählich Horst Volpers Stil. Der erste Versuch, mich zu töten, war sorgfältig vorbereitet gewesen und hatte wie ein Unfall mit Fahrerflucht aussehen sollen. Er würde nicht den Kopf verlieren und einfach blind drauflosschlagen.

»Gunter. Was für ein Wagen ist hinter uns?«

»Ein Trabant.«

»Und dahinter? Bewege deinen Kopf nicht.«

Er zog das Taxi ein kleines Stück nach links und blickte wieder in den Spiegel.

»Ein Mercedes SEL.«

»Bring mich zu einer Telefonzelle.«

Drei Häuserblocks weiter sah er eine, hielt am Bürgersteig an und wartete, während ich ausstieg und den russischen Botschafter anrief.

12 HAI

»Liaison.«

»Was kann ich für Sie tun?«

»Ist Major Yasolev noch in der Botschaft?«

»Ich werde nachsehen.«

Es war erst drei Uhr nachmittags, aber die Konturen der Hausdächer wurden bereits schemenhaft. Die Dunkelheit würde früh hereinbrechen.

»Yasolev.«

»Liaison.«

»Ja?«

»Lassen Sie mich beobachten?«

»Nein.«

Der Mercedes stand ein ganzes Stück vor uns in einer Parklücke; ich konnte gerade eben noch sein hinteres Nummernschild erkennen. In dieser Straße konnte Gunter nicht wenden, und es gab keine Seitenstraße. Sie brauchten nur zu warten, und wenn ich nicht wieder in das Taxi stieg, brauchten sie bloß auszusteigen und mir zu Fuß zu folgen.

»Sind Sie sicher?« fragte ich Yasolev.

»Selbstverständlich bin ich sicher. Ich halte mich an unsere Abmachung.«

»Nicht, daß ich Ihnen mißtraue. Ich wollte mich nur vergewissern.«

»Wo sind Sie?«

»Ich bleibe mit Ihnen in Verbindung«, sagte ich, legte auf und stieg wieder ins Taxi. Ich sah das Spiegelbild eines schwarzen Audi in einem Schaufenster auf der anderen Straßenseite. Er war Unter den Linden hinter uns aufgetaucht, und ich hatte sein Spiegelbild bereits in Schaufenstern an der ersten und dritten Kreuzung gesehen. Ich hielt es für das beste, ihn nicht weiter zu beachten und den Mercedes abzuhängen.

»Gunter, dieser SEL parkt ungefähr siebzig Meter vor uns auf dieser Straßenseite. Wenn du an ihm vorbei bist, drück auf die Tube, fahr nach rechts in die Spandauer Straße und biege dann, so schnell es geht, links ab.« Er ließ den Motor an. »Wenn die

Ampel an der Spandauer Straße rot ist, halt an, aber gib danach ordentlich Gas und tu, was du kannst, um den Mercedes abzuschütteln.«

»Wenn ich zu schnell fahre, wird die Polizei . . .«

»Fahr nur so schnell, wie du es deiner Meinung nach riskieren kannst.«

»Ich könnte meine Taxilizenz verlieren, meine Existenz.«

»Ich überlasse es dir, wieviel du riskieren willst. Versuch einfach nur, den Mercedes abzuhängen.«

Er fuhr los.

Es würde nicht schwierig sein.

Sie würden es ihm erlauben, die anderen abzuhängen.

Horst Volper wußte mehr über mich als ich über ihn. Er wußte, daß ich Erfahrung besaß. Das konnte er an dem Vorfall mit Skidder erkennen. Er wußte, daß London jemanden schicken würde, der darin geschult war, Verfolger zu bemerken und abzuhängen: Sie hatten gesehen, wie ich vor ein paar Minuten Cones Mann losgeworden war. Also mußte ich entweder den SEL oder den Audi abschütteln, denn soviel Einsatzerfahrung erwarteten sie von mir. Der Mercedes folgte uns schon länger und war auffälliger und schwerfälliger als der Audi, also war es besser, ihn abzuschütteln.

Und sie würden es geschehen lassen, weil sie glaubten, daß ich mich dann in Sicherheit wiegen würde. Bestimmt nahmen sie an, daß ich den Audi noch nicht bemerkt hatte.

»Ja«, sagte Gunter, »es ist nur . . .«

»Schon gut. Wenn du an dem Mercedes vorbeifährst, dreh den Kopf und schau ihn dir gut an, und dann drück auf die Tube.«

Aber die Ampel an der Spandauer Straße stand auf Rot. Wir mußten warten, bis sie umschaltete, und in dem Moment, als sie auf Grün sprang, brauste er mit quietschenden Reifen los und bog einmal links und zweimal rechts ab. Ich sagte ihm, er solle sich nicht aufregen und wieder langsam fahren: Wir hatten den Mercedes abgehängt.

Der Audi war noch hinter uns.

»Setz mich vor der U-Bahn-Haltestelle am Alexanderplatz ab. Hast du schon zu Mittag gegessen?«

»Ich esse immer im Wagen.«

»Du hast deine Sache gut gemacht.«

Ich stieg aus und ging zum Eingang der U-Bahn. Vorher schaute ich mich um, ließ es aber wie eine routinemäßige Vorsichtsmaßnahme aussehen, so, als ob ich jetzt, wo ich den Mercedes abgehängt hatte, mit keinen Verfolgern mehr rechnete.

Zwei Männer stiegen aus dem Audi, aber ich beobachtete sie nur aus den Augenwinkeln, so daß sie nicht merkten, daß ich sie gesehen hatte; dann ging ich die Stufen hinunter.

Angst, vermutlich.

Ich meine, die Nerven sind wohl Schuld, daß du hinunter in die U-Bahnstation gehst.

Schon gut, zugegeben, ich bin nun mal kein Held.

In den U-Bahnen Europas ist man vor Mordanschlägen im allgemeinen sicher, weil die Haltestellen ziemlich eng sind und wenig Fluchtmöglichkeiten bieten. Der Mord selbst ist dort unten nicht weiter schwierig – ich habe selbst zweimal in einer U-Bahnstation getötet, aber nur, weil ich keine andere Wahl hatte –, aber wenn es nicht lautlos geschieht oder irgend etwas schiefgeht, riskiert man, daß einem der Fluchtweg abgeschnitten wird. Ich hatte in beiden Fällen die Hände benutzt und völlig geräuschlos gearbeitet.

Die U-Bahn in Ostberlin ist sicherer als die meisten anderen in Europa; so sicher wie die in Moskau. Ich rechnete nicht damit, daß sie mich hier am Alexanderplatz angreifen würden; ich wollte mich nur vergewissern, daß sie mir noch auf den Fersen waren, und mit der eigentlichen Arbeit dieses Nachmittags beginnen. Sie bestand darin, den Anschein zu erwecken, daß ich eine Verabredung hatte, daß ich gemerkt hatte, daß die Verfolger noch hinter mir her waren, und erst zu der Verabredung gehen konnte, wenn ich sie abgeschüttelt hatte.

Das hieß, daß ich in gewissen Abständen telefonieren mußte, damit es so aussah, als ob ich meiner Kontaktperson immer wieder einen neuen Treffpunkt und eine neue Uhrzeit durchgab, weil ich verfolgt wurde. Das ganze Verfahren, wie ein

Agent die Gegenseite dazu ermuntert, ihn anzugreifen, um einen von ihren Leuten zu fassen und zu verhören, findet sich in den Lehrbüchern in Norfolk, aber ich kenne niemanden, der es schon einmal erfolgreich praktiziert hat; das Risiko ist extrem hoch, und ein Agentenführer würde von seinem Agenten niemals verlangen, so etwas zu tun, denn das hätte in etwa der Aufforderung entsprochen, mit einem Revolver mit fünf Patronen in der Kammer russisches Roulette zu spielen.

Ich trank in einem schäbigen Café einen Tee und stand Todesängste aus.

Ich war mit der U-Bahn bis zur Schillingstraße gefahren, und hier war ich nun, und dort waren sie. Einer von ihnen saß an einem Tisch drüben bei der Tür, der andere in einer Ecke, die so weit wie möglich von der Tür entfernt war, so daß ich nie beide gleichzeitig beobachten konnte. Das ist eine sehr effektive Methode, wenn man einen Menschen aus der Nähe beschattet.

Todesängste stand ich aus, weil ich zu dieser Vorgehensweise *gezwungen* war und es nur widerstrebend tat, was immer äußerst schlecht für die Nerven ist. Ich wußte, daß Shepley das Bureau auf Hochtouren arbeiten ließ, um Horst Volper zu lokalisieren, und daß Yasolev und seine Abteilung sich ebenso bemühten. Jederzeit konnten sie eine Spur für mich entdecken, die es mir erlaubte, meine exponierte Stellung aufzugeben und einen anderen Weg zu gehen. Aber noch hatten sie nichts gefunden, und so blieb mir nichts anderes übrig, als hier in diesem verdammten Café zu sitzen und darauf zu hoffen, daß diese beiden mich angriffen, so daß ich einen von ihnen oder alle beide festnageln und verhören konnte. Gleichzeitig hoffte ich aber auch, daß sie mich *nicht* angriffen, denn die Sache konnte durchaus auch zu ihren Gunsten ausgehen. Und dann spazierten sie in ein paar Minuten oder vielleicht in einer Stunde hinaus auf die Straße, während ich in einem Abstellraum oder auf der Toilette lag, mit dem Kopf auf der Brust und Augen, die ins Leere starrten, während das Blut . . . ach, *verdammt* noch mal, das ist eben dein Job, und du hast dir dieses Spiel selbst ausgesucht, also jammere jetzt nicht.

Ich holte mir ein Teilchen.

Ich holte mir vorne an der schmierigen Marmortheke ein

Teilchen und bezahlte bei einer gewaltigen Frau mit einem Gesicht wie ein Po, deren Augen bereits eine verlorene Zukunft betrauerten. Ich setzte mich wieder und kaute an dem Ding herum, obwohl ich nicht hungrig war. Ich mußte noch fünfzehn Minuten hier drin bleiben, und so hatte ich wenigstens etwas zu tun. Und außerdem hatte ich mir den Kerl bei der Tür etwas genauer ansehen können, in dem Spiegel hinter der Theke. Das würde sich später vielleicht bezahlt machen, denn wenn dieser Mann – *falls ich hier überhaupt heil herauskam* – im Menschengewühl plötzlich auf mich zukam, würde ich ihn wiedererkennen. Das gab mir die Chance, rechtzeitig auszuweichen, wenn er auf mich schoß.

Aber reden wir nicht vom Schießen. Es stimmt – ich habe mir bei der Einsatzvorbereitung noch nie eine Pistole geben lassen, weil diese Dinger gefährlich sind: Das ist nicht bloß eine persönliche Marotte. Wenn man eine Pistole trägt, kann das die Leute nervös machen, und dann sind sie auf der Hut und fangen an herumzuballern, ehe man vernünftige Arbeit leisten kann. Wenn sie aber wissen, daß man selbst unbewaffnet und deshalb in ihren Augen harmlos ist, dann kommen sie ziemlich dicht an einen heran, und man kann sie sich mit den Händen vornehmen. Das richtet viel mehr Schaden an als ein bißchen heißes Blei, weil man sich die richtigen Stellen aussuchen, die richtigen Nervenstränge bearbeiten kann, Lähmungen oder Schmerz hervorrufen kann, jenen intensiven Schmerz, der die Leute zur Vernunft bringt und ihnen brauchbare Antworten entlockt.

Aber das ist wie mit Sicherheitsgurten: In achtzig Prozent der Fälle sind sie effektiv, aber bei zwanzig Prozent nutzen sie einem überhaupt nichts. Möglicherweise zog einer von den beiden irgend so ein Schießeisen und pustete mich von meinem Stuhl. Es ist ein kalkuliertes Risiko, und das ist in diesem Job unvermeidlich.

Als sie vorhin hereinkamen, war der, der jetzt in der Ecke saß, zum Telefon gegangen, und deshalb rührten sie sich jetzt nicht vom Fleck. Zwei Alternativen standen auf dem Programm: Entweder hatte er die Anweisung erhalten, hier zu warten, bis ich ging, und mich dann weiter zu verfolgen, oder er hatte einen dritten Mann auf dem schnellsten Weg hierher beordert, weil sie mich in der Falle hatten und für den Mord bereit waren.

Das Teilchen schmeckte ziemlich scheußlich. Wir waren hier in Ostberlin, und da gab es keine köstlichen Mille-Feuilles und Rumtörtchen, nur diese vertrockneten Dreckklumpen.

Um 15.16 Uhr schaute ich zum ersten Mal auf die Uhr. Ich stand nicht unter Zeitdruck; es war nur so, daß sich hier drin nicht viel unternehmen ließ. Die Situation war viel zu statisch: Die günstigste Gelegenheit, um mir einen von ihnen zu schnappen, ergab sich, wenn plötzlich eine Situation entstand, in der alles sehr schnell ging. Dann konnte ich mein Reaktionsvermögen und meine Reflexe voll ausspielen und den Gegner überwältigen, denn so etwas kann nur gelingen, wenn der eigene Körper auf Hochtouren läuft und mit Adrenalin vollgepumpt ist.

Um 15.27 Uhr stand ich auf, ging zum Telefon und wählte irgendeine beliebige Nummer. Meine beiden Schatten hatten keine Verstärkung erhalten: Die einzigen Leute, die in den letzten elf Minuten das Café betreten hatten, waren ein einarmiger Mann und zwei Frauen.

Das Freizeichen. Fünf, sechs, sieben. Niemand zu Hause.

»Ich kann zu der verabredeten Zeit nicht kommen.«

Ich wartete einen Moment.

»Ich weiß, Heinrich. Tut mir leid. Ich rufe dich so bald wie möglich an.«

Ich legte auf, sagte der großen, dicken Frau auf Wiedersehen und verließ das Café. Ohne zu zögern, wandte ich mich nach links. Als ich eine halbe Meile gegangen war, hielt ein Bus an einer Haltestelle. Ein paar Leute stiegen aus, und der Bus fuhr wieder an. Ich ging weiter, bis sich der hintere Einstieg des Busses genau auf meiner Höhe befand, dann rannte ich los und schaffte es gerade eben noch aufzuspringen.

»Das ist verboten!«

Es ruckte ziemlich unsanft, als der Busfahrer hochschaltete.

»Ich könnte Sie verhaften lassen!«

Er mißbrauchte sein bißchen Autorität. Dabei besaßen diese

Leute überhaupt keine *wirkliche* Autorität, die lag bei ihren sowjetischen Besatzern.

»Haben Sie ein Herz, Genosse. Meine Frau ist krank, und ich muß rasch nach Hause.«

Aber Sie hätten überfahren werden können, Mann, dann wären Sie überhaupt nicht nach Hause gekommen, und so weiter, große Uniformmütze, selbstgerechte Wut im Gesicht.

Ich bezahlte den Fahrpreis, setzte mich ans Fenster und sah den viertürigen 230er etwa fünfzig Meter hinter dem Bus. Er hatte in der Nähe des Cafés gewartet, und entweder waren sie rasch eingestiegen, oder mir folgten andere Männer; das spielte keine Rolle: Volper hatte zweifellos ein Dutzend Leute im Einsatz.

»Ist es die Grippe?«

»Bitte?«

»Bei Ihrer Frau.«

»Ja.«

»Sie grassiert im Moment.«

»Das ist wahr.«

Es gab eine Chance, daß sie mich in die Enge treiben und mitnehmen wollten, statt mich zu töten. Keine große Chance, aber ich mußte sie in Erwägung ziehen. Ich kam aus London und arbeitete mit Cone und Yasolev zusammen, so daß Volper vielleicht entschied, daß es sich lohnte, mich zuerst gefangenzunehmen und zu verhören, ehe er mich beseitigen ließ. Doch ich machte mir deswegen nicht allzuviele Gedanken; sie würden kein leichtes Spiel mit mir haben. Und wenn es ihnen doch gelang, hatte ich immer noch die Kapsel, und ich würde sie ohne zu zögern schlucken, denn in meinen Kopf befanden sich genug Informationen, um das ganze Bureau hochgehen zu lassen.

Am Strausbergerplatz stieg ich aus. Ich ging in Richtung Blumenstraße, und *sie kamen plötzlich ganz dicht heran*. Ich spürte den Luftzug und prallte von der Seitenfläche des vorderen Kotflügels ab und wurde herumgewirbelt. Die Reifen quietschten, und jemand hielt mich fest, als ich umkippte. Die Hausdächer drehten sich vor meinen Augen, und da war der Gestank der Auspuffgase und die entsetzliche Furcht, daß sie anhalten und aussteigen würden, um mich endgültig zu erledigen, jetzt, wo ich aus dem Gleichgewicht und unvorbereitet war.

»Ist alles in Ordnung?«

Ich sagte ja und versuchte, die Orientierung wiederzugewinnen und mich vorzubereiten, falls sie anhielten und mich angriffen.

»Der Fahrer war bestimmt betrunken!«

Besorgte Blicke ruhten auf mir. Hände hielten mich fest, damit ich nicht hinfiel.

»Ja. Bestimmt.«

»Haben Sie sich verletzt?«

»Nein. Ich . . .«

»Sie haben Glück gehabt.«

»Ja. Es geht schon wieder. Vielen Dank. Sehr freundlich von Ihnen.«

»Möchten Sie sich einen Moment hinsetzen?«

»Nein. Nein, danke.«

Auf einer tieferen Ebene meines Bewußtseins, unterhalb des höflichen Wortwechsels, breitete sich Entsetzen in mir aus. Es war verflucht knapp gewesen, und ich hatte in der Tat Glück gehabt. Nur ein paar Zentimeter weiter rechts, dann hätte ich mit zerschmettertem Rückgrat auf dem Bürgersteig gelegen, *fini.* Bei einem tragischen Verkehrsunfall mit Fahrerflucht kam ein Passant ums Leben, die Polizei fahndet nach einer schwarzen Mercedes-Limousine, und so weiter, ein Funkspruch nach London: *Außenagent ausgefallen.*

»So, ich muß leider weiter.«

»Bitte? Ja. Ja, noch einmal vielen Dank.«

Das lähmende Entsetzen steigt in dir hoch, egal, wie sehr du dir darüber im klaren bist, daß du den Angriff selbst *auf dich gezogen* hast, egal, wie genau du dich an die Regeln hältst. Durch den Schock eines solchen beinahe tödlichen Angriffs wird die Psyche daran erinnert, daß sie unmittelbar vom Tod bedroht ist, daß ihre mögliche Auslöschung billigend in Kauf genommen ist, das hat etwas schrecklich Persönliches, Intimes, und es erschüttert die Persönlichkeit bis in ihre geheimsten Winkel und kann sich verheerend auswirken. Dieses Gefühl ist die Ursache, wenn ein Mann langsam sprechend und mit verschlossenem Gesicht von einem Einsatz zurückkehrt und im Beisein seines Einsatzleiters dieses ganz bestimmte Formular unterschreibt: *Hiermit beantrage ich, nicht mehr im Außendienst eingesetzt zu werden.*

Ich ging weiter, stieß mit jemandem zusammen – Verzeihung –, und als ich um 16.15 Uhr an der Warteschlange an einer Bushaltestelle vorbeikam, hatte ich mein Gleichgewicht wiedergefunden. Es wurde jetzt dunkel, und die Dächer der Gebäude waren in einem Dunstschleier verschwunden.

Es war, wie wenn ein Hai angreift.

Es waren jetzt mehr Menschen auf den Straßen, an dem Ampeln staute sich der Verkehr. Noch eine Stunde, dann endete für die Menschen der Arbeitstag.

Es war wie ein Hai.

Ja, wie ein Hai, und jetzt sei endlich still. Der Arbeitstag endete, und die Kerle konnten sich ihre Mäntel anziehen und sich in die Schlangen an den Bussen, Straßenbahnen und Zügen einreihen und nach Hause fahren.

Wie ein Hai, der mit aufgerissenem Maul vorbeisaust.

Oh, verdammt noch mal, wirst du jetzt endlich Ruhe geben. Es ist vorbei und wir leben noch. Es ist schließlich nicht das erste Mal, daß es dich beinahe erwischt hätte. Mit dampfenden Atem stapften die Leute an der Bushaltestelle mit den Füßen auf, wollten nach Hause, nach Hause, freuten sich auf eine gute Portion Kartoffeln mit Sauerkraut, auf einen gemütlichen Abend, oder vielleicht ging man ja noch ins Kino?

16.20 Uhr, ein Mann bewegte sich zwischen all diesen Menschen, der nicht dazugehörte, sondern isoliert war, ein Ausgestoßener, einer, der in einer geheimen Mission unterwegs war. Unterdessen wendete der Mercedes an der Andreasstraße und fuhr zum zweiten Mal vorbei, und der Mann mit dem Schal und dem schwarzen Wollmantel auf der anderen Straßenseite hielt sich immer im gleichen Abstand.

Ich würde wirklich gern ins Kino gehen, liebend gern.

Ich ging jetzt ein bißchen schneller; die Rolle, die ich spielte, verlangte es: Ich hatte noch immer so zu tun, als müßte ich eine

Verabredung einhalten und vorher meine Verfolger abschütteln.

Ich wartete zehn Minuten auf einen Bus, stieg ein und sah, daß der Mercedes drei Wagen hinter uns fuhr. Und der Lancia parkte mit laufendem Motor neben dem U-Bahnhof: Ich sah den Auspuffqualm.

Eines wenigstens wußte ich jetzt: Sie würden nicht versuchen, mich zu kidnappen und zu verhören. Sie waren darauf aus, mich zu töten, egal wie – entweder aus nächster Nähe, oder mit dem Auto, oder indem sie mich in einen sorgfältig vorbereiteten Hinterhalt lockten. Daß sie vorhin so blitzartig angegriffen hatten wie ein Hai, war nur ein impulsiver Versuch gewesen, aber es zeigte, was sie im Schilde führten: Tod am Nachmittag.

Um 16.38 Uhr stieg ich am Ostbahnhof in einen Zug und fuhr bis Ostkreuz. Einer der Männer, die im Café gesessen hatten, stieg kurz nach mir ein und setzte sich mit dem Rücken zu mir ans andere Ende des Abteils. Er betrachtete ein Plakat hinter einer Glasscheibe, die einen praktischen Spiegel abgab. Vom Ostkreuz ging ich in südlicher Richtung über den Markgrafendamm. Der Mann folgte mir, und aus einer Seitenstraße tauchte ein BMW auf: Die Leute zu Fuß gaben zweifellos über Funk ständig meinen Aufenthaltsort durch, aber der Mercedes und der Lancia hatten es in der kurzen Zeit nicht bis hierher schaffen können – sie mußten ja erst abwarten, bis sie über Funk erfuhren, an welcher Haltestelle ich ausstieg. Der BMW war offensichtlich irgendwo in der Nähe postiert gewesen; er hatte sich zweimal in den Verkehr eingefädelt und war zweimal stehengeblieben, um einen sicheren Abstand zu mir zu halten.

An der Stralauer Allee ging ich in ein Café, um zu telefonieren. Beschlagene Scheiben, Zigarettengestank, schmierige Plastiktische voller Krümel, zwei Taxiführer, die Kaffee tranken und Sandwiches aus dem Automaten aßen, ein einzelner Mann in der Ecke, der sich auffallend gleichgültig benahm, möglicherweise einer von meinen Beschattern. Dann kam ein Mann herein, der mich ganz sicher beschattete: der aus dem Zug.

»Hallo?«

»Ich habe sie noch immer nicht abschütteln können.«
»Bitte? Hier ist Frau Hauffmann.«
»Aber sobald es mir gelungen ist, rufe ich Sie an.«
»Bitte, wer ist denn da?«
»Bleiben Sie in der Nähe des Telefons; ich rufe Sie bald wieder an.«

Sie haben sich wohl verwählt, und so weiter; keiner von den beiden rührte sich, als ich das Café verließ und in Richtung der Elsenstraße und der Brücke ging.

Das Gefühl des Entsetzens hielt sich hartnäckig und zerrte an meinen Nerven. Die Prellung an der Hüfte erinnerte mich unablässig daran, daß sie mich fast erwischt hatten und daß sie es schon bald wieder versuchen würden.

Auf der Brücke herrschte nur wenig Verkehr. Fußgänger waren keine zu sehen; es war zu kalt. Im schwarzen Wasser unter der Brüstung spiegelten sich die Lichter der Stadt, und hier über dem Fluß war die Luft eisig kalt. Ich beabsichtigte, bis zur Puschkin-Allee zu gehen, mich dann plötzlich umzudrehen und zurückzurennen, sehr schnell zu rennen, um so vielleicht einen meiner Verfolger zu erwischen; aber sie wurden jetzt ungeduldig; drei von ihnen warteten am anderen Ende der Brücke auf mich, und als ich mich umdrehte, waren hinter mir auch noch zwei, und ich sah, wie der BMW heranbrauste. Ich spürte einen Adrenalinstoß und den bitteren Geschmack der Furcht im Mund, denn ich befand mich jetzt mitten auf der Brücke, und sie ließen ihre Falle zuschnappen.

13 TASCHENDIEB

Der Geruch von verbranntem Fleisch klebte an meiner Jacke.

»Lassen Sie mich immer noch beobachten?«

Noch mehr Streifenwagen fuhren jetzt auf die Brücke; ich konnte sie von hier aus nicht sehen, aber ich hörte ihre Sirenen.

»Ich habe Sie beobachten lassen.«

Cone.

Auf der Wand des Gebäudes gegenüber sah man immer noch den roten Lichtschein des Feuers.

»Ist denn *jetzt* jemand von Ihren Leuten hier in meiner Nähe?« Ich war wütend.

»Das kann ich nicht sagen.«

Der Bastard *wollte* es mir nicht sagen.

Draußen vor dem Wohnblock standen die Leute und starrten hinüber zur Brücke; das Licht der Flammen flackerte auf ihren Gesichtern.

»Hören Sie, ich will eine Antwort.«

»Ich kann Ihnen keine Antwort geben.«

Cone ließ sich nicht erweichen. Aber so sind sie nun einmal, diese Agentenführer, denn zum Teil besteht ihre Arbeit darin, ihre Agenten im Griff zu behalten, wenn Probleme auftauchen.

»Warum nicht?«

»Einen von meinen Männern haben Sie abgehängt«, sagte er leise, »aber es ist möglich, daß noch ein paar in Ihrer Nähe sind. Das weiß ich erst, wenn sich einer von ihnen bei mir meldet. Was ist passiert?«

»Einer von Volpers Leuten wurde entführt.«

»Einer von *seinen* Leuten?«

»Ja.«

Nach einem Moment: »Wie nah waren Sie da gerade?«

»Ich war mitten auf der Elsenbrücke, und sie schnappten sich ihn am anderen Ende der Brücke.«

»Mit dem Wagen?«

»Ja.«

»War es ein Polizeiwagen?«

»Möglich. Aber dann muß es eine Zivilstreife gewesen sein.«

Ich hatte es nur von weitem gesehen. Der Wagen hatte den BMW überholt, bei den drei Männern gestoppt, und als er wieder anfuhr, waren es plötzlich nur noch zwei. Der BMW nahm mit quietschenden Reifen die Verfolgung auf, doch der andere Wagen vollführte ein rasantes Wendemanöver und rammte den BMW, der sich daraufhin überschlug und in Flammen aufging.

»Was ist noch passiert?«

Ich erzählte es ihm.

»Glauben Sie, daß Volpers Leute Sie angreifen wollten?«

»Kann schon sein.«

»Warum beklagen Sie sich dann?«

»Oh, um Himmels willen, Sie wissen doch, was ich vorhabe, und wie es funktioniert. Wenn . . .«

»Ich habe jedenfalls keinen Wagen im Einsatz«, sagte er.

»Dann muß es Yasolev gewesen sein.«

»Nicht notwendigerweise.«

»Wer dann?«

Der Lichtschein des Feuers war erloschen, und die Menschen gingen in ihre Wohnungen zurück. Aber der gräßliche, Übelkeit erregende Geruch hing noch an meinem Mantel. Ich war auf der anderen Seite der Brücke an dem brennenden BMW vorbeigegangen, und dicke, stinkende Rauchschwaden hatten in der Luft gehangen, während die Feuerwehr dort an der Arbeit war. Einer von Volpers Männern war in dem Wagen eingeklemmt gewesen.

»Das weiß ich nicht«, hörte ich Cone sagen, »aber es gibt schließlich eine Menge Leute, die an der Sache interessiert sind, nicht wahr? Der KGB, die HUA, und wer weiß welche Feinde Horst Volper sonst noch hat, die uns möglicherweise in die Quere kommen.«

Es hörte sich an, als versuchte er, Spuren zu verwischen und mich vom Thema abzulenken. Ich kannte Cone nicht besonders gut, aber genau so hörte es sich an.

»Hören Sie, ich will, daß Sie mit Yasolev sprechen. Ich habe nicht die Zeit, um selbst mit ihm zu reden. Drei von Volpers Männern sind noch immer hinter mir her, und ich werde es weiter versuchen.«

Einer von ihnen versteckte sich drüben an der Kreuzung hinter einem parkenden Lieferwagen; zwei standen in der anderen Richtung auf der Puschkin-Allee, auf jeder Straßenseite einer.

»Was soll ich ihm sagen?«

»Die Sache ist die: Yasolev hat mich vielleicht als Köder benutzt, um diese Leute anzulocken und sich einen von ihnen zu schnappen. Möglicherweise ist genau das eben auf der Brücke geschehen. Der Mann, den sie entführt haben, sitzt jetzt vielleicht irgendwo in einem Verhörzimmer und wird in die Mangel genommen. Falls Yasolev tatsächlich dahintersteckt, sagen Sie ihm, daß er mir damit in die Quere kommt und gegen unsere Abmachung verstößt. Sagen Sie ihm, daß wir nur so lange hierbleiben, wie er sein Wort hält, und keinen Augenblick länger.«

Ein Krankenwagen kam von der Brücke und bog auf der Kreuzung nach Süden ab. Er hatte sein Blaulicht nicht eingeschaltet; höchstwahrscheinlich lag nur die Leiche des verbrannten Fahrers darin. Ich wußte nicht, wer es gewesen war, möglicherweise einer von denen, die mich vorher zu Fuß verfolgt hatten, oder einer von den beiden aus dem Café. Das Leben war kurz an diesem Nachmittag, und die Arbeit war noch nicht beendet.

»Wäre diese Idee denn so schlecht?« sagte Cone.

»Die Idee, mich als Köder zu benutzen?«

»Ja.«

»Wenn Yasolev lediglich einen Köder will, kann er auch einen von seinen Leuten nehmen, oder gleich ein halbes Dutzend, falls ein paar von ihnen dabei draufgehen.«

»Aber das würden sie nicht. Diese Leute hätten nicht Ihren Status. Volper befürchtet, daß Sie sein Unternehmen vereiteln wollen, also will er zuallererst Sie ausschalten – das ist doch klar. Sie sind also der einzige Köder, der so interessant für ihn ist, daß er seine Leute darauf ansetzt.«

»Dann bin ich also nichts weiter als ein Wurm am Angelhaken?«

»Das verletzt Ihren Stolz, was?«

Dieser *verdammte* Halunke.

»Ich bin der Meinung«, sagte ich, »daß ich zu mehr gut bin.« Aber es klang nicht sehr überzeugt, denn er hatte recht: Mein beruflicher Stolz wurde hier zu einem Hindernis.

»Betrachten Sie es doch einmal von der Seite«, sagte Cone leise, »aus diesem Skidder haben Sie nicht viel herausbekommen. Yasolev ist wahrscheinlich der Meinung, daß jemand von seinen Leuten mehr erreicht hätte. Heute haben Sie die Chance, einen von Volpers Leuten zu erwischen und in die Mangel zu nehmen. Aber auch Yasolev hat diese Chance, wenn er Sie als Köder benutzt und schneller ist als Sie. Und Sie sind doch gewiß der Meinung, daß der KGB weiß, wie man Leute verhört.«

Kalt. Mein Gott, war es hier an diesem verdammten Telefon kalt. Ein eisiger Wind wehte vom zufrierenden Fluß herauf. Aber das war nicht das Schlimmste, das Schlimmste war die eisige Furcht, die mir in den Knochen saß. Nein, eigentlich war es keine Furcht, sondern – Abscheu, ein Gefühl, das nicht aus dem Hirnstamm kam, sondern aus dem Neocortex, das philosophisch und intellektuell war; es war ein großer Unterschied, ob ich mich selbst freiwillig in Todesgefahr brachte, oder ob Yasolev aus irgendwelchen Nützlichkeitserwägungen heraus mein Leben kaltblütig aufs Spiel setzte.

»Sie haben nicht unrecht«, sagte ich, »aber wenn Yasolev so vorgeht, hätte er mir das von vornherein mitteilen und mich um mein Einverständnis bitten sollen, anstatt gegen unsere Abmachung zu verstoßen. Sagen Sie ihm das. Sagen Sie ihm, daß mein Leben auf dem Spiel steht, nicht seines. Und sagen Sie ihm, daß er sich für *Quickstep* jemand anderen suchen soll, falls er mich nur als Schachfigur benutzen will – wenn er jemand anderen findet.«

Für eine Weile herrschte Schweigen, und ich hörte lediglich das Hintergrundrauschen in der Leitung. Mein Beobachter auf der anderen Seite der Kreuzung war jetzt nicht mehr allein.

»Gut, ich habe verstanden«, sagte Cone schließlich. »Aber verraten Sie mir bitte noch, was Sie jetzt zu tun gedenken?«

»Weitermachen. Die Kerle sind in meiner Nähe, und ich habe immer noch die Chance, mir einen von ihnen zu schnappen.«

»Melden Sie sich wieder«, sagte er und legte auf.

Es war bereits nach 22 Uhr, als sie es wieder versuchten.

Zuvor war ich hungrig gewesen und hatte in einem Lokal im Baumschulenweg, weiter unten am Fluß, eine Kartoffelsuppe gegessen. Zuvor war ich frierend und voller Angst in eine Bibliothek gegangen, um mich aufzuwärmen und eine Atmosphäre der Normalität zu erleben, mit normalen Leuten, die dort saßen und in Büchern und Zeitschriften lasen, statt draußen auf der Straße frierend und voller Angst von Schatten zu Schatten zu laufen.

Um 22 Uhr war ich vom Treptower Park nach Königsheide gegangen und von dort wieder nach Norden zum Baumschulenweg. Dort hatte ich zwanzig Minuten in einer U-Bahnstation gewartet, auf die Uhr geschaut und den Anschein erweckt, als wartete ich verzweifelt darauf, endlich zu meiner Verabredung zu gehen. Ich spielte meine Rolle und machte drei Telefonanrufe, wobei ich jedesmal genau meinen Text sprach, weil ein gut ausgebildeter Beschatter gelernt hat, von den Lippen abzulesen.

Ich habe sie noch immer nicht abgeschüttelt, und so weiter, *ich melde mich, sobald ich sie los bin.*

Und jetzt stand ich in einer Menschenmenge draußen vor einem Bowlingcenter, wärmte mich in der Gesellschaft der Leute und hoffte, daß mir einer von Volpers Männern nahe genug kam, damit ich mir von ihm beschaffen konnte, was ich unbedingt brauchte: Informationen.

»Ich weiß nicht«, sagte ich. »Ich glaube, da drin ist Platz genug für fünfzig Leute, aber es fehlen ihnen wohl die Kugeln.«

»Na, das überrascht mich nicht. Hier fehlt immer irgend etwas.« Ein Mann mit einer an der Schulter durchgescheuerten Lederjacke, der die Hände in den Hosentaschen vergraben hatte, um sie warm zu halten.

»Wenn sie uns schon nicht reinlassen, sollten sie uns wenigstens sagen, wie lange wir noch warten müssen.« Ein dünnes Mädchen mit roter Schnupfennase, das sich in den Armen ihres Freundes wärmte.

Der nächste Bus hielt, Leute stiegen aus; einige gesellten sich zu uns, hauchten sich in die Hände und liefen auf dem kalten Bürgersteig auf und ab.

»Die lassen einen nicht rein?«

»Sie haben gesagt, daß sie nicht genug Geräte haben.«

»Warum machen sie dann nicht . . .«

Mehr hörte ich nicht, weil plötzlich jemand dicht an mich herantrat. Meine Hand sauste auf sein Handgelenk herab, aber das Messer war bereits in mich eingedrungen, und ich spürte, wie unter meiner Kleidung warmes Blut herabrann. Der Schmerz war nur minimal, weil der Schock bewirkte, daß an der Wunde Endophine ausgeschüttet wurden.

Ich hatte hier in der Menge nicht mit einer Messerattacke gerechnet, weil ein Angreifer dann kaum eine Chance zur Flucht besitzt, aber er hatte es trotzdem versucht, und wir waren noch immer dicht beieinander – der Schmerz in seinem zertrümmerten Handgelenk hatte ihn in die Knie gehen lassen, und das Messer lag auf dem Boden. Er richtete sich auf und wollte mich angreifen, doch ich war darauf vorbereitet und verpaßte ihm einen Hieb gegen die Halsschlagader, die ihm wieder die Knie wegsacken ließ. Ich löste mich aus der Menge und ging weiter, weil ich keine Chance hatte, ihn wegzuschaffen und zu verhören – die anderen waren gewiß ganz in der Nähe.

»Was ist denn . . .«

»Ein Taschendieb – er ist ein . . .«

»Hat er einen Herzanfall?«

»Er hat versucht, mich zu bestehlen!«

»Ich glaube, ihm ist nicht gut . . .«

»Ich rufe einen Krankenwagen . . .«

»Da liegt ein Messer . . .«

Sie waren alle ganz mit dem Mann beschäftigt, so daß ich unbemerkt weggehen konnte. Heftiger Schmerz kroch jetzt in die Nerven in meiner rechten Seite. Der Mann hatte auf die Leber gezielt, und möglicherweise hatte er sie erwischt, denn die Auswirkung einer solchen Verletzung würde sich nicht sofort bemerkbar machen; im Moment spürte ich nur dumpfes, körperliches Unbehagen: Wenn ich jemanden mit einem Messer arbeiten sehe, muß ich immer an Macbeth denken, daran, wie er wild und wie irre zusticht, denn ein Messer ist so persönlich, so intim. Ich ging bis zur Straßenecke und drehte mich um, hielt mich dabei im Schatten, preßte meine Hand gegen meine rechte Seite. Wie grausam wäre es, dachte ich, wenn dies tatsächlich das Ende dieses einsamen Spions ist. Wie unehrenhaft, mitten in einer Menschenmenge draußen vor einer Bowlingbahn in einem unachtsamen Augenblick ein Messer in den Leib zu bekommen. Aber was kann man in diesem Geschäft denn schon Großartiges erwarten? Daß man glorreich im Kugelhagel einer großen Schlacht unter der zerfetzten Flagge sein Leben aushaucht, nachdem man vorher noch Gelegenheit hatte, die berühmten letzten Worte zu sprechen?

Der Preis für ein Menschenleben ist in diesem Spiel nun einmal nicht hoch.

Die Wunde hatte aufgehört zu bluten, oder ich merkte es gar nicht mehr, hatte mich vielleicht schon an den allmählichen Blutverlust gewöhnt. Er hatte eine Vene getroffen, keine Arterie, sonst wäre ich jetzt bereits blutüberströmt gewesen und hätte mich jetzt schon viel schwächer gefühlt. Ich versuchte, so aufrecht wie möglich zu gehen. Die anderen waren vielleicht nicht nahe genug gewesen und wußten deshalb nicht, was passiert war. Aber wenn sie sahen, daß ich angeschlagen war, fielen sie vielleicht über mich her, um mich ganz zu erledigen, weil sie mich für wehrlos hielten. Aber da würden sie rasch eines besseren belehrt werden, mein guter Freund, denn solange ich noch sicher auf den Beinen stehe, bin ich für niemanden eine leichte Beute.

Die Straßen hier in der Nähe des Treptower Parks waren schmaler. Die Mauer, jener in Flutlicht getauchte Betondamm, stark genug, um den Strom der Menschlichkeit aufzuhalten, lag nur eine halbe Meile entfernt. Wenn doch nur jemand ein Loch in dieses verdammte Ding sprengen würde, damit die Welt sich endlich anderen Problemen zuwenden kann, dachte ich und sah niemanden hinter mir, als ich mich an einer Straßenecke umdrehte, *niemanden,* und das beunruhigte mich, denn es gab für sie keinen Grund, die Verfolgung aufzugeben; selbst wenn ich den Mann statt nur die Halsschlagader zu treffen mit einem schnellen Schlag gegen die Kehle getötet hätte, hätten sie sich nicht weiter um ihn gekümmert: Sie mußten in dieser arbeitsreichen Nacht mit Opfern rechnen.

Ein kleines Stück Ödland mit einer großen Mülltonne, die vor einem verrottenden Zaun stand. Ich duckte mich dahinter, setzte mich auf den frostigen Boden, knüllte mein Taschentuch zu einer Kompresse zusammen, öffnete meinen Mantel, zog meinen Pullover hoch und preßte das Taschentuch gegen die

Wunde in meiner Seite, bis es am Blut festklebte; ich schaute nicht hin, weil es ohnehin nicht viel zu sehen gab: Eine Wunde ist eine Wunde, und wenn sie so groß war, daß sie ärztlicher Behandlung bedurfte, würde das trotzdem warten müssen, bis meine Arbeit in dieser Nacht getan war.

Immer noch sah ich keinen von ihnen; im kalten Licht der Straßenlaternen hätte ich jede Bewegung sofort entdeckt, aber da war nichts. Ich war allein.

Ich war allein, und dafür gab es nur zwei mögliche Erklärungen: Entweder hatte ich vorhin zu heftig zugeschlagen, so daß der Mann nie wieder aufstand, und die Gegenseite hatte daraufhin entschieden, daß zwei Tote genug für heute waren. Oder Yasolev hatte noch einen von ihnen entführen lassen, und Volper hatte die anderen abgezogen. *Genau davor hatte ich Cone gewarnt, verdammt und zugenäht.* Das hier war ein *Solo*-Einsatz, und ich wollte nicht, daß mir jemand in die Quere kam.

Es war halb elf, und ich löste mich aus dem Schatten der Mülltonne, überquerte die Straße und ging an der Ecke der Richterstraße wieder in Deckung, um meine Umgebung zu überprüfen. Es folgte mir noch immer niemand, *niemand*. Aber das Licht konnte den Augen hier leicht einen Streich spielen. Denn ich war nur ein paar hundert Meter von der Mauer entfernt, und weil es in diesem Bereich zahlreiche Fluchtversuche gegeben hatte, war ein Suchscheinwerfer installiert worden. Sein Lichtkegel wanderte über das Gelände und blitzte irritierend zwischen den Gebäuden auf.

Nebenan befand sich ein Parkplatz, auf dem zwanzig oder dreißig völlig gleichartige Fahrzeuge standen, ordentlich in mehreren Reihen aufgestellt. Auf dem Führerhaus der Fahrzeuge stand: *Stadt Berlin, Straßenmeisterei.* Ich ging zwischen ihnen hindurch und schaute mich erneut um.

Glas splitterte, und ich ließ mich flach auf den Boden fallen.

14 JAGD

Ein Scheinwerferglas war zersplittert.

Der Lichtstrahl des Suchscheinwerfers an der Mauer wanderte über den Boden, über die Fahrzeuge. Ich rührte mich nicht, blieb flach auf dem Boden liegen, denn hier war ich unsichtbar.

Der Schuß hatte dicht neben mir den Scheinwerfer von einem der Fahrzeuge getroffen, und von den Glassplittern hatte ich Blut im Gesicht.

Ein Gewehr; ein Schuß aus großer Entfernung, der völlig lautlos gewesen war. Der Schütze benutzte einen Schalldämpfer.

Das war der Grund, warum sie unsichtbar geblieben waren. Den ganzen Nachmittag und Abend hindurch hatten sie mich verfolgt und auf die richtige Zeit und den richtigen Ort gewartet, und hier und jetzt war es soweit. Bei den beiden bisherigen Versuchen, mich zu töten, hatten sie nur eine günstige Gelegenheit genutzt, in der Hoffnung, die Sache abzukürzen und dafür ein Lob einzuheimsen. Aber das hier war von Anfang an geplant gewesen.

Der Gestank einer Öllache dicht vor meinem Gesicht stieg mir in die Nase. Es war sehr still; kein Verkehr; es gab hier keinen Grenzübergang in der Nähe, ich befand mich im Niemandsland zwischen der Oberbaumbrücke im Norden und der Sonnenallee im Süden. Ein schwacher Lichtschein drang von dem flutlichtbestrahlten Beton der Mauer bis hierher, aber wesentlich intensiver war das Licht des kreisenden Suchscheinwerfers. Die Schatten zwischen den abgestellten Fahrzeugen bildeten dazu einen schwarzen Kontrast.

Er würde es wieder versuchen. Falls nötig, würde er einen ganzen Patronengurt verschießen. Aber das war gar nicht erforderlich.

Er brauchte nur geduldig zu warten; er hatte von jetzt bis zur Morgendämmerung Zeit. Und außerdem war er gewiß nicht allein; zweifellos befanden sich noch weitere Scharfschützen in der Nähe, auf strategisch wichtige Punkte verteilt, so daß ich keine Chance hatte, falls ich davonzurennen versuchte. Von dort, wo ich lag, konnte ich sie nicht sehen. Ich sah nur die Räder rechts von mir, und dunkle, runde Ölflecken unter dem Fahrzeug, das mir als Deckung diente. Zu meiner Linken standen die anderen Fahrzeuge ordentlich für die Nacht aufgereiht. Weitere standen vor mir, und dahinter befanden sich die Lichter einer Straße. Auch hinter mir lag eine Straße, aber von der war ich abgeschnitten; in dieser Richtung lauerte der Heckenschütze, der vermutlich an irgendeinem erhöhten Standort postiert war, am Fenster eines Gebäudes oder auf einer Feuerleiter vielleicht. Er hatte es sich dort bequem gemacht und würde es nicht eilig haben.

Aber ich hatte es auch nicht eilig.

Es war völlig windstill und sehr kalt. Ich würde das Geräusch deutlich hören. Die Lichtverhältnisse würden sich nicht ändern, außer wenn Fahrzeuge auf der Straße entlangfuhren; der Lichtschein, der von der Mauer herkam, blieb konstant, ebenso die Helligkeit des kreisenden Lichtstrahls. Wahrscheinlich war er billiger als eine ganze Batterie von Scheinwerfern; und dieser ständig umherwandernde Lichtfinger, der alles, was er berührte, in unbarmherzige Helligkeit tauchte, hatte etwas Bedrohliches. Er sollte abschreckend wirken.

Cone:

Yasolev wird Sie fragen, wie Sie an Volper herankommen wollen. Werden Sie es ihm sagen?

Nein.

Wissen Sie es denn?

Ja.

Sind Sie bereit, es mir zu sagen?

Es würde Ihnen nicht gefallen.

Wieviel Schutz werden Sie brauchen?

Keinen.

Es ist mein Job, Sie mit heiler Haut durch Quickstep *zu führen. Es wäre mir lieb, wenn Sie es mir nicht unnötig schwer machen würden.*

Hören Sie, Sie können nichts ändern. Betrachten Sie es doch einmal von der Seite: Man hat Scarsdale ausgeschaltet. Man hat erwartet, das würde mich abschrecken, aber das ist nicht der Fall. Also wird man jetzt versuchen, mich auszuschalten. Das ist unsere einzige Möglich-

keit, an Volper heranzukommen. Und keine Sorge, sie werden nicht lange auf sich warten lassen.

Das war vor vier Tagen gewesen, und das hier würde die letzte Nacht sein.

Treffer. Ich hob den Kopf und hörte, wie die Kugel die Karosserie des Fahrzeugs vor mir durchschlug und dahinter über den Boden zirpte. Es war ein schweres Geschoß, vermutlich aus einem Karabiner oder einer Magnum mit bis zu zwölf Schüssen im Magazin, einem leistungsstarken Nachtzielfernrohr und Schalldämpfer. Ein solches Projektil hinterließ in einem menschlichen Schädel kein Loch; es ließ den ganzen Schädel platzen wie einen Ballon.

Wo steckte der Kerl? Er konnte eine Viertelmeile weit weg sein. Ich schloß die Augen und stellte mir vor, wie die Szenerie aus der Sicht des Heckenschützen aussah: eine rechteckige, ebene geteerte Fläche, auf der in regelmäßigen Abständen Dominosteine standen, und die in regelmäßigen Abständen vom Lichtstrahl des Suchscheinwerfers erhellt wurde. Und in diesem Areal befand sich ein Mann.

Ein Mann, der sich im Moment nicht bewegte. Es war eine Versuchung, bis zum Morgengrauen hier liegen zu bleiben und diese finsteren Stunden dazu zu benutzen, mein Leben noch einmal an mir vorüberziehen zu lassen, um es dann mit dem Gefühl zu verlassen, etwas erreicht zu haben, nicht viel, aber immerhin etwas. Aber dann hätte ich mir auch noch einmal meine Fehler vergegenwärtigen müssen, die Augenblicke grober Inkompetenz, in denen ich mich zu sehr meinem Stolz und übergroßem Vertrauen in meine Fähigkeiten überlassen hatte; und meinen immer wieder unabsichtlich verübten Verrat, wenn ich es an anständigem Benehmen, an Loyalität und der gebotenen Barmherzigkeit hatte fehlen lassen. Und dabei, mein guter Freund, kam ich nicht besonders gut weg; da hatte ich eine Menge Minuspunkte auf meinem Konto. Außerdem war ich nicht gewillt, schon nach den ersten zwei Schüssen klein beizugeben, und auch nicht nach den ersten zweihundert, falls der Kerl so viel Munition hatte. Man muß schließlich den eigenen Prinzipien treu bleiben, wie man so sagt. Aber die Angst saß mir trotzdem in den Knochen, und ich konnte sie riechen, als mir kalter Schweiß ausbrach: *Es ist nicht der Gedanke an den Tod, der uns Angst macht,* sondern der Gedanke ans Sterben, daran, daß es zu spät ist, daß man den Punkt erreicht hat, wo keine Umkehr mehr möglich ist; alles andere im Leben läßt sich doch immer irgendwie wieder rückgängig machen, nicht wahr, oder wenigstens läßt es sich ertragen, bewältigen – man hat immer noch Zeit, wieder Ordnung zu schaffen, das gröbste Durcheinander zu beseitigen und zu sagen, daß es einem leid tut; und dann sehen wir plötzlich das Auto heranbrausen, können nicht mehr ausweichen, nirgendwohin, nur noch den einen Schritt, *dorthin,* ins Unbekannte.

Fini.

So ist das, mein Freund.

Treffer. Der Atem wich aus meinem Körper, als hätte die Kugel ihn herausgetrieben. Aber das hatte sie nicht; sie hatte das Seitenfenster des Fahrzeugs durchschlagen, unter dem ich lag. Die klirrende Melodie der Glasscherben verklang; das Fahrzeug neigte sich ein klein wenig zur Seite und stand dann wieder still.

Er machte sich anscheinend einen Spaß daraus, mir Angst einzujagen.

Das kreisende Licht ließ die Schatten der Fahrzeuge von links nach rechts wandern. Er machte sich einen Spaß daraus: Ich hatte mich nicht von der Stelle gerührt, und er wußte, wo ich war, aber er konnte diese Seite des Fahrzeugs nur erreichen, wenn er seine Position wechselte, und das hatte er offensichtlich nicht vor; dazu saß er zu bequem, war zu gut plaziert. Also feuerte er noch einmal, um sich einzuschießen, und um mir die Furcht in die Knochen zu jagen, denn der Einschlag von so schwerer Munition in der Stille der Nacht kann einem das Herz in die Hose rutschen lassen.

Ich lag flach auf dem Bauch, entspannte mich und versuchte, mich in den Alphazustand zu versetzen, wenigstens für ein paar Sekunden, denn das Geräusch der einschlagenden Kugel zerrte noch immer an meinen Nerven. Das Geräusch war nicht laut gewesen, aber sehr plötzlich gekommen, und es hatte eine gewaltige Kraft darin gelegen, genug Kraft, um einen Ochsen umzuwerfen. Entspanne dich, laß deinen Körper auf den kalten Asphalt sinken. Gleich würde ich mich bewegen müssen, wenn mir nicht irgendwann eine seiner Kugeln – die fünfte, zehnte oder fünfzehnte – das Hirn aus dem Schädel blies.

Alpha: Das Gefühl völliger Entspannung umfing mich und steigerte sich zu flüchtiger Euphorie. Dann kehrte wie ein verloren geglaubter Freund das Selbstvertrauen zurück und reichte mir die Hand. Ich bewegte mich, kroch unter dem Fahrzeug her bis zum Kurbelgehäuse. Ich schmierte mir Gesicht und Hände mit schwarzem Öl ein, sehr sorgfältig, auch Augenlider und Ohrläppchen. Ich wußte nicht, ob es gründlich genug war, und ich würde mich nicht darauf verlassen: Beim nächsten Fahrzeug, falls ich es überhaupt erreichte, würde ich mich noch besser einschmieren.

Mein Anzug und mein Pullover waren dunkel, und meine Schuhe schwarz. Aber ich zog meine Uhr aus und steckte sie in die Tasche. Dann kroch ich wieder vorwärts, zog meinen Körper über den Boden, flach wie eine Eidechse, bis ich vor dem Fahrzeug lag, wo der Heckenschütze mich nicht sehen konnte.

Dort wartete ich.

Ich konnte nicht zu der Straße hinter mir zurück, denn in diesem Fall hätte ich mich genau in seiner Schußlinie bewegt. Die Gebäude neben dem Platz boten keine Deckung, da sie ganz von dem Suchscheinwerfer erfaßt wurden. Ich konnte nur versuchen, die Straße vor mir zu erreichen, die fast hundert Meter weit weg war. Das ließ sich nur schaffen, wenn ich mich von einem Fahrzeug zum nächsten vorarbeitete und dabei die wandernden Schatten, die der kreisende Scheinwerfer hervorrief, als Deckung benutzte. Das grenzte an Selbstmord, aber mir blieb keine andere Wahl.

Ich fing an zu zählen.

Beim ersten Mal würde es am schwierigsten sein; nicht wegen der zu überwindenden Strecke – die Fahrzeuge standen alle in gleichmäßigem Abstand nebeneinander –, sondern wegen der dafür aufzubringenden Willenskraft. Danach würde mir dann die wachsende Vertrautheit helfen, der Umstand, daß etwas immer einfacher wird, je öfter man es wiederholt. Doch als ich dort lag und wartete, konnte ich nicht sicher sein, ob ich es überhaupt bis zum nächsten Fahrzeug schaffte, ob ich nicht auf halbem Weg den Mut verlor, hinfiel und ein perfektes Ziel abgab, sobald das Licht über meinen Körper wanderte.

Drei, vier.

Ich zählte.

Das Licht schwang heran und breitete sich über das schwarzweiße Schachbrett vor mir aus.

Außer dem Verkehr weit weg am Treptower Park war kein Laut zu hören. Im Westen gab es nur das tiefe Schweigen der Mauer, wo sich niemand bewegte außer den Grenzposten, die keinen Lärm machten.

Fünf, sechs.

Das Licht hatte sechs Sekunden gebraucht, um von diesem Fahrzeug zum nächsten zu wandern. So viel Zeit hatte ich also, um hinüberzugelangen. Ich würde sehr schnell rennen müssen, deshalb zog ich meine Schuhe aus, verwandelte mich zurück in einen Urmenschen, um einem Urinstinkt zu gehorchen: dem Willen zu überleben. Ohne Schuhe konnte ich schneller laufen, und außerdem bestand die Gefahr, daß ihr poliertes Leder das Licht reflektierte, ein mattes Schimmern aussandte, das dem Heckenschützen genügte, um mich in der Dunkelheit auszumachen.

Ich wartete.

Das nächste Fahrzeug befand sich nicht genau vor mir, sondern es standen zwei dicht hintereinander. Ich entschied mich für das linke Fahrzeug, weil bei mir als Rechtshänder das rechte Bein stärker ist und mir deshalb eine Winzigkeit mehr Schwung geben konnte, wenn ich losrannte.

Ich wartete.

Das Licht schwang heran, erhellte die Fläche vor mir und verschwand wieder. Ich war noch nicht soweit: Ich mußte mir den Bewegungsrhythmus des Lichtes genau einprägen.

Ich wartete, bis das Licht wieder hereinkam. *Dann holte ich tief Luft und rannte los.* Ich sprang wie ein Sprinter aus der Hocke hoch und stürzte mich durch die Dunkelheit, während der helle Lichtstrahl mir von links her folgte, und der Boden, auf dem ich rannte, mit jeder Sekunde tödlicher wurde. Ich spürte den Schrecken, von dem ich gewußt hatte, daß ich ihn spüren würde, weil dieses wandernde Licht mir so unerbittlich folgte, weil es nicht anhalten würde, wenn ich stolperte oder langsamer wurde oder zu weit nach links abdriftete oder die Nerven verlor; das Licht würde mich erwischen, den Boden überfluten und mich in seiner gleißenden Helligkeit ertränken; es würde die Retina im Auge des Mannes am Gewehr erreichen: *Außenagent ausgefallen.* Der Schrecken allein trieb mich jetzt vorwärts, ließ mich *rennen, rennen, rennen;* das Adrenalin allein hielt mich in Bewegung, hielt mich am Leben, *aber der Schuß kam,* und ich hörte, wie die Kugel rechts von mir über den Asphalt peitschte. *Rennen, rennen, rennen,* als sei nichts geschehen. Aber Teerstücke und Steine spritzten auf, und das Licht kam näher, näher, wanderte *schneller,* als ich gedacht hatte. Und ich rannte vorwärts, *und er schoß wieder,* und diesmal schlug die Kugel dichter bei mir ein, und ich hörte ihr Pfeifen, als sie an meinem Kopf vorbeistürmte, auf der linken Seite, der Seite, von wo das Licht kam; es kam jetzt immer näher und füllte bereits die Rezeptoren am Rande meines Blickfeldes, während die Dunkelheit vor mir heller, grauer zu werden begann. Ich *rannte, rannte, rannte,* und der Schrecken begleitete mich; meine Kopfhaut spannte sich, die Nerven warteten auf den Treffer, das Bersten des Schädels, wenn der letzte Gedanke – *vorbei* – über die Synapsen sprang und im Nichts verlosch.

Ich ließ mich fallen.

Ich ließ mich fallen, als das Licht mich erreichte, und streckte die Hände vor, um den Sturz abzufangen, und tauchte im Schatten des Fahrzeugs unter. Der nächste Schuß durchschlug die Karosserie, während ich mit dem Gesicht auf meinen gespreizten Händen lag und mir der Atem stoßweise aus der Lunge entwich. Ich schloß die Augen und wartete auf den nächsten Schuß.

Er kam nicht.

Ruhig jetzt, ruh dich aus. Jetzt bist du erst einmal in Sicherheit.

Cone:

Was haben Sie jetzt vor?

Ich werde versuchen, die Aufmerksamkeit der Leute auf mich zu lenken, die mich töten wollen.

Kalter Asphalt unter meinem heißen Körper, Dreck unter meinen Händen. Es roch nach Öl, nach Gummi. Hier in diesem zivilisierten Jagdrevier gab es nichts Natürliches, keinen Baum, kein Laub, nur harte Flächen aus Stein, Metall und Beton – der ungastliche Lebensraum des Zivilisationsmenschen.

Er hatte das Feuer eingestellt.

O nein, ihm war nicht die Munition ausgegangen. Diese Sache war sorgfältig geplant. Vermutlich hatten sie nicht gewußt, in welche Richtung ich gehen würde, als ich das Café verließ, aber zweifellos waren sie davon ausgegangen, daß ich schließlich irgendwo landen würde, wo ich in der Falle saß und ihnen nicht entkommen konnte. Das Gelände hier war wegen der unruhigen Beleuchtung für ihre Zwecke nicht ideal, aber wenigstens war ich von den Straßen hinter mir und beiderseits der Gebäude abgeschnitten, und der Mann mit dem Gewehr konnte mich erledigen, ehe ich eine sichere Deckung finden und entkommen konnte.

Das Licht wanderte über die Stelle hinweg, wo ich lag, erreichte mich aber nicht. Der Schatten des Fahrzeugs über mir bewegte sich von rechts nach links, während das Licht von links nach rechts glitt.

Ihre Aufmerksamkeit auf mich lenken, ja. Funkspruch nach London: *Dem Agenten ist es gelungen, Aufmerksamkeit der Gegenseite auf sich zu lenken.* Kurze Erfolgsmeldung; Zwischenziel erreicht, und so weiter.

Unrealistisch.

Realistischer war Folgendes: *Ich habe große Zweifel, ob der Agent die nächsten zehn Minuten überlebt und empfehle, Ersatz zu schicken oder Einsatz abzubrechen.*

Armer Yasolev.

Los, beweg dich. Du mußt es wieder tun.

Stille Nacht, unheilige Nacht. Kein Laut, nur die leisen Geräusche des ersterbenden Verkehrs am Treptower Park und das harte Keuchen meines Atems. Der Organismus war dabei,

Sauerstoff in die Muskeln zu pumpen. Ich war noch nicht soweit. Ich mußte noch warten.

Oder Einsatz abzubrechen. Ja, dann würde ich in der Funkzentrale Holmes mit gesenktem Blick einen Kaffee holen, weil über *Quicksteps* Funkkonsole so schlechte Nachrichten kamen. *Wo ist Mr. Shepley?* Los, ans Telefon. *Meinen Sie, wir sollten ihn herholen?* Letzter Funkspruch: *Agent versucht gegnerischen Agenten zu überwältigen und zu verhören.* Oder ein ähnlicher Text; ich kannte Cone nicht gut genug, um seine Gedanken erraten zu können. Möglicherweise redete er schon den ganzen Abend mit Yasolev. *Tut mir leid, aber mein Agent ist untergetaucht und hat meine Beobachter abgeschüttelt. Im Augenblick weiß ich nicht, wo er ist, aber ich weiß, daß er sich in Gefahr befindet,* und so weiter. Möglicherweise versuchten sie in London jetzt schon, einen anderen Agenten zu finden, der bereit war, mit Yasolev zusammenzuarbeiten, jemanden, der Yasolevs Vorstellungen entsprach.

Oder Cone war härter, als ich vermutete, und besaß genug Nerven, um weiter mit einem Agenten zu arbeiten, der sich an keine Abmachung hielt und sich allein durchschlug. Alles war möglich; vielleicht *wußte* Shepley, daß ich nur so arbeiten konnte, und hatte Cone angewiesen, nur zum Schein dagegen zu protestieren, mir in Wahrheit aber freie Hand zu lassen.

Eine rein akademische Frage, ja, du hast recht, mein guter Freund, vollkommen recht. Es kommt jetzt nur darauf an, sich wieder aufzuraffen, den Kampf aufzunehmen und dem kleinen Hoffnungsschimmer, der vor dir in der Nacht leuchtet, hinterherzurennen, ehe der Wind ihn wegbläst.

Also los, beweg dich. Es muß sein.

Countdown: Sechs, fünf, vier, und das Licht wanderte von links heran. Ich prägte mir seinen Rhythmus wieder ins Unterbewußtsein ein, während ich mit der Hand Öl vom Kurbelgehäuse abwischte. *Dieses Zeug stinkt,* aber nur, weil dir flau im Magen ist, und weil du in deinen letzten paar Minuten auf Erden lieber Rosenduft riechen würdest.

Drei, zwei, eins.

Krieche nach vorn, kauere dich vor das Fahrzeug, warte. Der Wagen fing an, nach rechts Schatten zu werfen, weil der

Lichtkegel die Gebäude links vom Parkplatz überflutete, dann den Boden erreichte und näherkam. Das Licht kam näher, warf Schatten auf der rechten Seite der Fahrzeuge vor mir, beleuchtete ihre Karosserien, spiegelte sich in den Fenstern. Es kam näher – *fertig!* – näher, überflutete die Fahrzeuge und wanderte weiter – *los!*

Ich rannte dem Licht hinterher – *schnell, schnell, du hast noch drei Sekunden* – meine Kopfhaut straffte sich auf der rechten Seite, dort wo die Kugel einschlagen würde, wenn ich versagte, stolperte, hinfiel – *renne, renne, renne!* – das Licht der nächsten Scheinwerferumdrehung kam hinter mir her und holte auf, holte schnell auf, während ich *rannte, rannte, rannte* und mich kopfüber in den Schatten des nächsten Fahrzeugs in der Reihe fallen ließ. Bleib liegen, flach liegen, beweg dich nicht, und der Lichtteppich breitete sich auf dem Boden aus und überflutete das Fahrzeug, während ich mich mit geschlossenn Augen ausruhte. Mein Herz hämmerte gegen die Rippen, und mein Atem ging stoßweise. Die Nerven schickten bunte Lichtkaskaden über meine Netzhaut, bis die Spannung schließlich allmählich nachließ und meine Körperfunktionen sich wieder normalisierten.

Das Licht verschwand.

Zehn Minuten. Ich würde mir zehn Minuten Pause gönnen, ehe ich weiterrannte. Es gab keinen Grund zur Eile. Wenn nur der Köter nicht plötzlich aufgetaucht wäre.

Diesmal war kein Schuß gefallen; entweder hatte der Schütze mich nicht gesehen, oder er spielte mit mir, weil er sicher war, daß ich es niemals bis zur Straße schaffen würde. Vielleicht gewährte er mir einen Aufschub, um mich zu verunsichern, oder damit ich mir falsche Hoffnungen machte – einem Heckenschützen war so etwas durchaus zuzutrauen; sie sind eine Sorte für sich, kaltblütig und auf heimtückische Art präzise. Ihre Egos sind dem komplizierten Präzisionsmechanismus ihrer Waffen angepaßt.

»Verschwinde!«

Ich hatte den Hund nicht gesehen, weil ich die Augen geschlossen hatte; ich hörte ihn schnüffeln, und als ich aufblickte, kam er vor mir durch die Lücke zwischen den beiden nächsten Fahrzeugen. Ich hatte mich völlig ruhig verhalten, doch er hatte mich gewittert: Deswegen war er hier. Es war ein Dobermann, groß, aber noch jung. Er blieb einen Meter von mir entfernt stehen und schaute mich an.

»Hau ab!«

Er schenkte meiner Aufforderung keine große Beachtung, wich lediglich ein kleines Stück zurück, wobei die abgerissene Öse an seinem Halsband leise klirrte. Und er schaute mich immer noch an. Ich spürte, wie sich die Haare auf meinen Armen und Händen nach dem ersten Schreck wieder glätteten: Als ich das blöde Vieh entdeckte, hatte ich zuerst geglaubt, daß sie jetzt auch noch Hunde einsetzten, um mich zu hetzen, aber der hier war nicht auf Menschen abgerichtet; er hatte sich irgendwo losgerissen und streunte herum.

Das Licht wanderte wieder heran, und der Hund drehte den Kopf und beobachtete es erstaunt; Lichter, die umherwanderten, waren offensichtlich etwas Neues für ihn. Aber das Licht hatte wohl zu wenig Substanz, als daß es dem Köter wert erschien, ihm nachzujagen. Seine Augen wurden zu funkelnden Juwelen, als der Strahl vorbeiwischte; dann war es wieder dunkel.

»Verschwinde!« Ich klatschte mit der Hand gegen die Unterseite des Kurbelgehäuses, und diesmal reagierte der Hund endlich. Als der nächste Lichtstrahl kam, war das Tier gerade auf halbem Weg zwischen diesem Fahrzeug und dem nächsten. Es blickte zu mir zurück und fragte sich wohl, warum ich ihn weggejagt hatte, statt mich mit ihm anzufreunden. Und dann wirbelte es plötzlich herum, sprang hoch und fiel reglos auf dem Boden. Blut sprudelte aus seinem Körper, und ich dachte: *Du Bastard, du verdammter Bastard.*

Jetzt wußte ich, was er für ein Mensch war. Ein Sadist. Er hatte zwei Möglichkeiten zur Auswahl gehabt: Der Hund hätte für ihn von Nutzen sein können; das Tier hatte ihm bereits gezeigt, unter welchem Fahrzeug ich lag, und möglicherweise wäre es mir auf Schritt und Tritt gefolgt, wenn ich mich von der Stelle bewegte; das wäre für einen professionellen Scharfschützen, einen Techniker, hochwillkommen gewesen – eine ideale Situation, in der ein Hund ihm den Standort seines Opfers verriet. Aber er hatte sich für die andere Möglichkeit entschieden, dafür, sein Opfer zu terrorisieren, indem er mir vorführte, wie es sein würde, wenn ich selbst herumwirbelte, hochsprang und reglos und blutend auf den Boden fiel, wie ein Hund.

Bastard.

Es war widerlich. Nicht, was er mir antat, sondern daß er dieses arme Vieh erschossen hatte, um mir zu zeigen, was er mir antun *wollte.*

Zehn Minuten also, noch einmal zehn Minuten, und dann würde ich ihm seine Chance geben, weil mir keine andere Wahl blieb. Und wenn ich dabei auf der Strecke blieb wie der Hund, hatte ich wenigstens Gesellschaft.

Ruh dich aus, entspann dich, warte den günstigsten Augenblick ab. Die Entscheidung lag ganz allein bei mir: Ich würde losrennen, wann ich es für richtig hielt. Wenn er . . .

Eine Stimme.

Sie kam von links. Ich hatte sie zuvor schon einmal gehört, war aber der Meinung gewesen, daß es jemand drüben auf der Straße war; diesmal jedoch kam sie eindeutig von links, und jetzt hörte ich auch ein leises statisches Rauschen. Es war ein Mann mit einem Sprechfunkgerät, und er stand dort drüben und gab seine Position durch – ich fand keine andere Erklärung. Der Heckenschütze hatte Treiber losgeschickt, zwei vermutlich, wobei der andere sich rechts von mir befand. Möglicherweise waren sie bewaffnet, aber das hielt ich für unwahrscheinlich; es gibt sehr viel Polizei in Ostberlin, und auf illegalen Waffenbesitz steht Gefängnis.

Vielleicht hatte der Heckenschütze nicht erwartet, daß ich zwei Sprints heil überstehen würde. Und jetzt machte er sich Sorgen, daß ich die zwei weiteren Reihen auch noch schaffte und dann auf die Straße entkam, wo es Lichter, Verkehr, Menschen und reichlich Deckung gab. Doch es bestand kein Grund, mich dadurch ermutigen zu lassen: Er hatte nur die Gefahr erkannt und Gegenmaßnahmen getroffen.

Fünf Minuten.

Und es kam noch ein weiterer Faktor ins Spiel, über den ich lieber nicht nachdenken mochte. Zwei Fahrzeugreihen standen noch vor mir, und ich konnte die erste Reihe in der Dunkelheit zwischen zwei Lichtstrahlen erreichen, falls die Treiber mich nicht laufen sahen und dem Schützen ein Zeichen gaben. Aber selbst wenn ich die nächste Deckung lebend erreichte, konnte ich nicht weiter. Ich wußte ungefähr, wo sich der Schütze befand, und von seiner Position aus zeichneten sich die Umrisse der vordersten Fahrzeuge deutlich im Licht der Straße ab.

Zwei Minuten.

Und selbst wenn ich die vorderste Reihe erreichte, saß ich in der Falle, denn dahinter lag freies Gelände, auf dem sich meine Umrisse deutlich abzeichnen würden, wenn ich versuchte, zur Straße zu rennen.

Eine Minute.

Es hatte also wenig Sinn, diesen Versuch zu unternehmen. Sie hatten meine Exekution vorbeitet. Das Erschießungskommando bestand zwar nur aus einem einzigen Schützen, aber der schoß nicht mit Platzpatronen. Aber wenn ich nicht versuchte, zur Straße zu kommen, blieb mir nur die Möglichkeit, hier liegen zu bleiben. Liegen zu bleiben, bis sie früher oder später über mich herfielen. Nein, lieber wollte ich um mein Leben rennen und das Risiko eingehen, wie der Hund niedergestreckt zu werden, anstatt hier unter dieser verdammten Straßenkehrmaschine darauf zu warten, bis sie mich umstellt hatten.

Dann los!

Das Licht kam heran, und ich wartete, bis es wieder dunkel war, dann sprintete ich mit aller Kraft los, und ich hatte die halbe Strecke geschafft, als eine Kugel meinen Ärmel streifte und ins Rückfenster des Fahrzeugs einschlug. Das Glas splitterte, während ich vor dem Licht herrannte. Er schoß wieder, und die Kugel traf erneut das Fahrzeug, diesmal jedoch weiter unten. Sie durchschlug den Tank, und als ich in Deckung sprang, erfüllte Benzingestank die Luft. Das dritte Geschoß traf in einem flachen Winkel auf, riß ein Stück Blech von der Seite des Wagens weg, prallte dann gegen das nächste Fahrzeug.

Bleib flach liegen, ruh dich aus. Gib deinem Körper Gelegenheit, den Schock zu verdauen. Entspann dich, auch wenn das Herz in der Brust hämmert und Lichter über die

Netzhaut flimmern. Entspann dich, wir haben unsere Sache gut gemacht, wir leben noch. Wir sind heil hier angekommen.

Ja, heil hier angekommen. Aber jetzt können wir nicht weiter.

Ruh dich aus, entspann dich, denk nicht darüber nach. Irgend etwas wirst du schon noch tun können.

Ja. Sterben. Denn als ich die Augen öffnete und die Umgebung betrachtete, stellte ich fest, daß die Situation genau so war, wie ich vermutet hatte. Von der Position des Heckenschützen aus waren die Umrisse der Fahrzeuge in der letzten Reihe gut im Licht der Straße sichtbar. Wenn ich dort hinüber rannte, konnte er in aller Ruhe zielen und mir in den Rücken schießen.

Eine Rose für Moira.

Das Licht schwang heran, überflutete den Boden und wanderte weiter. Nichts hatte sich geändert. Ich hatte erkannt, daß dieser Parkplatz eine perfekte Falle war, und daß ich keine Chance hatte zu entkommen. Die Situation war unverändert, aber wenn man spürt, daß man bereit ist, rennt man zum letzten Mal los, nur als eine Geste, und stirbt wie ein Mann.

Nein, wie ein Hund.

15 TROMPETER

Keine Ahnung, was es war: irgend etwas Weiches.

Das einzige Licht hier drin kam von den Flammen.

Weich und biegsam. Vielleicht eine tote Katze. Nein, eine tote Katze wäre steifer gewesen. Ich griff tiefer hinein und fand einen leeren Karton, eine Bananenschale und eine Papiertüte mit etwas darin, von dem ich lieber nicht wissen wollte, was es war.

Der Feuerschein fiel auf die offene Mülltonne. Trotzdem war es schwierig, ihren Inhalt zu erkennen, die verrottenden Abfälle der Menschen. Ich suchte nach einem Strick, oder wenigstens einem Draht oder einer Schnur.

Der Inhaber dieses Ausweises steht im persönlichen Dienst Ihrer Majestät, der Königin, und in ihrem gesamten Herrschaftsgebiet sind ihm auf Verlangen Einlaß und bestimmte Sonderrechte zu gewähren.

Als ich tiefer wühlte, stank es nach Fisch. Ich fand Gräten und eine Bierdose. Der Inhaber dieses Ausweises war dabei, im persönlichen Dienst Ihrer Majestät gewissenhaft seine Pflicht zu tun, und sei es in einem verdammten Loch wie diesem, in das *niemand*, möge sie alle die Pest holen, einen Strick oder ähnliches geworfen hatte. Es hatte also gar keinen Sinn, daß ich meinen Ausweis zückte und bestimmte Sonderrechte verlangte, denn das Herrschaftsgebiet Ihrer Majestät erstreckt sich nicht auf die Mülltonnen in der Deutschen Demokratischen Republik.

Ich faßte ihn an den Hals und fühlte seinen Puls. Ich hatte meine Uhr wieder übergestreift, aber in diesem Licht konnte ich ihre Anzeige nicht sehen, und außerdem braucht man keine Uhr, um zu beurteilen, ob der Puls eines Menschen einigermaßen normal ist. Sein Puls war jedenfalls regelmäßig, vielleicht ein bißchen zu langsam. Ich hatte ihn vor fünf Minuten außer Gefecht gesetzt, und wahrscheinlich war er noch immer völlig weggetreten. Es handelte sich um einen von den Treibern.

Etwas Langes und Dünnes – ja, ein Fahrradschlauch – und ein Kleiderbügel aus Draht: *Damit* ließ sich etwas anfangen. Ich hängte in über den Rand der Tonne und wühlte weiter. Es dauerte zehn oder fünfzehn Minuten, bis ich alles gefunden hatte, was ich benötigte, und das Feuer war inzwischen erloschen. Wie dir sicher schon aufgefallen ist, war es eine Nacht der Freudenfeuer.

Es war bereits eine Menge Benzin auf den Boden geflossen, als ich mein Feuerzeug hervorgeholt hatte. Eine Flammenwand war emporgezuckt, und dann war der Tank des Fahrzeugs in die Luft geflogen. Doch da hatte ich schon das nächste Fahrzeug erreicht, und es war kein Schuß gefallen: Wahrscheinlich hatte die Explosion den Scharfschützen überrascht, und er hatte sein Gewehr nicht mehr richtig in Position bringen können.

Ich hatte mehrere Stücke Schnur gefunden, band zwei oder drei davon zusammen, fand noch einen weiteren Kleiderbügel, bog den Haken auf und fesselte dem Mann Handgelenke und Füße; dann hielt ich ihm den Mund auf, stopfte einen Lappen hinein und band ihn mit der restlichen Schnur zu.

Ich hatte gewartet, bis die Feuerwehr anrückte. Dann war ich hinüber zu den Gebäuden auf der linken Seite gelaufen. Dort hatte ich ihn entdeckt. Er trug ein Funkgerät, aber keine Waffe. Diese stinkende Mülltone stand ein ganzes Stück weiter weg an der Mauer, und ich mußte ihn dorthin schleifen, denn weil er Widerstand leistete, hatte ich ihn außer Gefecht setzen müssen.

Ich wischte mir, so gut es ging, das Öl vom Gesicht und schaute mich um, die Mülltonne als Deckung benutzend. Die Feuerwehrleute fingen an, ihre Schläuche einzurollen, aber es waren noch viele Menschen auf dem Gelände. Ich duckte mich an die Mauer und blieb in ihrem Schatten. Seine Schuhe waren etwas eng, aber das war immer noch besser, als mit bloßen Füßen herumzulaufen; ich wollte nicht, daß mir irgend jemand dumme Fragen stellte. Für den Heckenschützen mußte es so ausgesehen haben, als wäre ich in den Flammen umgekommen, denn als der Tank explodierte, hatte es eine fünfzehn Meter hohe Stichflamme gegeben, und die beiden nebenan stehenden Fahrzeuge hatten ebenfalls Feuer gefangen; aber Volpers Leute konnten immer noch in der Nähe sein, und ich wollte keinerlei Risiko eingehen.

Die nächste Telefonzelle stand einen halben Häuserblock

entfernt, und ich wäre am liebsten dorthin gerannt, aber das hätte Aufmerksamkeit erregt.

»Gunter?«

»Ja.«

»Ich möchte, daß du mich an der Ecke der Beckerstraße abholst. Das ist neben dem städtischen Fuhrpark in Treptow. Weißt du, wo ich meine?«

»Ich werde es schon finden.« Er fragte mich nach der nächsten Querstraße, und ich sagte ihm den Namen, legte auf und wählte Cones Nummer. Er meldete sich nach dem vierten Klingeln.

»Ich bringe Ihnen einen Gefangenen«, sagte ich.

»Wo sind Sie?«

»In Treptow. Aber ich kann ihn nicht ins Hotel bringen. Wir sehen zu mitgenommen aus.«

Er nannte mir eine Garage am Hausvogteplatz, die wir als Verhörzelle benutzen konnten, und ich notierte mir die Adresse.

»Wir werden in ungefähr einer Stunde dort sein.«

»Ich erwarte Sie«, sagte er.

Die Bude sah aus wie ein Diebesversteck – Betonboden, kahle Wände, kein Fenster, die Decke, von der eine nackte Glühbirne herabhing, voller Spinnweben, zwei altersschwach aussehende Stühle und in der Ecke ein Stapel Kartons, auf denen das Wasser, das hereintropfte, wenn es regnete, große Stockflecken hinterlassen hatte. Aber es gab ein Telefon, das auf dem Boden auf einem Telefonbuch stand.

»Sie können Ihre Zigaretten wiederhaben.«

Ich warf sie ihm zu, aber er hob sie nicht auf, schaute sie noch nicht einmal an. Cone hatte ihn auf einen Stuhl gesetzt, und er saß einfach nur da und starrte ins Leere wie ein verdammter Zombie.

Cone betrachtete ihn einen Moment mit zusammengekniffenen Augen, den vogelscheuchenhaften Körper vorgebeugt.

»Wir werden ihn hier drin lassen«, sagte er zu mir. »Und dann zünden wir die ferngesteuerte Bombe.«

Wir beobachteten den Mann auf dem Stuhl. Keine Reaktion, also sprachen wir weiter englisch; viel zu sagen gab es allerdings nicht.

»Ich brauche etwas Neues zum Anziehen.«

»Ich habe Ihnen saubere Sachen mitgebracht. Sie liegen im Wagen.«

»Gott sei Dank. Die hier stinken fürchterlich. Und teilen Sie London mit, daß sie der Stadtverwaltung von Ostberlin drei Straßenkehrfahrzeuge ersetzen sollen.« Was die Schadensregulierung bei Außeneinsätzen anging, war das Bureau sehr penibel.

»Sind es Totalschäden?«

»Völlig ausgebrannt.«

»Sie hatten eine anstrengende Nacht?«

»Sie war verdammt lang. Fing schon nach dem Frühstück an.«

»Wie fühlen Sie sich?«

»Einsatzfähig. Aber ich muß mal in einem Krankenhaus vorbeischauen; jemand ging mit einem Messer auf mich los. Ist aber halb so wild.«

»In den Krankenhäusern hier stellt man zu viele Fragen«, sagte er. »Ich sage dem Botschaftsarzt Bescheid, wenn wir im Hotel sind. Es hat doch noch bis dahin Zeit, hoffe ich?«

»Es blutet jedenfalls nicht mehr.«

Cone nickte, schaute wieder den Mann auf dem Stuhl an und sagte auf deutsch: »Name?«

Wieder keine Reaktion. Der Mann war im Taxi zu sich gekommen, hatte aber nichts gesagt. Er war jetzt wieder voll bei Bewußtsein, aber an der Art, wie er den Kopf hielt und vor sich hin starrte, konnte man erkennen, daß er einer von den ganz Sturen war. Einer von denen, die keine Kapsel brauchten, weil nichts aus ihnen herauszubekommen war, selbst wenn man sie zu Tode prügelte.

Cone ging näher zu ihm und blickte für eine Weile auf ihn hinab; dann ging er, ohne die Hände aus den Manteltaschen zu nehmen, in die Hocke und starrte dem Mann genau in die Augen.

»Wie heißen Sie?«

Seine Stimme war leise genug, um einem Schauer über den Rücken zu jagen. Ich wurde wieder daran erinnert, daß ich nicht viel über Cone wußte; vielleicht war er – wie auch Ferris – berüchtigt dafür, daß er jeden zum Sprechen brachte.

»Dietrich.«

»Ich will, daß Sie mir etwas verraten, Dietrich. Wo ist Horst Volper?«

Keine Antwort.

»Die britische Regierung wird für Ihre Sicherheit garantieren, Dietrich. Wir ermöglichen Ihnen die Ausreise aus Ostdeutschland, mit offizieller Genehmigung der DDR-Regierung, und verschaffen Ihnen einen Job. Wenn Sie Familie haben, können Sie sie mitnehmen. Also, wo ist Horst Volper?«

Keine Antwort.

»Dann antworten Sie nur mit ja oder nein. Sind Sie bereit, *überhaupt* irgendeine Frage zu beantworten?«

»Nein.«

»Gut. Gibt es etwas, das Ihre Bereitschaft, meine Fragen zu beantworten, erhöhen würde? Geld? Informationen, die Sie von uns wollen? Sonst irgend etwas?«

»Nein.«

»Wenn ich von Geld spreche, meine ich eine Million englische Pfund.«

»Nein.«

»Ich verstehe.« Cone richtete sich auf, entfernte sich ein Stück und wandte sich dann wieder dem Mann auf dem Stuhl zu. »Die ostdeutsche Polizei hat heute nacht einen von Ihren Leuten verhaftet. Er hat sich auch geweigert, Fragen zu beantworten. Er liegt jetzt auf der Intensivstation. Die Ärzte bemühen sich sehr um ihn, aber sie glauben nicht, daß er durchkommt.«

Ich wußte nicht, ob das stimmte. Aber wenn Yasolev diese Verhaftung angeordnet hatte, war sie mit Sicherheit von Karl Bruger ausgeführt worden. *Es ist von entscheidender Bedeutung,* hatte er mir bei unserem Treffen im Wald gesagt, *daß die HUA nicht erfährt, daß meine Abteilung in Ostberlin an diesem Fall arbeitet.* Bruger allein genoß sein Vertrauen.

»Es ist unbedingt notwendig, daß Sie unsere Fragen beantworten«, sagte Cone gerade, »genau wie bei dem anderen Mann. Wenn Sie mir die Antwort verweigern, werde ich Sie nicht der HUA übergeben. Ich werde Sie von einem KGB-Offizier verhören lassen.«

Jetzt zuckte der Mann zum ersten Mal zusammen. Das ist hier drüben immer so: Man kann einem Mann mit der Intensivstation drohen, ohne etwas zu erreichen, aber wenn man den KGB erwähnt, verfehlt das nie seine Wirkung.

Verständlicherweise.

»Sie werden also meine oder seine Fragen beantworten?« sagte Cone.

Er wartete.

Mein Gott, war es kalt hier drin.

»Ja oder nein?« fragte Cone.

»Nein.«

»Ich verstehe.«

Cone ging hinüber zu dem Telefon. Ehe er den Hörer abnahm, wandte er sich mir zu. »Das hier wird wahrscheinlich noch ein Weilchen dauern. Möchten Sie jetzt gleich ins Hotel?« Er betrachtete mich aufmerksam mit seinen schielenden Augen; wahrscheinlich sah ich ziemlich müde aus.

»Nein.« Ich konnte mich vielleicht nützlich machen.

Er hob den Hörer ab und wählte.

Ich spielte mit dem Gedanken, nach draußen zum Wagen zu gehen und mir andere Sachen anzuziehen, die nicht nach Fisch stanken, aber ich wollte auf keinen Fall etwas versäumen; es war äußerst mühsam gewesen, Dietrich in unsere Gwalt zu bringen, und vielleicht bekam Cone wenigstens irgendeinen winzigen Hinweis aus ihm heraus, der *Quickstep* weiterbrachte. Die Zeit wurde allmählich knapp.

»Guten Abend«, sagte Cone auf deutsch; er nannte die Parole nicht, weil Dietrich mithörte. »Wir haben hier einen von Volpers Männern, und er weigert sich zu reden. Ich habe ihm gesagt, daß Sie bereit sind, ihn zu verhören. Ich schlage also vor, daß Sie herkommen und ihn sich vornehmen. Sie wissen ja, wo wir sind.«

Ich beobachtete Dietrich. Er verstand offenbar ein wenig

russisch, denn sein Gesicht wurde kreidebleich. Cone meinte es ernst, das wußte ich. Wir brauchten unbedingt Antworten.

Die Verhörvorschriften des Bureau sind unmißverständlich: Kein Agentenführer oder Außenagent darf bei einer Vernehmung körperliche Gewalt anwenden. Bei Skidder war es etwas anderes gewesen, da hieß es nur: er oder ich. Ich war schon einmal in der Lubyanka gewesen, in einem Verhörzimmer mit einem Major des KGB, und es war alles andere als angenehm; aber ich empfand keinerlei Mitleid mit dem Mann dort auf dem Stuhl. Er hatte versucht, mich zu töten, und wenn du glaubst, daß ich die Dinge zu persönlich nehme, ist mir das gleich, schließlich stand mein Leben auf dem Spiel, nicht deines.

Als draußen ein Wagen vorfuhr, ging Cone wieder hinüber zu dem Mann auf dem Stuhl. »Ehe er hereinkommt, möchte ich Ihnen noch sagen, Dietrich, daß er ein Oberst des KGB ist. Er besitzt große Erfahrung im Verhören von Gefangenen, und er steht in dem Ruf, absolut keine Gnade zu kennen, wenn jemand nicht reden will. Ich persönlich bin wesentlich umgänglicher, und ich würde Ihnen gerne eine Menge Schmerzen ersparen. Falls Sie jetzt also doch noch bereit sind, meine Fragen zu beantworten, bin ich bereit, zuzuhören.«

Für ein paar Sekunden waren die Augen des Mannes voller Furcht; dann hatte er sich wieder unter Kontrolle, und sein Blick veränderte sich. »Ich weiß Ihr Angebot zu schätzen, aber diesmal wird er keinen Erfolg haben.«

Cone nickte knapp. »Es ist Ihr Leben«, sagte er und ging und öffnete die Tür.

Yasolev kam allein. Er erfaßte die Situation sofort, starrte den Mann auf dem Stuhl für einen Moment an und nickte uns dann zu.

»Er weigert sich noch immer zu reden?«

»Ja.«

»Haben Sie ihn durchsucht?«

»Ja.«

»Er hat keine Kapsel bei sich?«

»Nur ein Messer.«

»Wo ist das Messer?«

Cone gab es ihm.

»Danke.« Er schaute mich an und fragte förmlich: »Sind Sie bereit, mir Ihren Gefangenen zu übergeben?«

»Ja.«

»Dann lassen Sie mich hier mit ihm allein. Sie können natürlich auch bleiben, wenn Sie das wünschen, aber . . .«

»Ich denke, wir gehen besser«, sagte Cone. Als wir zum Wagen gingen, und ich hörte, wie Yasolev die Tür hinter uns abschloß, fing ich an zu zittern. Zum Teil, weil das, was Menschen während eines solchen Verhörs anderen Menschen antun, mir immer zu schaffen macht, zum Teil, weil sich jetzt verspätet der Schock über die Ereignisse auf dem Parkplatz bemerkbar machte: Das war zu erwarten gewesen.

»Ist alles in Ordnung?« fragte Cone.

»Es ist so verdammt kalt.«

»Wir werden Sie gleich erst mal in eine schönes, heißes Bad stecken.«

»Sie brauchen nicht gleich persönlich zu werden.« Ein kleiner Scherz, um meine Gedanken von der Garage abzulenken.«

»Es ist wegen dem *Fisch*«, sagte er, während er den Motor anließ. »Sind Sie in einen Müllcontainer gefallen, oder was?«

»Wie kommen Sie denn darauf?« Ich zitterte wie Espenlaub. »Glauben Sie, daß er den Mann zum Reden bringt?«

»Darauf können Sie wetten.« Er bog nach links ab, Richtung Spittelmarkt. »Ich habe einen Anruf von Renata erhalten.«

Lena Pabst.

»Wann?«

»Heute nachmittag, kurz nach drei. Sie hat nach Ihnen gefragt. Ich sagte ihr, Sie seien nicht da, und nannte ihr die Parole. Sie hat ein paar Nachforschungen angestellt und herausgefunden, daß auf dem Luftwaffenstützpunkt Werneuchen eine geheime Operation unter dem Decknamen *Trompeter* vorbereitet wird. Drei der Bomberbesatzungen sind daran beteiligt, aber sie konnte noch nicht herausfinden, welche. Die beste Information, die sie mir gab, besagt, daß es über die ganze Operation eine Akte gibt. Jetzt müssen wir versuchen, an diese Akte heranzukommen. Renata . . .«

»Wo ist die Akte?«

»In Zimmer Sechzig im neuen Verwaltungsgebäude der

Luftwaffe in der Brüderstraße. Sie glaubt, daß der Mann, der hinter *Trompeter* steckt, dort sitzt. Zimmer Sechzig ist sein Büro.«

»Das ist sehr gut.«

»So weit ja. Sie sagte, daß sie ein paar Dokumente für uns hat, aber . . .«

»Hat sie um ein Treffen gebeten?«

»Ja, aber damit ist unsere Glückssträhne auch schon wieder vorbei, fürchte ich. Renata wurde erschossen aufgefunden.«

16 ROCKMUSIK

»Das ist doch Scheiße. Ich mache nicht so einen dämlichen Funk-Jazz-Mischmasch wie Billy Kid, ich lasse es fetzen, lasse alles voll raus, von den Bässen bis zu den höchsten Tönen, verstehen Sie? Und die Jungs dürfen jederzeit ihre Solos spielen, wenn sie möchten, Gitarre, Sax, Schlagzeug, ganz egal. Meine Musik ist sehr demokratisch.«

Sie war dünn, mit schmalen Händen auf schmalen Hüften und einem kleinen Gesicht, das katzenhaft geschminkt war, mit stark betonten Augen. Sie trug einen offenen weißen Ledermantel und einen silbernen Pullover. Ihr Rock war ein enger Schlauch, der dicht über ihren spitzen, alabasterweißen Knien endete. Ihre Füße steckten in silbernen Stiefeln, und ihr dicker Gürtel war aus ihrem eigenen Haar gefertigt – so stand es in Cones Dossier – und hatte einen silbernen Schlangenkopf als Schnalle. Das Haar auf ihrem Kopf explodierte zu einer wilden Mähne, die die Farbe von Meeresbrandung hatte. Cat Baxter.

Die Reporterin machte sich Notizen, hörte aber damit auf, als Cat sich umdrehte – »Wiz, mach, daß du hier rauskommst, du bist ja völlig blau« – und sich dann wieder ihr zudrehte. »Diese *Schlag*zeuger . . . Ich arbeite mit Hieroglyphen, wissen Sie, und ich lasse mich von dem Song davontragen. Ich singe einfach frei drauflos, spontan. Es ist so eine Art unvorbereiteter Start hinauf in Höhen, in denen ich noch nie zuvor geflogen bin. Und das passiert *jedesmal*. Das ist überhaupt nicht sentimental, und es hat auch nichts mit protestantischer Arbeitsethik zu tun – wenn ich das höre, könnte ich platzen vor Wut. Nein, ändern Sie das – es verletzt meine politischen Überzeugungen, es ist so *bürgerlich*, ich meine, es kann ja schließlich nicht *alles* eine Botschaft haben, auch nicht bei den Sound of Mucus.«

Pollock kam zu mir herüber. »Sieh an, sieh an. Wollen Sie sich ein Autogramm holen?« Schnelles, blitzendes Lächeln.

»Da ist noch etwas, was ich Sie fragen wollte«, sagte ich. »Ist es nicht ein seltsamer Zufall, daß Miß Baxter hier zeitgleich mit dem Gorbatschow-Besuch ein Konzert gibt?«

»Du meine Güte. Darüber habe ich noch gar nicht nachgedacht. Aber wir wissen ja erst seit gestern, daß er kommt. Und den Termin für ihr Konzert habe ich schon letzten Monat vereinbart.«

Cone betrat den Raum, schaute sich um und gesellte sich zu uns.

»Letzten Monat«, sagte ich, »hat sie ein Konzert in Moskau gegeben.«

Pollock schwieg einen Moment, kratzte sich am Kopf, sagte dann: »Das stimmt. Da haben Sie recht.« Schnelles Lächeln. »Darüber habe ich mir gar keine Gedanken gemacht. Ich meine, über den Zusammenhang. Schließlich ist hier in Berlin immer eine Menge los, wenn wichtige Besucher einfliegen. Entschuldigen Sie mich, ich vergewissere mich nur eben, ob sie gut versorgt ist.« Er ging zum Telefon.

»Ich konnte nicht eher kommen«, sagte Cone. »Ich habe mit Yasolev gesprochen.«

Ich spürte ein Ziehen in den Hoden.

»Hat er etwas aus ihm herausbekommen?«

»Sie sind in London dabei, das Material auszuwerten. Es ist ein bißchen unzusammenhängend.«

»Wo ist Dietrich jetzt?« fragte ich, wobei mich allerdings mehr sein Zustand als ein Aufenthaltsort interessierte.

»Er hatte offenbar ein schwaches Herz.«

»*Scheiße.*«

Scarsdale, Lena Pabst, Dietrich. Jedesmal, wenn wir dicht

davor waren, brauchbare Informationen zu erhalten, kam uns der Tod in die Quere.

»Mit diesem visionären Getue habe ich nichts am Hut, und ich versuche nicht, meine Fans zum Kreischen zu bringen – das ist albern. Ich schwinge auch nicht meine Hüften, verdammt, ich habe ja überhaupt keine – nein, streichen Sie das – ich benutze keine Körpersprache, ich benutze meine Kehle.«

Pollock kam vom Telefonieren zurück. Cone sagte etwas zu ihm, und er schüttelte den Kopf. Als ich näher heranging, sagte er gerade: »Und sie verdient so etwa eine Million Pfund im Jahr. Ich kann das Konzert unmöglich absagen.«

Cone ging hinüber zu Cat Baxter, und einen Augenblick später steckte die Reporterin ihre Notizen in eine Aktentasche und verließ den Raum. Pollock winkte mir zu und ging ebenfalls. Jetzt war da nur noch der Mann mit dem blauen Serge-Anzug und der dunklen Krawatte.

»Miß Baxter, wir möchten Sie gern sprechen«, sagte Cone, »allein.«

»Boris kann ruhig hierbleiben. Er ist mein Leibwächter.«

»Ist er vom KGB?«

Das war auch mein Gedanke.

»Ja.«

Cone ging zu ihm. Oberst Yasolev von Abteilung V wünscht Sie für einen Moment zu sprechen, und so weiter.

»Mir gefällt Ihre Art«, sagte ich zu Cat Baxter.

Sie präsentierte sich mir, anders kann ich es nicht beschreiben: Sie drehte ihren kleinen, schmächtigen, in Silber und wallendes Haar gehüllten Körper herum, schob ihn mir nur um zwei, drei Zentimeter entgegen, und die Luft schien zu vibrieren. Ihre Augen waren groß und unschuldig, und ich nahm ihr sogar ab, daß sie vorhin die Wahrheit gesagt hatte, daß sie tatsächlich selbst glaubte, keine Körpersprache zu benutzen.

»Meine Art?«

»Das Ganze ist Ihnen nicht zu Kopf gestiegen.«

»Sie meinen, meine Berühmtheit?«

»Genau.« Ich hörte, wie die Tür ins Schloß fiel, und dann

gesellte sich Cone zu uns. Cat machte einen Schritt zurück und schaute uns beide abwechselnd an.

»Mein Manager sagte, Sie kommen vom Außenministerium.«

»Ja«, sagte Cone.

»Sie sehen so *offiziell* aus.«

»Das ist wohl unvermeidlich. Das hier ist Mr. Ash. Ich werde Sie jetzt mit ihm allein lassen. Das Gespräch wird nicht protokolliert, machen Sie sich deswegen also keine Sorgen.«

Er nickte und ging hinaus. Das war so abgesprochen: Wir wollten nicht, daß sie sich in der Minderheit fühlte.

»Er sieht aus, als ob er eine schlimme Zeit hinter sich hätte«, sagte das Mädchen.«

»Er hat einen schwierigen Job.« Sie bot mir keinen Platz an, also lehnte ich mich an die Wand neben einem der Fenster. »Ich werde Sie nicht lange aufhalten. Wie sind Sie auf die Idee gekommen, hier aufzutreten?«

»Ich finde einfach, daß die Zeit dafür reif ist. Phil Collins ist mit Genesis auf der Westseite der Mauer aufgetreten. Dave Bowie auch. Die Ostberliner sind deswegen beinahe ausgeflippt. Die Polizei ließ sie nicht näher als vierhundert Meter an die Mauer heran. Es gab die schlimmsten Krawalle seit Jahren.« Sie drehte sich um, machte drei lebhafte Schritte, drehte sich wieder um und warf ihre Haarmähne zurück. »Aber das brauche ich Ihnen ja nicht zu erzählen. Ihr Jungs seid bestimmt bestens auf dem laufenden.«

»Wir lesen Zeitungen. Natürlich hätte man Ihnen in der Zeit vor Gorbatschow niemals erlaubt, hier aufzutreten.«

»Da wäre ich auch gar nicht auf die Idee gekommen. Der Mann ist einfach fantastisch.«

»Als die Ostdeutschen Ihnen den Auftritt erlaubten, bestanden da irgendwelche Verbindungen in die Sowjetunion?«

Sie senkte den Blick. Schritt, Schritt, Schritt, Kehrtwendung, das Haar. »Warum?«

»Sie haben ein Konzert in Moskau gegeben.«

»Ich weiß nicht, worauf Sie hinauswollen.«

»Wir interessieren uns lediglich dafür, wie sich die Verhältnisse hier drüben ändern.«

»Drücken Sie sich bitte etwas deutlicher aus, Mr. Ash. Sie haben eben von Verbindungen in die Sowjetunion gesprochen.«

»Es war nur eine Frage. Es ist zum Beispiel interessant, daß der KGB Ihnen Schutz angeboten hat.«

»Leute wie ich brauchen nun mal Schutz. Die Fans reißen uns die Haut vom Leib, wenn . . .«

»Aber warum der KGB? Warum nicht die HUA – die ostdeutsche Polizei?«

Sie drehte sich weg, Schritt, Schritt, drehte sich abrupt wieder mir zu. »Was *genau* wollen Sie von mir wissen?«

Anscheinend hatte ich einen wunden Punkt getroffen.

»Alles über Ihre Kontakte zur sowjetischen Regierung.«

Sie warf den Kopf zurück, eine rein gewohnheitsmäßige, nichtssagende Geste. »Sind Sie wirklich vom Außenministerium? Oder kommen Sie vom Secret Service?«

»Sie begreifen schnell.« Aber in Wirklichkeit hatte ich diese Frage schon viel früher erwartet, sie bewußt auf diesen Gedanken gebracht.

»Hören Sie, ich bin ein Rockstar, okay? Aber bevor ich mit dem Gesang anfing, habe ich studiert und einen akademischen Abschluß gemacht.«

»Nicht schlecht.«

»Für einen Rockstar.«

»Nein, überhaupt. Was haben Sie studiert?«

»Politische Wissenschaften.«

»Das erklärt einiges. Zum Beispiel die Dinge, die Sie über die Menschenrechte gesagt haben.«

»Man muß kein politischer Mensch sein, um sich für die Freiheit der Menschen einzusetzen.« Sie blickte weg, blickte mich wieder an. »Sind Sie hier, um meiner Arbeit Steine in den Weg zu legen, Mr. Ash? Das möchte ich doch gerne wissen.«

»Ich wußte gar nicht, daß Sie hier an etwas arbeiten, bei dem wir Ihnen Steine in den Weg legen könnten.«

Sie hielt mitten in einem ihrer Schritte inne und winkte mit der Hand. Diese Geste sah ich bei ihr zum ersten Mal.

»Ich meine das Konzert.«

Das meinte sie nicht.

»Ach so.«

»Sind Sie eigentlich berechtigt, mir all diese Fragen zu stellen?« wollte sie wissen.

»Nein.«

Wieder warf sie die Hand in die Luft. »Als mein Manager mich informierte, daß ein paar Leute vom Außenministerium mich sprechen möchten, sagte er, Sie wollten mir helfen, daß mit meinem Konzert alles glatt geht.«

»Das haben wir ihm auch gesagt. Haben Sie etwas dagegen, wenn ich mich setze?«

»Nein, natürlich nicht, aber fassen Sie sich bitte kurz.«

»Es dauert nur eine Minute.« Ich sank in einen der velourgepolsterten Chromsessel. Ich hatte keine gute Nacht hinter mir; die Messerwunde eiterte, und ich mußte Antibiotika schlucken.

»Wenn es Probleme mit dem Konzert gibt, werden wir Ihnen helfen«, sagte ich. »Dieses Angebot war durchaus ernst gemeint.«

»Das ist sehr nett von Ihnen, aber bis jetzt läuft alles bestens.«

»Sind Sie noch nie auf die Idee gekommen, daß Sie möglicherweise jemand für seine Zwecke benutzt?« Eine vage Vermutung.

Schritt, Schritt, Schritt, Kehrtwende, das Haar. »Also, Sie haben wirklich Nerven.«

Aber unter ihrer ganzen Schminke wirkte sie plötzlich ziemlich erschrocken.

»Drücken wir es einmal so aus: Ich habe zwar kein Recht, Ihnen Fragen zu stellen, aber die Regierung vertraut darauf, daß Sie auf keinen Fall etwas tun würden, was Ihrem Land schadet.«

»Ich tue eine Menge *für* mein Land, danke. Ich bin ein ziemlich wertvoller britischer Exportartikel, und ich errege überall, wo ich mit meiner Gruppe auftrete, eine Menge Aufsehen. Vor einem Monat in Israel durchbrachen die Fans die Absperrung der Polizei und hätten fast meinen Wagen umgeworfen. Vielleicht sollte ich noch hinzufügen, daß ich fünfundzwanzig Prozent meiner Konzerteinnahmen dort für die Überlebenden des Holocaust gespendet habe. Schädige ich damit vielleicht England?«

»Ich bin sicher, daß Ihr Engagement allgemeine Zustimmung findet.«

»Wo liegt also das Problem, Mr. Ash?«

Das Telefon klingelte, aber sie rührte sich nicht.

»Stimmt es, daß Sie vor drei Jahren als Austauschstudentin in Moskau waren?«

»Verdammt, ich wünschte, Sie würden endlich zur Sache kommen.«

Das Telefon klingelte immer noch.

»Die Sache ist die: Falls Sie irgendwelche kommunistischen Neigungen haben, möchten wir nicht, daß eine sehr talentierte, charmante, international anerkannte Künstlerin durch diese Neigungen in irgendwelche ernsten Schwierigkeiten gerät.«

»Ich? Eine *Kommunistin*?«

»Was halten Sie beispielsweise von Mr. Gorbatschow?«

»Ich bin ihm noch nie persönlich begegnet.«

»Ist es nicht ein seltsamer Zufall, daß Sie hier ausgerechnet während seines Besuches auftreten?«

»Vielleicht hat er es so geplant.«

»Umgekehrt ist es doch wohl wahrscheinlicher, oder?«

Das Telefon hörte auf zu klingeln.

»Hören Sie, ich habe überhaupt nichts geplant. Ich wurde hierher *eingeladen*.«

»Von der Stadt Ostberlin?«

»Nicht direkt.«

»Möchten Sie sich nicht auch setzen?«

»Nein, ich fühle mich so wohler.«

Und wütend war sie, und allmählich bekam sie Angst.

»Von wem kam die Einladung denn nun genau?«

»Es war keine richtige Einladung. Ich erhielt einen Brief von der britischen Botschaft, in dem man mir anbot, mit den Ostberliner Behörden zu sprechen, falls ich an einem Auftritt hier interessiert sei.«

»Mit den Behörden von Ostberlin?«

»Ja, natürlich.«

»Ich möchte mich nur vergewissern, ob ich Sie richtig

verstanden habe. Und wer von der britischen Botschaft hat Ihnen geschrieben?«

»Mr. Pollock.«

»Natürlich. Er ist der Kulturattaché.« Ich stand auf, und eine Naht an meiner Wunde spannte. »So, ich habe keine weiteren Fragen, Miß Baxter.«

»Aber was haben Sie denn von mir erfahren?«

Sie war jetzt sehr verängstigt.

»Sie waren sehr kooperativ, und was Sie gesagt haben, hat mich beruhigt.«

»Ihr Regierungsleute seid immer so verdammt *glatt*.«

Ich hatte den Verdacht, daß sie mir auf die Hand spucken würde, hätte ich sie ihr gereicht. »Ich wünsche Ihnen ein sehr erfolgreiches Konzert. Die Ostberliner freuen sich, daß Sie hier sind.« Ich ging zur Tür, und sie folgte mir, Schritt, Schritt, Schritt, in diesem winzigen silbernen Rock, mit leuchtenden Augen.

»Okay, Mr. Ash, ich gehe ein Risiko ein, hier draußen. Aber es lohnt sich bestimmt.«

Sollte sich doch Cone um diese Angelegenheit kümmern.

»Dann geben Sie auf sich acht. Das meine ich sehr ernst.« Ich öffnete die Tür, und draußen stand der KGB-Leibwächter.

»Mr. Ash.«

Ich drehte mich zu ihr um.

»Werden Sie zum Konzert kommen?«

»Das hoffe ich.«

»Ich hoffe es auch.« Leuchtende Augen. »Es wird Sie vom Stuhl hauen.«

»Er wußte nur sehr wenig.« Yasolevs Augen waren tief unter den Brauen verschwunden, und er goß sich gerade noch einen Wodka ein.

»Wußte er nicht viel, oder hat er nur nicht viel gefragt?« Ich trank keinen Wodka, denn schon nach ein paar Schlucken hätte ich garantiert die Kontrolle verloren und Yasolev angeschrien. Ich hatte fast zehn Stunden gebraucht, bis ich endlich einen von den Kerlen erwischt hatte. Und dann hatte ich ihm einem

KGB-Oberst übergeben, der in dem Ruf stand, in einer Verhörzelle sogar einen Stein zum Reden bringen zu können, und das Resultat war gleich Null.

»Er hat nicht viel gesagt, aber ich bin sicher, daß er mehr gesagt hätte, wenn er mehr gewußt hätte.«

Eine bloße Vermutung, mehr nicht.

»Was ist mit dem anderen Mann, den Sie sich geschnappt haben, auf der Brücke?«

Noch nie hatten mich seine nikotingelben Augen mit solcher Feindseligkeit angestarrt wie in diesem Augenblick, und das warnte mich. Ich war hergekommen, um *Quickstep* im Auftrag das KGB durchzuführen, und Shepley würde mich mit Recht in die Wüste schicken, wenn ich Yasolev provozierte, die ganze Sache abzublasen.

»Bei ihm hatten wir auch nicht mehr Glück.«

Er sprach mit eisiger Selbstbeherrschung.

»Es gibt keine Garantie dafür«, sagte Cone, ohne einen von uns anzublicken, »daß ein Verhör erfolgreich verläuft.«

Er versuchte, die Gemüter zu beruhigen, was völlig richtig war. Bureau One würde ihn ebenfalls in die Wüste schicken, wenn uns die Sache aus den Händen glitt.

»Das stimmt natürlich«, sagte ich.

»Danke«, sagte er.

Mir gefiel seine Art. »Na gut, Viktor, dann erzählen Sie uns bitte, was Sie herausbekommen haben.«

Ich signalisierte Waffenruhe, indem ich ihn zum ersten Mal mit dem Vornamen anredete.

»Mr. Cone hat die Informationen zur Auswertung nach London geschickt, so wie ich sie selbstverständlich nach Moskau geschickt habe.« Ich glaube, seine Stimme hatte etwas an Schärfe verloren. »Aber es ist eben leider nicht viel.« Er kippte den Wodka hinunter und ließ dessen Kraft auf sich einwirken. »Er zwang mich, Gewalt anzuwenden. Für irgendwelche aufwendigen Methoden war keine Zeit.« Dafür, ihm eine Kapuze aufzusetzen, ihn reif für die Psychiatrie zu machen.

»Ja«, sagte Cone, »der Generalsekretär trifft in achtundvierzig Stunden hier ein.«

»Möchten Sie einen Wodka?«

»Danke, ich bleibe lieber bei meinem Tee.«

Er legte den Kopf schief. »Außerdem war offensichtlich, daß Dietrich nicht das Vertrauen Horst Volpers besaß. Er sagte, daß er mit seinem Auftraggeber nur über Telefon gesprochen hätte, und daß er Deutsch mit englischem Akzent sprach. Dietrich selbst sprach kein Englisch. Er war nur ein unbedeutender Lakai, genau wie der Mann, den Sie mit genausowenig Erfolg im Fluß verhört haben.«

Eins zu null für ihn.

Cone ging dazwischen. »Wie lange hat das Verhör mit Dietrich gedauert?«

»Eine halbe Stunde, glaube ich.«

Toter in Garage entdeckt. Alles deutet darauf hin, daß er vor seinem Tod gefoltert wurde.

»Was ich Ihnen sonst noch erzählen kann«, sagte Yasolev, »setzt sich aus den bruchstückhaften Informationen zusammen, die ich Dietrich entlocken konnte. Ich bin der Ansicht, daß er die Wahrheit sagte, daß er Horst Volper tatsächlich nie persönlich begegnet war und auch nie von *Trompeter* gehört hatte, und daß der Generalsekretär das Ziel von Volpers Operation ist – wie wir ja bereits wissen.«

Cone stellte seine Teetasse wieder auf das Tablett. »Hat er denn von einem Mordanschlag gesprochen?

»Ob er davon gesprochen hat oder nicht – ich gehe davon aus, daß auf jeden Fall ein Anschlag geplant ist. Aus den Informationen, die Sie mir gegeben haben, kann man entnehmen, daß Attentate Volpers Spezialität sind. Sie können sich gewiß vorstellen, wie ich mich fühle. Ich habe meiner Abteilung berichtet, in welch großer Gefahr Genosse Gorbatschow schwebt, und normalerweise hätte das sofortige Gegenmaßnahmen zur Folge.«

Ein bitteres Achselzucken. »Aber der Besuch wird nicht abgesagt. Das Treffen des Generalsekretärs mit dem Staatsratsvorsitzenden Honecker wird offenbar als außerordentlich wichtig angesehen. Was kann ich also noch tun?«

»Aber Sie werden doch die Bewachung verstärken?«

Sein Blick richtete sich auf mich. »Natürlich. Und wir werden die HUA auffordern, ihre Sicherheitsmaßnahmen ebenfalls zu verstärken. Es geht um *Gorbatschow.* Wir dürfen ihn nicht verlieren. Er ist . . . kostbar.«

Es war wirklich außergewöhnlich, über wieviel Charisma dieser Mann im Kreml verfügte. Bei seinen Besuchen in London und Washington waren die Leute regelrecht ausgeflippt, und nun bewirkte er sogar, daß ein KGB-Oberst Gefühle zeigte. Natürlich hatte Yasolev recht: *Niemand* konnte es sich leisten, diesen Mann zu verlieren. Die ganze Welt nicht.

»Wir müssen tun, was wir können, um einen Anschlag zu verhindern«, sagte ich.

»Glauben Sie denn« – er kam einen Schritt näher –, »daß dieser Volper *wirklich* eine Chance hat?«

O Gott, was für eine Frage. Und die Antwort war noch schlimmer: »Ja.«

»Eine Chance«, sagte Cone. »Nicht mehr.«

»Sie sind nicht sehr optimistisch.« Yasolev sah aus, als hätten wir ihm ein Messer in die Brust gestoßen.

»Hören Sie«, sagte ich, »wir wissen, daß Volper sich auf Attentate spezialisiert hat, wir wissen, daß er sich hier in Berlin aufhält, und wir wissen, wer sein Ziel ist. Und er ist dafür bekannt, erfolgreiche Arbeit zu leisten. Ich will damit sagen, daß wir uns nicht damit begnügen sollten, die Bewachung des Generalsekretärs zu verstärken. Wir *müssen* uns einen von Volpers Männern schnappen, der mehr weiß als diese beiden Lakaien. Die beiden erhielten den Auftrag, mich zu erledigen, weil Volper mich für eine Gefahr hält, und da hat er verdammt recht. Aber sie *wußten* nichts. Wir brauchen noch immer dringend Informationen.«

»Und wie sollen wir uns die beschaffen?«

»Heute abend«, sagte ich, »werde ich einen Blick in Zimmer Sechzig der Luftwaffenverwaltung werfen.« Ich wandte mich Cone zu. »Haben Sie ihn informiert?«

»Ja.«

»Ich werde Ihnen Unterstützung geben«, sagte Yasolev, und ich drehte mich zu ihm um.

»Viktor, wenn ich auch nur *einen einzigen* von Ihren Leuten in meinem Einsatzsektor entdecke, packe ich meine Sachen. Ist das klar?«

»Ich habe Sie letzte Nacht nicht verfolgen lassen. Meine Agenten sind lediglich Volpers Männer gefolgt, in der Hoffnung, einen von ihnen zu fangen. Was uns ja auch gelang. Wir . . .«

»Um Himmels willen, ich weiß wirklich nicht mehr, wie ich Sie überzeugen soll.« Auf englisch: »Cone, ich überlasse es Ihnen, ihm das klarzumachen. Ich *will* heute abend allein arbeiten, und er *muß* das einsehen.«

»Ich werde tun, was ich kann.«

»Gut. Und noch etwas« – ich wechselte wieder ins Russische –, »ich würde Cat Baxter von zwei oder drei zuverlässigen Leuten bewachen lassen. Reden Sie selbst mal mit ihr, falls sie Sie empfängt.«

»Was haben Sie denn aus ihr herausbekommen?«

Ich schaute auf die Uhr. »Ich werde es Ihnen später erzählen, denn ich muß jetzt in das Luftwaffengebäude, bevor um fünf Uhr die Türen geschlossen werden. Aber, um es kurz zu machen, ich glaube, daß sie mit dem Feuer spielt und daß sie vielleicht irgendeine Art Demonstration plant, weil Gorbatschow hier sein wird. Wir sitzen sowieso schon auf Dynamit, und wir brauchen nicht auch noch eine wildgewordene heilige Johanna, die mit Zündhölzern herumspielt.«

Als ich das sagte, war es 16.13 Uhr, und um 16.46 Uhr spazierte ich ins Gebäude der Luftwaffenverwaltung in der Brüderstraße, zeigte dem Pförtner meinen Polizeiausweis, ging hinüber zu den Aufzügen und machte mich an die Arbeit.

17 ZIMMER 60

Er beobachtete mich.

Die ideale Situation, wenn man in einem Verwaltungsgebäude ein Büro durchsuchen möchte, ist die, daß alle Angestellten um fünf Uhr das Gebäude verlassen, die Türen geschlossen werden und sich nur noch der Hausmeister unten im Kellergeschoß aufhält, so daß man aus dem Schrank klettern und sich ungestört an die Arbeit machen kann. Aber hier waren um sechs Uhr noch immer Leute im Gebäude, und es kam mir der Gedanke, daß es hier vielleicht eine Nachtschicht gab, weil es sich um ein militärisches Hauptquartier handelte.

Oder zumindest sah es so aus, als beobachtete er mich – es war schwer zu sagen. Das ganze Gebäude war ein wabenartiges Gebäude aus Glas und Aluminium, und man sah Spiegelbilder, wohin man auch blickte.

Ich rührte mich nicht von der Stelle.

Ich saß im Zimmer 60. Der Name des Mannes, der hier drin arbeitete, stand auf einem Schild draußen an der Tür: A. V. Melnichenko, sowjetischer Berater des Direktorates. Ich wußte nicht, wie er aussah. Wenn er mir auf fünfzehn Meter Entfernung und durch etliche Fenster und ihre verwinkelten Reflexionen hindurch einigermaßen ähnlich sah, konnte es gutgehen: Hier war Genosse Melnichenko, sowjetischer Berater des Direktorates, saß noch an seinem Schreibtisch und arbeitete. Aber wenn er mir nicht ähnlich sah und ich anfing, herumzulaufen und Schubladen zu öffnen und in Aktenordnern zu stöbern, würde es garantiert schiefgehen: Der Mann aus dem Büro schräg gegenüber würde herkommen und mich fragen, was ich hier tat. Ein HUA-Hauptmann hatte schließlich nicht das Recht, sich hier aufzuhalten, weil es sich um ein militärisches Gebäude handelte. Und wenn ich erklärte, daß ich mit offizieller Genehmigung Ermittlungen anstellte, mußte ich den Namen des Offiziers hier in der Luftwaffenverwaltung nennen, der mir die Erlaubnis dazu erteilt hatte.

Und hinzu kam, daß es sich um das Büro des Sowjetberaters handelte; und der war gewiß kein Leichtgewicht: Er gehörte mit Sicherheit der GRU an.

Der Mann schräg gegenüber trug keine Uniform, auch die anderen nicht, die ich in weiter entfernten Büros sehen konnte. Mit meiner Tarnung war also alles in Ordnung: Ich hatte einen dunklen Anzug und eine Krawatte angezogen, und das gab mir wenigstens eine Chance. Und er telefonierte, der Mann, der mich zu beobachten schien, und wenn wir telefonieren, neigen wir dazu, auf Dinge zu starren, ohne sie wirklich zu sehen. Andererseits hatte er mich vielleicht bemerkt, nachdem er angefangen hatte zu sprechen, und würde erst sein Gespräch beenden, ehe er herüberkam, um herauszufinden, wer ich war.

Ich nehme an, daß das alles wie eine harmlose intellektuelle Übung klingt, aber es war alles andere als das. Ich hatte mich erst fünf Minuten hier in dem Büro aufgehalten, als der Mann aus dem Aufzug gekommen und in sein Büro spaziert war, das Licht eingeschaltet und sich an seinen Schreibtisch gesetzt hatte; und als er aufgeblickt hatte, hatte er mich durch die Glaswände hindurch gesehen, und es war keine Zeit gewesen, mich zu ducken. Aber das wäre ohnehin ein Fehler gewesen, denn wenn ich einmal außer Sicht war, konnte ich nicht nachher plötzlich aus dem Nichts auftauchen.

Wenn jemand hierher kam und mich fragte, wer ich war, wurde es brenzlig, denn die Militärs haben im allgemeinen kein gutes Verhältnis zur zivilen Geheimpolizei. Sie würden sich zumindest meinen Ausweis zeigen lassen. Und dann würden sie ihn telefonisch überprüfen und feststellen, daß er gefälscht war.

Yasolev: *Die HUA darf unter keinen Umständen wissen, daß Sie mit dem KGB zusammenarbeiten.*

Jemand ging aus einem anderen Büro auf diesem Flur in das Zimmer, in dem der Mann saß und telefonierte. Er blickte auf und legte die Hand auf die Sprechmuschel. Wenn es ihn interessierte, dann war *das* der Moment, in dem er den anderen Mann bitten würde, einmal nachzuschauen, wer da am Schreibtisch des Genossen Melnichenko saß.

Ich wartete.

Der einzige, den ich bei der HUA anrufen konnte, wenn ich in der Klemme saß, war Hauptmann Karl Bruger. Und der war vielleicht gerade nicht zu erreichen, oder er hatte die Anweisung, so zu tun, als kenne er mich nicht. Ich konnte noch nicht einmal den russischen Botschafter anrufen, denn das hätte meine Verbindung zum KGB enthüllt; und wenn ich Yasolev hochgehen ließ, war die ganze *Quickstep*-Mission geplatzt.

Ich wartete.

Es war nicht kalt hier drin, aber ich fröstelte trotzdem.

Möglicherweise gelang es mir zu entkommen, wenn die Polizei mich zum Verhör bringen wollte, aber dann kannten sie mein Gesicht und würden sofort eine Großfahndung einleiten, was bedeutete, daß ich auf Tauchstation gehen und *dort bleiben* mußte. Und ich hatte das ziemlich sichere Gefühl, daß der KGB, selbst wenn Yasolev seine Vorgesetzten davon überzeugen konnte, eine ganze Armee von Sicherheitsleuten nach Ostberlin zu schicken, *Gorbatschow nicht schützen konnte.*

Horst Volper war Profi. Er war ein Spezialist, und wenn er tatsächlich hier in Berlin war, um Gorbatschow zu ermorden, würde er sich darüber im klaren sein, daß seine Zielperson bestens eskortiert und bewacht sein würde, und er würde das bei seinem Plan berücksichtigen. Es gab nur eine Möglichkeit, Gorbatschow zu schützen: Volper rechtzeitig zu finden und zu neutralisieren.

Ihn zu *neutralisieren.* Verdammt, ich war genauso schlimm wie diese Paragraphenreiter in unseren Londoner Büros – ihn zu *töten,* ja, wir mußten Volper *töten,* damit die Menschheit ein für allemal vor ihm sicher war.

Der Mann am Telefon sprach noch immer mit dem anderen Kerl, der in sein Büro gekommen war, und hielt noch immer die Sprechmuschel zu, und ich rührte mich noch immer nicht. Das Ganze wurde zu einer Zerreißprobe für meine Nerven. Auf meinem Kopf fing der Schweiß an zu jucken, und ich durfte mich nicht kratzen. Die erzwungene Reglosigkeit verursachte einen Krampf in meinem rechten Bein, und ich durfte es nicht bewegen. *Nun sag ihm doch schon, daß er herkommen und nachschauen soll, oder laß es!*

Es war, als hätte er es gehört. Er nickte, nahm die Hand vom Hörer und sprach wieder ins Telefon. Der andere Mann verließ das Büro, schloß die Tür und ging über den Flur. Zwei geisterhafte Spiegelbilder in den Fenstern begleiteten ihn und verschmolzen, als er die Ecke erreichte und in meine Richtung kam. Er blickte hinunter auf etwas, das er in der Hand hielt, blickte wieder auf, blieb nicht stehen, ging in keines der anderen Büros, kam geradewegs hierher, wandte den Kopf, schaute mich durch die Glasscheibe an und öffnete die Tür.

»Wo ist Melnichenko?«

»Er sagte, er ist gleich wieder zurück.«

Er blickte nur auf die Mappe in seiner Hand. »Ich wollte etwas mit ihm besprechen.«

»Ich werde es ihm sagen.«

Ein Kopfnicken. Er wollte gehen, drehte sich noch einmal um. »Habe ich Sie schon einmal gesehen?«

»Nein. Es sei denn, Sie waren schon mal beim Kommandanten des GRU-Hauptquartiers in Moskau zu Besuch.«

Er wich ein Stück mit dem Kopf zurück, öffnete den Mund, schien aber nicht recht zu wissen, was er sagen sollte, und ging.

Ich hatte deutsch mit russischem Akzent gesprochen, damit das ganze einigermaßen plausibel klang. Aber es war *sehr* knapp gewesen, und ich bezweifelte, daß sich alle, die möglicherweise noch hier vorbeikamen, so leicht beeindrucken lassen würden.

Ich saß hier wie in einem Aquarium. Darauf war ich nicht vorbereitet gewesen. Ich mußte eine Entscheidung treffen: Sollte ich mich so schnell wie möglich aus dem Staub machen? Oder sollte ich hierbleiben, das Büro durchsuchen und das Risiko eingehen, jeden Augenblick entdeckt zu werden? Lena Pabst hatte gesagt, daß sich in diesem Raum eine Akte über *Trompeter* befand, also war ich an meinem Ziel, Volper zu finden und seine Operation zu stoppen, näher als je zuvor. Es war also dringend erforderlich, daß ich hierblieb und das Risiko auf mich nahm.

Ich spürte auch eine starke Versuchung, Cone anzurufen. *Ich befinde mich in einem roten Sektor, und falls ich nicht wieder herauskomme, möchte ich Sie vorsichtshalber informieren, daß Zimmer 60 das Büro von A. V. Melnichenko ist. Sowjetberater des Direktorates, vermutlich ein GRU-Mann.*

Dann mußte Cone herausfinden, warum sich die Akte über *Trompeter* in der Obhut eines GRU-Offiziers befand. Zwei mögliche Erklärungen: Die GRU beobachtete die Operation lediglich und wartete auf den günstigsten Zeitpunkt, um sie hochgehen zu lassen, oder *Trompeter* hatte gar nichts mit Horst Volper zu tun.

Ich öffnete die linke obere Schublade, während ich den

letzten Gedanken verarbeitete. Moment mal, wie war das? Trompeter *hatte nichts mit Horst Volper zu tun.*

Nichts mit dem geplanten Mordanschlag zu tun.

Aber womit dann? Es mußte eine Sache von großer Wichtigkeit sein, denn Lena Pabst war, kurz nachdem sie angefangen hatte, Nachforschungen anzustellen, erschossen aufgefunden worden.

Ich mußte also unbedingt telefonieren.

Während ich auf das Freizeichen wartete, beobachtete ich eines der Spiegelbilder des Mannes in dem Büro schräg gegenüber; er interessierte sich nicht für mich: Er hatte sein Telefongespräch beendet und schrieb.

Es klingelte fünfmal.

Achtmal.

Jemand kam aus dem Aufzug, und seine Spiegelbilder verschmolzen und teilten sich dann wieder. Ich beobachtete ihn.

Beim zehnten Klingeln drückte ich den Kontakt herunter, wartete und ließ ihn wieder los. Freizeichen.

Er kam in meine Richtung, und ich schloß die Schublade.

Es klingelte am anderen Ende der Leitung.

Wie paßt Cat Baxter in dieses Bild?

Viertes Klingelzeichen.

Ich gehe ein Risiko ein. Was hatte sie damit gemeint? Worin bestand dieses Risiko?

Der Mann ging an der Tür des Büros vorbei, ohne den Kopf zu drehen, ein junger Mann, uniformiert, unterer Dienstgrad. Wenn man nur einen unteren Dienstgrad hat, schaut man nicht in Direktoratsbüros.

»Ja?«

Yasolev.

»Liaison.«

»Was gibt es?«

»Zu Ihrer Information: Zimmer Sechzig ist das Büro von A. V. Melnichenko, sowjetischer Berater des Direktorates. Ich vermute, daß er dem GRU angehört, nicht dem KGB, weil es sich hier um ein militärisches Hauptquartier handelt. Es . . .«

»Warten Sie.«

Er machte sich Notizen.

»Ja, weiter.«

»Es ist möglich, daß die *Trompeter*-Operation nicht von Horst Volper geführt wird und nichts mit unserem eigentlichen Problem zu tun hat.« Ein KGB-Offizier mit einem Hotelzimmer in Ostberlin benutzt ein abhörsicheres Telefon, aber ich scheute trotzdem davor zurück, den Namen Gorbatschow als Ziel eines geplanten Mordanschlags zu erwähnen.

»Vielleicht hat Melnichenko sich die Akte beschafft und beobachtet die Operation«, sagte Yasolev.

»Und wartet auf einen günstigen Augenblick, um zuzuschlagen. Ja, das ist möglich. Aber ich habe Sie angerufen, weil wir unsere Strategie völlig ändern müssen, falls die andere Möglichkeit zutrifft. Dann müssen wir *zwei* Operationen infiltrieren.«

Nach einem Moment: »Das haben wir auch bereits vermutet.«

Weil Dietrich, trotz des brutalen Verhörs, nichts von *Trompeter* gewußt hatte.

»Ja. Diese Vermutung scheint sich zu bestätigen. Ich überlasse alles weitere Ihnen, in Ordnung?«

»Ja. Ich kümmere mich sofort darum. Aber Ihr gegenwärtiger Aufenthaltsort macht mir Sorgen. Wenn Sie in diesem Gebäude erwischt werden . . .«

»Ich befinde mich schließlich nicht zum ersten Mal in einer solchen Situation. Ich melde mich, sobald ich mich von hier abgesetzt habe.«

»Gut. Ich hoffe . . .« Ich sah sein Achselzucken deutlich vor meinem geistigen Auge.

»Ende.«

Ich legte auf.

Er würde keine Zeit verschwenden, sofort Verbindung mit Moskau aufzunehmen: *Ich benötige alle verfügbaren Informationen über A. V. Melnichenko, vermutlich Angehöriger des GRU. Überprüfen Sie auch die Personalakten des KGB. Es handelt sich um eine Angelegenheit von größter Wichtigkeit.*

Ich streckte meine Hand wieder nach der Schublade aus, erstarrte aber plötzlich angesichts eines neuen Gedankens. Ich hatte Yasolev gerade gesagt, daß *Trompeter* möglicherweise nichts mit unserem ›eigentlichen Problem‹ zu tun hatte, einfach deshalb, weil es nichts mit Horst Volper zu tun hatte. Das konnte sich aber als gefährlicher Trugschluß erweisen. Krähen sind schwarz, aber nicht alle schwarzen Vögel sind Krähen.

Gab es womöglich *zwei* von einander unabhängige Operationen, die *beide* die Ermordung Gorbatschows zum Ziel hatten?

Heilige Mutter Gottes.

Sie müssen wissen, daß es im Kreml Gruppierungen gibt, die der Perestroika-*Politik des Genossen Generalsekretär ablehnend gegenüberstehen.* Yasolev, an jenem kalten Morgen draußen im Wald. *Im KGB gibt es diese unterschiedlichen Gruppierungen ebenfalls.*

Meine Hand schwebte über der Schublade.

Und beim GRU?

Ich hätte gern mit Cone darüber gesprochen. Er hatte gesagt, daß ich es in der britischen Botschaft versuchen sollte, wenn ich ihn im Hotel nicht erreichte. Aber vielleicht war er auch dort nicht, und ich wollte nicht noch mehr Zeit mit Telefonieren vergeuden; ich wollte dieses Büro auf den Kopf stellen, die *Trompeter*-Akten finden und mich aus dem Staub machen, bevor noch jemand in dieses Büro kam und mich fragte, ob er mich schon einmal gesehen hatte – und sich diesmal von meinem russischen Akzent nicht täuschen ließ.

Als ich dort am Schreibtisch des Genossen Melnichenko saß, mein guter Freund, in diesem Spiegelkabinett, im Zentrum eines gefährlich roten Sektors, da bekam ich plötzlich das Gefühl, mich auch im Zentrum von *Quickstep* zu befinden, an dem Punkt, wo die einzelnen Komponenten der Operation *Quickstep* plötzlich wieder kristallklar vor meinen Augen lagen. Das war ein gutes Gefühl. Die Verletzungen, die ich mir im Einsatz zugezogen hatte, der unterschwellige Schmerz über die Todesfälle – Scarsdale, Skidder, Dietrich, der Mann auf der Brücke – mein Mißtrauen gegenüber Yasolev, ja selbst gegenüber Cone und Shepley, der paranoide Verdacht, daß alle drei mich hereinlegen wollten, mich in dieser Stadt herumrennen ließen wie eine Ratte im Labyrinth – all diese Dinge verschwanden aus meinem Bewußtsein, so daß ich mich ganz auf die Operation selbst konzentrieren konnte, auf das, was jetzt unmittelbar von Wichtigkeit war. Die *Trompeter*-Akte.

Ich habe dieses Gefühl schon wiederholt erlebt und gelernt, ihm zu vertrauen. Es ist ein gutes Gefühl, ja. Aber gratuliere mir nicht zu früh, mein Freund. Das Zentrum eines jeden Einsatzes ist wie das Auge eines Hurrikans. In meinem atavistischen Hirnstamm regte sich die Warnung, daß alles verloren war, wenn ich dieses verräterische Spiegelkabinett nicht verließ, solange ich noch Gelegenheit dazu hatte. Denn andernfalls würde *Quickstep* hochgehen, und ich würde nur noch die ersterbenden Echos der Explosion hören.

Eine Tür schlug zu. Ich zuckte zusammen und beobachtete, wie der Mann über den Flur zum Aufzug ging, jener Mann, der in dem Raum schräg gegenüber gesessen hatte. In seinem Büro war es jetzt dunkel.

Nur in zwei anderen Büros brannte noch Licht, aber der Flur war nach wie vor hell erleuchtet. Seine Neonröhren würden die ganze Nacht brennen, für die Nachtwächter.

Von dort, wo ich saß, konnte ich sechs Gesichter sehen, zwei davon waren real, die anderen Spiegelbilder. Von dort, wo diese beiden Männer saßen, konnten sie dreimal das gleiche Gesicht sehen: meines.

Eine Bewegung am Rande des Blickfeldes zieht die Aufmerksamkeit des Auges auf sich; man dreht unwillkürlich den Kopf. Deshalb brauchte ich einige Zeit, um den Aktenschrank in der Ecke zu erreichen, schätzungsweise eine Viertelstunde. Ich mußte ganz langsam hinter dem Schreibtisch verschwinden, und als ich es endlich bis zum Aktenschrank geschafft hatte, zitterten meine Muskeln von der Anstrengung. Aber wenigstens sah ich jetzt keine Gesichter mehr im Fenster.

Es war unwahrscheinlich, daß sich etwas über *Trompeter* hier in diesem Schrank befand; selbst wenn die Schubladen verschlossen waren, konnte man sich doch gefährlich leicht Zugang zu ihnen verschaffen. Mit Sicherheit gab es hier irgendwo einen Wandtresor, und ich würde danach suchen. Aber das hier war die einzige Ecke des Büros, in der mich niemand sehen konnte, also konnte ich mich hier ruhig etwas umschauen, um mir die Zeit zu vertreiben. Die beiden Männer, die sich noch in ihren Büros aufhielten, würden gewiß auch bald gehen – es gab offensichtlich keine Nachtschicht, und falls doch, mußte ich mir etwas Neues einfallen lassen.

Die Schubladen waren abgeschlossen, aber ich hatte die Schlüssel mitgenommen, die ich am Schreibtisch entdeckt hatte, und benutzte sie.

Flugzeug-Stationierung – Einsatzbereitschaft – Zu erwartender Zeitverlust bei Alarmstarts.

In der zweiten Schublade befanden sich Personalstatistiken, in der dritten eine Liste der Geschütze und Spezialbewaffnungen, in der vierten eine Aufschlüsselung der Flugzeugverbände und ihrer strategischen Positionen in der DDR. Die unterste Schublade war interessanter: *Stützpunkt Werneuchen: Einsatz der Flugzeuge – Kampfkraft – Personal.*

Es überraschte mich nicht, daß Werneuchen offenbar eine Sonderstellung einnahm und eine eigene Schublade hatte. *Mein Luftwaffenstützpunkt, Werneuchen, befindet sich an der vordersten Front dieses Krieges.* Lena Pabst, mit leuchtenden Augen. *Ich befinde mich in der vordersten Linie des letzten Krieges auf Erden, und wenn er vorüber ist, werde ich immer noch hiersein und den Beginn der neuen Welt erleben.*

Aber jemand hatte sie erschossen.

Werneuchen: Der Brennpunkt von *Trompeter* war Werneuchen. Ich ließ die untere Schublade auf, für den Fall, daß ich die Chance hatte, etwas von den Akten mitzunehmen, wenn ich das Büro verließ. Der ganze Aktenschrank enthielt so viele geheime Unterlagen, daß sich ein umfangreicher Dokumentendiebstahl zweifellos gelohnt hätte. Aber wenn ich alles mitnahm, was hier von Interesse war, würde ich einen Lastwagen brauchen, um es wegzuschaffen. Ich kroch hinüber zur nächsten Ecke, in der drei weitere Aktenschränke standen. Ich hatte die Schlüssel schon in der Hand, als draußen irgendwo das Licht ausging. Ich erstarrte. Stimmen, Schritte. Ich beobachtete sechs Spiegelbilder, sah, wie sie sich vereinigten und wieder teilten, wo die Glasscheiben eine Ecke bildeten. Die Schritte wurden jetzt leiser. Die Aufzugtüren öffneten sich, schlossen sich.

Jetzt war ich allein und machte mich richtig an die Arbeit. Ich öffnete die drei Aktenschränke und suchte nach verdächtigem verschlüsseltem Material, weil *Trompeter* sicher nicht unverschlüsselt erwähnt werden würde. Ich nahm immer noch an, daß es hier irgendwo einen Tresor gab, in der Wand oder im Fußboden, also schob ich die letzte Schublade zu und machte mich auf die Suche. In der nächsten halben Stunde klopfte ich jeden Zentimeter der Wände, den Schreibtisch und den Fuß der mit Schnitzereien verzierten Ottomane ab, die das einzige dekorative Einrichtungsstück in diesem Büro war.

Ein Geräusch.

Ich erstarrte.

Der Aufzug. Nicht die Türen, nur das leise Summen des Motors.

Jetzt öffneten sich die Türen.

Auf dieser Etage.

Ich hatte das Büro gründlich durchsucht, aber ich hatte meine Spuren verwischt, so daß das Büro nicht anders aussah als zuvor. Von dort, wo ich stand, konnte ich zwei Spiegelbilder des Aufzugs und die drei Männer draußen auf dem Flur sehen.

Atme tief durch, beruhige deine Nerven.

Es waren keine Hausmeister: Ihre großen Uniformmützen waren in dem reflektierenden Glas deutlich zu erkennen.

Sie gingen mit zügigen Schritten nebeneinander her und unterhielten sich dabei; ich konnte jetzt ihre Stimmen hören.

Ich rührte mich nicht. Beobachtete sie. In zehn oder zwölf Sekunden kamen sie um die Ecke, und wenn dann einer von ihnen den Kopf hob, würde er mich in Zimmer 60 deutlich sehen können. Es gab zwei Möglichkeiten. Entweder sie gingen, wenn sie die Ecke erreichten, geradeaus weiter und verschwanden wieder, oder sie kamen in meine Richtung, gingen an Zimmer 60 vorbei oder kamen herein.

Messing funkelte auf ihren Mützen: Bei zweien handelte es sich um ranghohe Offiziere. In der Mitte ging ein Zivilist – möglicherweise Melnichenko.

Ich wartete. Mein Atem ging stoßweise, Schweiß trat mir auf die Stirn und juckte auf der Kopfhaut. Sie unterhielten sich

immer noch. Dann kamen sie um die Ecke und gingen geradewegs in meine Richtung.
Ich saß in der Falle.

18 HÖHENANGST

»Ich wäre ihm gerne vorgestellt worden.«
»Natürlich. Aber ich kann verstehen, daß – Hans, möchtest du dich nicht setzen? –, ich kann verstehen, daß die Stabschefs nicht zu dem Presseempfang gebeten wurden. Während dieses Besuchs sollen die militärischen Aspekte in den Hintergrund treten.«
»Ich werde an diesem Tag auf jeden Fall in Werneuchen sein. Zur Sicherheit. Die . . .«
»Wegen dem Fall Pabst?«
»Ja. Eine beunruhigende Geschichte. Sie war hoch angesehen und diente stets treu der Partei. Findet ihr nicht auch, daß es hier zieht?«
»Es zieht?«
»Ja, das Fenster ist nicht richtig zu.«
An der Ampel hielt ein Bus.
Das Fenster wurde geschlossen; der Riegel rastete ein.
Die Fahrzeuge hinter dem Bus stoppten gleichfalls: zwei oder drei Privatwagen und ein Taxi.
Ich konnte sie drinnen im Büro immer noch sprechen hören, verstand aber jetzt, bei geschlossenem Fenster, nicht mehr, was sie sagten.
Kalt. Es war sehr kalt hier draußen.
Die Ampel sprang auf Grün, und der Verkehr rollte weiter. Der Bus blies eine Wolke aus Dieselrauch über die Straße, deren Gestank aber nicht bis hier herauf drang.
Der Mauervorsprung war weniger als eine Fußlänge breit. Ich mußte meine Füße anwinkeln.
Der Mann, der gesagt hatte, daß er nach Werneuchen fahren wollte, war vermutlich Melnichenko. Er sprach als einziger mit

russischem Akzent, und die anderen beiden interessierten sich bestimmt nicht dafür, ob Lena Pabst der Partei treu ergeben war oder nicht. Ich wäre also erledigt gewesen, wenn sie mich in diesem Zimmer – in Melnichenkos eigenen Büro – angetroffen hätten. Aber die Lage, in der ich mich nun befand, war auch nicht viel besser: Ich stand gut zwanzig Meter über der Straße und konnte mich nur mit äußerster Vorsicht seitwärts bewegen. Sobald ich mich auch nur ganz schwach gegen den Beton hinter mir stützte, verlor ich das Gleichgewicht, und es war aus.

Die Plastikjalousien an den Fenstern von Zimmer 60 waren heruntergelassen, aber durch die Ritzen hindurch hätte man mich immer noch entdecken können. Also war ich seitwärts gekrochen, bis ich Beton hinter mir spürte. Wenn ich Erschöpfung oder Schwindel gespürt hätte, hätte ich immer noch zum Fenster zurückkriechen und mir einen Grund einfallen lassen können, warum ich hier draußen war. Vielleicht hätte sich eine Chance zur Flucht ergeben, während die Militärpolizei mich zum Verhör brachte. Aber es gefiel mir nicht, so schnell das Handtuch zu werfen, ohne zuvor nach einem anderen Ausweg gesucht zu haben – eine etwas unpassende Metapher, zugegeben: Wenn man aus dieser Höhe ein Handtuch hinabwarf, würde es sich ausbreiten und langsam zur Straße hinabsegeln. Ein Mensch würde senkrecht hinabstürzen.

Lena Pabst war beseitigt worden, weil sie Nachforschungen über *Trompeter* angestellt hatte. Melnichenko besaß angeblich eine Akte über *Trompeter* und würde im Fall Pabst in Werneuchen ermitteln. Ich war froh, daß ich Yasolev angerufen hatte. Wenn ich von der Wand hier herunterkippte, hatten sie wenigstens einen Hinweis, der sie vielleicht entscheidend weiterbrachte.

Bitterkalt. Ich zog meine Handschuhe nicht an, weil ich mich mit den Fingerspitzen vorwärts tasten mußte, an der Wand entlang zum nächsten Fenster. Meine einzige Chance bestand darin, irgend etwas zu finden, woran ich mich festhalten konnte, ehe meine Kraft nachließ und ich vornüberfiel. Das konnte jederzeit geschehen, in ein paar Minuten oder auch erst in einer Stunde.

Unter mir war nur die Straße: keine Balkone, Vordächer, Regenrinnen, nichts, was meinen Fall hätte aufhalten können. Es handelte sich um ein neues Gebäude mit einer glatten, modernen Fassade und nur einem einzigen, schmalen Sims an jedem Stockwerk.

Schon allein die Kälte konnte das Aus bedeuten, weil sie einem die Glieder steif werden ließ. Bei Windstille wäre es erträglicher gewesen, aber immer wieder zerrten Windböen an meiner Jacke.

Beweg dich, bleib in Bewegung. Und sieh nicht nach unten. Ich hörte den Verkehr unter mir; die Auspuffgase wurden vom Wind davongetragen, ehe sie diese Höhe erreichten. Dafür trug der Wind von Westen her den Geruch des Flusses heran.

Es gibt einen bedeutenden Unterschied zwischen einem Drahtseil und einem Mauervorsprung: Auf dem Seil kann man hin- und herschwingen, um das Gleichgewicht zu halten; auf einem Mauersims muß man sich völlig still verhalten. Der Vorsprung war zwar breiter als ein Seil, aber die Wand stellte die eigentliche Gefahr dar, denn wenn man glaubt, das Gleichgewicht zu verlieren, stützt man sich unwillkürlich mit den Händen ab. Aber wenn ich meine Hände auch nur ganz leicht gegen die Wand preßte, würde ich unweigerlich in die Tiefe stürzen.

Ich mag Höhen nicht. Ich habe einmal mit angesehen, wie ein Mann im einundzwanzigsten Stock von einem Baugerüst fiel. Man sagt, daß die Leute schreien, wenn sie abstürzen, aber das stimmt nicht. Die Bauarbeiter nennen es: ins Loch fallen. Und wenn das einem von ihnen passiert, bekommen die anderen den Rest des Tages frei, weil der Schock gefährlich für sie ist.

Ein Fuß neben den anderen gesetzt. Meine Knöchel schmerzten bereits, und ich wollte die Füße in die andere Richtung anwinkeln, aber dann hätte ich mein Körpergewicht verlagern müssen, und dazu waren meine Nerven bereits zu angespannt; ich hatte zunehmend das Gefühl, daß die Wand sich der Straße zuneigte und der Mauervorsprung schwankte. Das war normal: Angst erzeugt Illusionen; man muß eben dagegen ankämpfen.

Wie eine Krabbe. Ich bewegte mich wie eine Krabbe an einer Wand entlang. Ein dumpfer Schmerz regte sich oben in meiner Wirbelsäule. Ich hatte meinen Kopf auf die linke Seite gedreht, in die Richtung, in die ich mich bewegte, denn wenn ich ihn nach rechts drehte, geriet das Gebäude auf der anderen Straßenseite in mein Blickfeld und beeinträchtigte meinen Gleichgewichtssinn.

Ein Hauptmann der HUA?

Ich war mir jetzt sicher, daß es besser gewesen wäre, im Büro zu bleiben und mich den Leuten zu stellen.

Welcher Abteilung gehören Sie an, Hauptmann?

Es wäre gefährlich gewesen, mich von ihnen zum Verhör abführen zu lassen, aber immer noch weniger gefährlich, als in dieser mörderischen Kälte in dieser schwindelerregenden Höhe zu stehen.

Hier ist Kommandant Melnichenko, Berater des Luftwaffen-Direktorates. Ich habe hier einen Hauptmann Kurt Heidecker von der HUA, Dienstnummer D/435-05. Kommt er von Ihrer Abteilung?

Ein Windstoß drückte meine Schultern gegen die Wand, und ich erstarrte und spannte erschrocken meine Beinmuskeln an. Wenn der Wind noch stärker wurde, hatte ich keine Chance: Er würde mich glatt von der Wand wehen.

Er gehört nicht zu Ihrer Abteilung?

Und für meine Anwesenheit in seinem Büro gab es *keine* Erklärung, die er akzeptiert hätte; im Vergleich zu einem Kommandanten des militärischen Geheimdienstes der Sowjetunion besaß ein HUA-Hauptmann keinerlei Autorität.

Aber ich hätte wenigstens eine Chance gehabt, sogar in den Händen des GRU. Yasolevs Namen hätte ich ihnen nicht nennen dürfen, denn Yasolev benutzte mich, um *Trompeter* zu infiltrieren. Melnichenko hatte eine Akte über diese Operation in seinem Büro und hätte mich erschießen lassen, so, wie jemand Lena Pabst erschossen hatte. Achtundvierzig Stunden vor dem Eintreffen des Generalsekretärs der UdSSR war die Lage hier in Ostberlin äußerst heikel. Yasolev führte hier einen geheimen Einsatz durch, der nur innerhalb seiner Abteilung bekannt war; er hatte ausdrücklich zu einer Bedingung für unsere Zusammenarbeit gemacht, daß ich ihn und seinen

Auftrag nicht gegenüber dem ostdeutschen Geheimdienst enttarnen durfte; und der GRU hatte hier im Hauptquartier der Luftwaffe einen Berater installiert, der über eine Akte von *Trompeter* verfügte.

Und dann war da noch die Verbindung nach London. Wenn ich jemals in Gefahr kam, meine eigene Tarnung platzen zu lassen, erwartete das Bureau von mir, daß ich die Kapsel nahm, und das würde ich auch tun.

Ein Fenster.

Ich betrachtete es jetzt schon seit Minuten und fragte mich, ob ich vielleicht hineinsteigen konnte. Als ich aus Zimmer 60 hinausgeklettert war, hatte ich das Fenster einen Spalt offengelassen, um wieder hineinklettern zu können, wenn die drei Männer gegangen waren, aber es war ja denkbar, daß noch ein anderes versehentlich offengelassen worden war, durch das ich vielleicht – *jetzt fängst du an, irrational zu denken.* Es war *un*denkbar, daß *irgendein* Fenster dieses Gebäudes offenstand, jetzt im Winter, wo die Heizung auf vollen Touren lief.

Glas. Glattes Glas und ein Fensterrahmen, der höchstens zwei Zentimeter vorstand. Das Fenster war fest geschlossen, also weiter. Wäre der Mauervorsprung nur ein paar Zentmeter breiter gewesen, hätte ich die Glasscheibe mit dem Ellbogen einschlagen und hineinklettern können. Doch auf diesem schmalen Vorsprung konnte ich nicht genug Schwung holen.

Ein Windstoß zerrte an mir, und ich erstarrte, wartete und sehnte mich danach, die Augen zu schließen, aber ohne sichtbare Bezugspunkte hätte ich das Gleichgewicht verloren. Der Windstoß hatte mich ein wenig zur Seite gedrückt, ehe ich Gelegenheit fand, meine Muskeln anzuspannen. Die Gebäude gegenüber kippten zurück, und in diesem Moment kam plötzlich das Schwindelgefühl, die richtige Höhenangst, und zum ersten Mal wurde mir bewußt, daß meine Chancen, die Ecke zu erreichen, um sie herumzusteigen und dann auf der nächsten Seite des Gebäudes weiterzugehen, nicht sonderlich groß waren.

Bleib ruhig.

Die Straße lag wieder reglos da, doch dann fing sie plötzlich erneut an zu schwanken. Ich konnte nur versuchen, mich nicht zu bewegen, aber so ein Schwindelgefühl ist keine simple Angst vor großen Höhen: Es ist die primitive, urtümliche Furcht vor dem Fallen, vor dem Tod, vor dem in den Tod stürzen, davor, plötzlich von jener Sicherheit abgeschnitten zu sein, die wir fühlten, seit wir anfingen, über den festen Boden zu krabbeln und glaubten, es würde immer so sein; es würde immer festen Boden unter uns geben, die Arme der Erdmutter würden uns immer sicher tragen.

Bleib ruhig.

Aber das Schwindelgefühl blieb jetzt, ließ nicht wieder nach. Und ich blieb unbeweglich, weil ich bewegungsunfähig war, solange es mir nicht gelang, den Feind in mir, in meinem Bewußtsein zu besiegen.

Atme tief und langsam, bitte um *prana*.

Alle bewußten Kategorien schwanden, und bald gab es keinen Auftrag mehr, den ich auszuführen hatte; London war bloß noch ein Gedankenfetzen, der Name eines Ortes, in dem ein Mann namens Shepley lebte, gelebt hatte, in der Vergangenheit. Ein anderer Mann, Melnichenko, schwebte als Phantasieprodukt durch mein Bewußtsein, als ein Gespenst, das sich durch ein Spiegelkabinett bewegte. Die Realität sickerte davon und zog alle Anforderungen des normalen Lebens mit sich fort, jede Notwendigkeit, irgendwie um diese Wand herumzulaufen und irgendwo einen sicheren Ort zu finden, von dem ich telefonieren und sagen konnte, daß ich jetzt in Sicherheit war, in Sicherheit.

Das Leben konzentrierte sich jetzt ganz auf den gegenwärtigen Augenblick. Alle meine früheren Bestrebungen waren bedeutungslos. Die Welt war zu den paar Zentimetern Beton zusammengeschrumpft, auf denen ich stand. Auf diesen paar Zentimetern spreizte mein Organismus seine Füße genau in jenem Winkel, in dem sie am besten mein Leben erhalten konnten. Meine gespreizten Finger berührten die Betonmasse hinter mir ganz leicht, um mir die Orientierung zu ermöglichen, und doch war ich mir völlig bewußt, daß der geringste Druck ausreichte, um jenen mechanischen Vorgang auszulösen, der mein Leben auslöschen würde: Der Körper würde sich nach vorn neigen und in einem Winkel über der Tiefe schweben, aus dem er nicht wieder in seine Ausgangsposition zurückkehren konnte; er würde sich immer weiter vorwärtsneigen, bis die Füße den Halt auf dem Mauervorsprung verloren und dem Körper folgten, der kopfüber hinabglitt und mit immer größerer Geschwindigkeit der Straße entgegenfiel, während sich gleichzeitig im Bewußtsein das Drama des Entsetzens abspielte, wenn der Wind durchs Haar fuhr und gegen die Augen drückte; Entsetzen über die bevorstehende Auslöschung, während die Einzelheiten der Straße größer und deutlicher wurden, als würde man sie durch das Zoom-Objektiv einer Kamera betrachten; und dem Entsetzen folgte die Wut, die Wut über die Götter, das Schicksal, die dem Organismus nach der Hilflosigkeit des Entsetzens wieder so etwas wie Identität verlieh; und dann, auf die Wut, folgte Euphorie, die alle Seelenqualen auslöschte und das Bewußtsein mit spirituellem Frieden erfüllte; die Angst des Körpers vor der physischen Vernichtung verlor jede Bedeutung, und dann prallte der Kopf auf den Boden, die Schädelknochen zerquetschten das Gehirn, die Arme zuckten hoch, und dann kam die Stille, die Trägheit, die Umwandlung eines lebenden Wesens in ein Objekt, in Chemikalien, während . . .

Ein Windstoß . . .

O Gott . . .

Bleib . . . bleib ruhig . . . halt still . . .

Halt still und richte den Blick auf das Fenster dort, auf das Fenster auf der anderen Straßenseite, um das Denken zu beruhigen. Dieses Fenster da, in dem die Augen einen ruhigen Bezugspunkt finden. *Halt still* und warte, bis das Schwindelgefühl nachläßt, bis die Schultern die Gegenwart der Wand fühlen und alle Bewegungen aufhören und das plötzliche Zerren des Windes aufhört, aufhört.

Kalter Schweiß rann mir über die Haut, meine Augen fixierten das Gebäude gegenüber, meine Ohren hörten ein Geräusch, eine Stimme.

Irgendwo dort unten.

Unten auf der Straße. Schau hinunter.

Ein paar Menschen auf dem Bürgersteig. Einer von ihnen

zeigte nach oben. Die anderen liefen herbei und starrten ebenfalls hinauf.

Einer von ihnen schrie etwas, aber ich verstand ihn nicht. Ich blickte wieder nach oben, weil die Leute so klein waren, so weit weg, so *tief unten.*

Beweg dich, du mußt dich in Sicherheit bringen.

Die Füße schlurften weiter angewinkelt über den schmalen Mauersims – du mußt dich beeilen, ehe sie alles vereiteln, was du noch zu erledigen hast, diese Leute dort unten. Sie werden – ja, sie haben bereits die Polizei gerufen, ich kann die Sirene hören.

Da oben ist ein Mann, der versucht, Selbstmord zu begehen.

Stimmt ja gar nicht.

Alarm für alle Streifenwagen Nähe Brüderstraße. Ein Mann steht im siebten Stock des Luftwaffen-Verwaltungsgebäudes draußen auf einem Mauersims.

Aber ihr tut mir damit keinen Gefallen, ihr lieben, hilfsbereiten Bürger.

Ich habe Pläne, versteht ihr? Und ich brauche dabei keine Hilfe. *Warum kümmert ihr euch also nicht gefälligst um euren eigenen Kram und laßt mich . . .*

Ruhig Blut.

Du kannst im Augenblick nichts dagegen tun, also . . .

Aber ich wäre nicht hinuntergefallen, verdammt noch mal . . .

Vielleicht doch. Schwer zu sagen.

Beweg dich, bleib in Bewegung . . .

Es ist nicht sehr klug, sich zu beeilen. Wenn noch so ein Windstoß kommt wie der vorhin, dann . . .

Los, weiter, beweg dich, es ist noch Zeit, sich in Sicherheit zu bringen, ehe sie . . .

Wohl kaum.

Ein riesiges Feuerwehrauto mit lärmender Sirene hielt unten. Ich schaute wieder weg, weil die Bewegung und die bunten Lichter meinen Gleichgewichtssinn störten, und das war gefährlich. Ich hörte, wie Männer herbeirannten und ein Windenmotor zu jaulen begann.

Was hatten Sie denn auf diesem Mauervorsprung zu suchen?

Ich wollte Selbstmord verüben. Eine andere Antwort durfte ich ihnen nicht geben.

Zu welcher Abteilung gehören Sie, Hauptmann?

Und dort war ich unbekannt, kannte mich niemand.

Verhör.

Ende.

Ich bewegte mich weiter, denn ich war jetzt nicht mehr weit von der Ecke des Gebäudes entfernt. Meine Chancen standen eins zu einer Million, daß es mir gelang, die Ecke zu umrunden und dann auf der anderen Seite ein Vordach zu finden, auf das ich mich fallen lassen konnte, und anschließend noch in der Lage war zu fliehen. Eins zu einer Million.

Oh, Scheiße, du hast auch nicht die Spur einer Chance.

Vollkommen richtig.

Eine Bewegung am Rand meines Blickfeldes. Ich senkte den Blick etwas und sah, wie sich im Fenster gegenüber eine Drehleiter spiegelte.

Die Straße war jetzt lärmerfüllt, und ich vermutete, daß sich dort unten inzwischen eine Menschenmenge gebildet hatte. Bei der Polizei herrschte sicher reger Funkverkehr: Ich konnte in der Ferne den Chor von mindestens drei Sirenen hören, die rasch näherkamen.

In einem Arbeiter- und Bauernstaat ist ein Selbstmordversuch ein unsoziales und verantwortungsloses Vergehen, Hauptmann. Wir . . .

Halt, ich übernehme die Sache. In seiner Abteilung kennt ihn niemand. Es steckt mehr dahinter als ein bloßer Selbstmordversuch. Ich nehme ihn zum Verhör mit.

Ein Fenster hinter mir: Ich hatte die Ecke fast erreicht. *Zum Teufel mit ihrem verfluchten Arbeiter- und Bauernstaat und seinen sozialen Ansprüchen . . .*

Ein Windstoß, und ich stemmte mich dagegen. Wieder brach mir kalter Angstschweiß aus. *Beweg dich nicht*, halt still, *du bist noch nicht in Sicherheit*.

Ich betrachtete meine Umgebung so genau, wie es mir möglich war, ohne das Gleichgewicht zu verlieren: Die Leiter stieg immer noch zu mir herauf, und in den Fenstern gegenüber sah ich deutlich, wie ein Feuerwehrmann hinaufkletterte. Der Windenmotor jaulte. Die Sirenen verstummten, als die Polizeiwagen unten stoppten; die Menschenmenge wurde immer größer, und ihr Stimmengewirr drang zu mir herauf. Das hier war sogar noch besser als Westfernsehen, wenn auch nicht so bunt natürlich.

Nein, wir nehmen ihn zum Verhör mit; immerhin war er mit gefälschten Papieren im Verwaltungsgebäude der Luftwaffe.

Die Feuerwehrleute machten ihre Sache sehr gut: Das obere Ende der Leiter lehnte jetzt neben mir an der Wand, und der Feuerwehrmann befand sich nur ein paar Sprossen unter mir.

»Ist alles in Ordnung mit Ihnen?«

»Ja«, sagte ich. Endlich hatte ich etwas, woran ich mich abstützen konnte. Ich packte die oberste Leitersprosse, krümmte den Rücken, senkte den Kopf, schlug die Scheibe ein und ließ mich in das Büro dahinter fallen.

19 VERKEHRSKONTROLLE

Ich ließ es zum dritten Mal bei ihm läuten.

Cone: »Ja?«

»*Liaison.* Ich glaube, ich schaffe es, aus dem roten Sektor herauszukommen, aber ich bin nicht sicher. Ich rufe Sie an, um zu bestätigen, daß der Sowjetberater A. V. Melnichenko in die Operation *Trompeter* verwickelt ist. Hören Sie genau zu: *Er hält sich in Werneuchen auf, wenn die Zielperson eintrifft.* Haben Sie verstanden?«

»Ja. Wo . . .«

»Yasolev wird gewiß empfehlen, daß die Zielperson statt dessen in Schönefeldt landet. Wir sollten Melnichenko als äußerst verdächtig betrachten und London bitten, Hintergrundinformationen über ihn zu beschaffen. Verstanden?«

»Verstanden. Wo sind Sie jetzt?«

Ein Streifenwagen.

»Auf der Straße unterwegs.« Ich wollte *keine* Unterstützung.

»Dann müssen Sie vorsichtig sein. Ich erhielt vor einer

Stunde einen Anruf von Karl Bruger. Anscheinend hat Volper oder irgend jemand anderes der HUA Ihre Identität enthüllt.«

Ich zuckte, glaube ich, zusammen. »Ich höre.«

»Bruger sagte, daß nach Ihnen gefahndet wird, und daß die HUA ein Foto von Ihnen hat.«

Es handelte sich vermutlich um einen der Streifenwagen, der unten vor dem Luftwaffengebäude gestanden hatte. Ich beobachtete, wie er über die Kreuzung fuhr und sich wieder von der Telefonzelle entfernte.

»Wie ist die HUA an das Foto gekommen?«

Mir war noch nie so kalt gewesen.

»Es kann jederzeit mit einem Teleobjektiv aufgenommen worden sein. Als Sie in Berlin eintrafen, oder als Sie gestern Mittag aus dem Restaurant kamen. Bruger sagt, daß das Foto gestochen scharf und gut belichtet ist.«

»Ich verstehe.«

Cone tat mir leid. Der Agentenführer soll den Kontakt zwischen dem Agenten und London aufrechterhalten, seine Fortschritte beobachten und die Rückmeldungen vom Bureau übermitteln; es wird von ihm erwartet, daß er den Agenten aufmuntert, Kindermädchen spielt, wenn der Agent sich alleine nicht mehr zu helfen weiß, und im Notfall herbeiholt, was an Hilfe von Schläfern, örtlichen Agenten und eventuell sogar vom Geheimdienstdirektor der britischen Botschaft zu bekommen ist.

Vom Agentenführer wird aber nicht erwartet, daß er seinem Agenten die Mitteilung machen muß, daß seine Identität den Behörden des Einsatzlandes bekannt ist. Und genau das hatte Cone gerade tun müssen, und deswegen bedauerte ich ihn.

Bislang waren die Straßen Ostberlins für mich nur wegen Volpers Leuten gefährlich gewesen. Jetzt war die Gefahr unendlich viel größer: Die ganze Stadt hatte sich für mich in einen roten Sektor verwandelt.

Mr. Shepley?

Am Apparat.

Der Agentenführer hat soeben gemeldet, daß eine Großfahndung nach dem Außenagenten eingeleitet wurde. Die Berliner Polizei hat die Anweisung, ihn umgehend zu verhaften.

Auf der Funkkonsole würde diese Meldung erheblich knapper signalisiert werden, und zwar lediglich mit einem rotweißen Strich unter meinem Namen und der Uhrzeit. Es kommt häufiger vor, daß gegen einen unserer Agenten hinter dem Eisernen Vorhang eine Fahndung eingeleitet wird, besonders in der Endphase eines Einsatzes. Es kommt häufiger vor, aber es ist natürlich trotzdem äußerst gefährlich.

»Kann ich irgend etwas für Sie tun?« fragte Cone.

»Ja. Es wäre mir lieb, wenn Sie ständig am Telefon bleiben, bis sich die Lage stabilisiert hat.«

»Ich werde mir das Essen aufs Zimmer bringen lassen.«

»Falls Sie das Telefon verlassen *müssen*, bitten Sie Yasolev, so lange zu übernehmen. Aber er kann keine Verbindung mit London aufnehmen, und das kann jetzt jederzeit erforderlich werden. Ich . . .«

»Ich bleibe ohne Pause am Telefon. Ist sonst noch etwas?«

»Nein. Ich tauche unter und rufe Sie dann wieder an.«

Noch ein Streifenwagen fuhr langsam vorbei. Ich drehte der Straße den Rücken zu.

»Ich würde Ihnen gern Unterstützung schicken«, sagte Cone leise. »Ich habe sechs Männer.«

»Grüßen Sie sie von mir.«

Ich legte auf, wartete, bis der Streifenwagen von der Kreuzung verschwunden war, und ging dann in die Seitenstraße, in der ich den BMW abgestellt hatte. Ich stieg ein und saß für einen Moment einfach nur da, tat nichts, dachte an nichts, ließ meine Muskeln schwer werden und sank hinab in den Alpha-Zustand, den gesegneten Zustand des Nichtwissens, der Sorglosigkeit, der Angstfreiheit.

Dann, nach einer Weile, fing ich ich wieder an zu denken, beurteilte die Lage sorgfältig, analysierte den entstandenen Schaden und machte Pläne. Ich wußte nicht, wie viele Leute sich in dem Luftwaffengebäude aufgehalten hatten, als ich die Scheibe einschlug. Als ich zur Feuertreppe rannte, hatte ich hinter mir jemanden rufen hören. Wahrscheinlich waren das Melnichenko und die beiden anderen gewesen. Ich rannte hinunter zum sechsten Stock und drückte den Aufzugknopf, um meine Verfolger aufzuhalten. Dann lief ich über die Treppe hinunter bis ins Erdgeschoß.

Vor dem Haupteingang blinkten Blaulichter, und es waren bereits Leute in der Eingangshalle. Also ging ich zurück ins Treppenhaus und öffnete die Tür nach draußen. Niemand stand davor. Neben der Tür befand sich ein Fenster. Ich drehte den Kopf und betrachtete das Spiegelbild meines Rückens; meine Kleidung war durch die Glasscherben ein wenig in Mitleidenschaft gezogen, aber es war kein Blut zu sehen, und in Ostberlin kann man mit zerschlissener Kleidung herumlaufen, ohne Aufmerksamkeit zu erregen. Ich spürte, daß ich am Nacken ein paar kleine Schnittwunden hatte, aber sie hörten bereits auf zu bluten, und ich kümmerte mich nicht weiter darum. Ich schlug den Kragen hoch und suchte auf dem Rückweg zum Wagen nach einer Telefonzelle.

Ich hatte den BMW im empfohlenen Abstand vom Luftwaffengebäude geparkt – drei oder vier Häuserblocks weit weg. Es ist gefährlich, den Wagen in geringerem Abstand zu parken, denn wenn man fliehen muß, würde es auffallen, wenn in der Nähe ein Motor startet. Man muß dann zu Fuß fliehen, und später kommt man dann nicht mehr an den Wagen heran, weil die Polizei normalerweise in der Nähe abgestellte Fahrzeuge beobachten läßt.

Die Straße war ruhig. Ich schaltete das Licht ein, stieg aus und überprüfte, ob alle Lampen brannten. Es war nicht weit bis zu meinem Versteck, aber wenn mich die Polizei unterwegs wegen einer defekten Glühbirne stoppte, konnte das fatale Folgen haben.

Alle Lampen brannten. Ich stieg wieder ein, startete den Motor, fuhr los und wartete dann an der Kreuzung, bis die Ampel auf Grün sprang. Zuerst wollte ich rechts abbiegen, aber ein mit blinkendem Blaulicht quer auf der Straße abgestellter Streifenwagen versperrte die Durchfahrt. Also fuhr ich geradeaus weiter und versuchte es an der nächsten Einmündung, aber auch dort hatten sie eine Straßensperre aufgestellt. Ich fuhr weiter, bog links ab und kam bis zur nächsten Kreuzung. Dort befand sich rechts eine weitere Straßensperre, und vor mir dirigierten zwei Beamte den Verkehr.

Inzwischen war der BMW nur noch eines von einem Dutzend Fahrzeugen, die durch ein Labyrinth gelotst wurden – Brüderstraße, Unterwasserstraße, Spittelmarkt, Gertstraße –, in dessen Zentrum sich das Luftwaffengebäude befand.

Im Zentrum der Falle.

Der Abend war ruhig gewesen, doch jetzt füllte Motorlärm die Luft, gemischt mit den Schreien der Vopos, die den Verkehrsstrom in das Netz dirigierten. Ich kam an zwei Seitenstraßen vorbei, doch beide waren abgesperrt; das ganze Gebiet wurde abgeriegelt, und ich hing fest, kam mit meinem BMW nur noch im Schrittempo voran. Dann erteilte die Polizei über Megaphon Anweisungen.

Schalten Sie den Motor ab. Stellen Sie bitte den Motor ab und bleiben Sie im Wagen.

Ich war einmal im Kreis herum gefahren, und das Luftwaffengebäude lag wieder vor mir an der nächsten Kreuzung. Blaulicht blinkte vor und hinter mir, und grün uniformierte Polizisten riegelten alle möglichen Fluchtwege ab.

Motoren abstellen, bitte!

Ja, in der Tat, Genossen, das Benzin ist teuer. Und wir möchten schließlich nicht hier im Auspuffgestank sitzen, bis ihr endlich bereit seid, unsere Ausweise zu überprüfen und uns mit einer Taschenlampe ins Gesicht zu leuchten, nicht wahr? *Das ist eine Falle.* Wir möchten schließlich nicht an Kohlenmonoxid ersticken, während ihr in aller Ruhe unter all den Fischen, die euch ins Netz gegangen sind, nach dem sucht, hinter dem ihr her seid. *Das ist eine Falle.*

Ich weiß.

Wir können nicht entkommen.

Ich weiß.

Du kannst ihnen unmöglich deine Papiere zeigen . . .

Sei endlich still. Laß mich in Ruhe.

Dieser feige kleine Bastard, dieser verdammte kleine Unglücksbote, ließ mir keine Ruhe. *Das ist eine Falle.* Ja, ich weiß, daß es eine Falle ist, also sei endlich still.

Bleiben Sie in Ihren Fahrzeugen. Rühren Sie sich nicht von der Stelle!

Das fiel mir im Traum nicht ein. Ein Schritt aus dem Auto,

und schon fielen zwei, drei Vopos über einen her wie Haie, die eine Bewegung im Wasser sehen: Ich werde mich schon nicht von der Stelle rühren, Genossen. Ich werde hier sitzen bleiben und schwitzen.

Wohin man schaute, blinkten Lichter und spiegelten sich in den Windschutzscheiben, Seitenfenstern und auf der Karosserie des Mercedes 280 SE vor mir, im Rückspiegel und auf den Chromleisten am Armaturenbrett. Lichter, wohin man schaute. Aber man hörte nichts außer dem dumpfen Trampeln von Stiefeln, als die Polizisten ausschwärmten und die Falle endgültig schlossen.

»Was soll denn das?«

Ein Mädchen mit hellen Haaren, grünem Lidschatten, rotem Mund und einer Zigarette in den kleinen, weißen Fingern lehnte sich aus dem Lancia neben dem BMW. Wer am Steuer saß, konnte ich nicht erkennen.

»Sie haben die Straße abgeriegelt.«

Ihr überraschtes Gesicht: »Ja, aber warum . . .«

Es ist eine Falle.

Sei still.

Feuerwehrmann.

Ein Stück weiter hinten öffnete sich eine Wagentür, ein Mann stieg aus, und sofort kam ein Vopo heran. »Sie sollen im Wagen bleiben, haben Sie nicht gehört?«

»Aber warum halten Sie uns an?«

»Bleiben Sie gefälligst im Wagen!«

Es ist besser du gehorchst, Fritz, oder wie du heißt. Wo, zum Teufel, kommst du her? Aus Westberlin? Auf dieser Seite der Mauer stellt man der Polizei keine Fragen.

Der Feuerwehrmann, ja. Sie bereiteten eine Gegenüberstellung vor. Jeder von uns würde dem Feuerwehrmann vorgeführt werden, der irgendwo oben am Ende der Straße stand, der einzigen Person, die mein Gesicht gesehen hatte.

Ist er das?

Ich glaube ja.

Schauen Sie genau hin. Vergewissern Sie sich.

Vorhin hatte er mich von der Leiter aus angestarrt, gut zwanzig Meter über dem Boden, und gleich würde er mich hier auf der Straße anstarren, umgeben von einer Horde Polizisten. Das Leben ist ein Spiel, mein Freund, ein Kabarett.

Und das ist der Mann ohne Papiere?

Ja, Hauptmann.

Dann bringen Sie ihn her.

In dreißig Minuten würde das geschehen.

Steigen Sie jetzt aus Ihren Fahrzeugen, und stellen Sie sich in einer Reihe auf. Bitte steigen Sie aus Ihren Fahrzeugen!

Wagentüren öffneten sich und wurden zugeschlagen, so daß es wie eine Gewehrsalve von den Häusern widerhallte. In der unheimlichen Stille, die nun auf das Getrappel der Füße folgte, blinkten noch immer die Lichter.

»Werden wir durchsucht?«

Ein kleiner Mann neben mir hatte das plötzlich mit leiser Stimme gesagt; er hatte sich auf die Zehenspitzen gestellt und versuchte, den Anfang der Schlange zu sehen.

»Ich weiß es nicht«, sagte ich. »Warum lassen Sie es nicht im Wagen?«

Er warf mir einen nervösen Blick zu. »Wenn sie uns durchsuchen, werden sie auch die Wagen durchsuchen.«

Er war offenbar schon öfter in eine Drogenrazzia geraten.

Aber das hier war keine Drogenfahndung.

Es ist eine Falle.

Das weiß ich doch.

Wahrscheinlich hatte Melnichenko diese Aktion veranlaßt. Als hochrangiger GRU-Mann besaß er eine Menge Autorität, und davon würde er zweifellos Gebrauch machen. Weil das Fenster einen Spaltbreit offengestanden hatte, er später den Aufruhr unten auf der Straße und den über die Feuertreppe fliehenden Mann gesehen hatte, hatte er gewiß zwei und zwei zusammengezählt: Dieser Mann mußte zuvor in sein Büro eingedrungen und dort überrascht worden sein. Dann hatte er vermutlich sofort an die *Trompeter*-Akte gedacht und unverzüglich zum Telefon gegriffen. Die Akte war noch da – das hatte er bestimmt sofort überprüft –, aber er würde wissen wollen, wer in sein Büro eingedrungen war und wonach der Eindringling gesucht hatte.

Ich will, daß sofort Straßensperren errichtet werden und das ganze

Gebiet abgeriegelt wird. Ich will, daß alle in Frage kommenden Personen durchsucht und verhört werden. Ich bleibe in meinem Büro und erwarte, daß Sie mir unverzüglich Bericht erstatten.

Dein Wille geschehe.

Bitte weitergehen. Schließen Sie auf.

An diesem Ende bewegte sich die Schlange nicht. Wir standen noch als unbewegliche Herde von zwanzig oder dreißig Leuten um unsere Wagen herum. Die Polizisten standen entlang der Hauswände, Pistolen im Halfter, Arme hinter dem Rücken verschränkt.

»Sie werden uns bestimmt durchsuchen.«

»Lassen Sie es doch einfach zwischen den Beinen fallen.«

Ich rückte von ihm ab; ich wollte vermeiden, daß er mir einen üblen Streich spielte und die Polizei nachher obendrein noch ein Päckchen Kokain bei mir fand.

Das wäre dann auch egal.

Da hast du vollkommen recht.

Da stand noch ein anderer Mann.

»Du wirst zu spät zu deiner Party kommen.« Das Mädchen mit dem roten Mund.

»Ja«, sagte ich.

»Möchtest du uns nicht mitnehmen?«

Das war das andere Mädchen, das am Steuer gesessen hatte. Schwarze Haarmähne, goldene Ohrringe, die Hüfte vorgestreckt.

»Wenn ich je dort ankomme«, sagte ich.

Der andere Mann schaute sich um, vorsichtig, ließ unauffällig seinen Blick schweifen, während er sich tiefer in seinen Mantel duckte und Zigarettenasche vom Ärmel streifte.

»Möchtest du nicht statt dessen mit uns kommen, wenn es zu spät für die Party ist?«

»Sehr gern.«

Und das, mein guter Freund, war durchaus nicht gelogen. Bis vor ein paar Minuten hatte er dicht bei dem Mercedes gestanden, aber jetzt hielt er sich stärker in der Menge, stand nicht mehr so isoliert.

»Du wirst eine Menge Spaß mit uns haben.« Sie schwang die Hüften in die andere Richtung. »Ich bin Lili, und das ist Marie.«

»Sehr erfreut.«

Er war nervös, der Mann in der Menge. Den Polizisten fiel das vermutlich nicht auf, weil sie so viele von uns im Auge behalten mußten, aber ich konnte den Mann mit größerer Aufmerksamkeit beobachten.

»Wie heißt *du* denn?«

»Micky Maus«, sagte ich, und beide lachten.

Als ich wieder aus dem Wagen gestiegen war, hatte ich das gleiche getan wie der Mann: mit ein paar schnellen Blicken die Umgebung studiert; ich brauchte es jetzt nicht noch einmal zu tun. Hinter uns lag die Kreuzung, die von der Polizei abgeriegelt worden war. Vor uns befand sich das vordere Ende der Schlange und eine Gruppe von Polizisten. Die Hauseingänge entlang der Straße boten keinen Schutz. Zwischen zwei Häusern befand sich ein schmaler Durchgang, den man kaum eine Gasse nennen konnte; vielleicht standen dort lediglich ein paar Mülltonnen. Zwei Vopos bewachten diesen Durchgang.

»Bist du verheiratet?«

Der Mann trug einen Mantel mit Gürtel; er war im mittleren Alter, von mittlerer Größe, trug eine Pelzmütze und gute Handschuhe. Er war kein Geschäftsmann, das sah man an den Turnschuhen. Er war auch kein Beamter oder Funktionär, trotz des Mantels, denn er strahlte keinerlei Autorität aus. Er war aus dem schwarzen Mercedes-Coupé gestiegen, einem alten, aber leichten und schnellen Modell; es paßte zu ihm.

»Ja«, sagte ich. Verheiratet.

Möglichererweise war er ein Agent, arbeitete für irgendeinen Geheimdienst; oder selbständig.

»Wie heißt deine Frau?«

»Minnie Maus.«

Damit erzielte ich wieder einen Lacherfolg. Der Mann stand jezt offensichtlich kurz davor, die Nerven zu verlieren. Er drehte immer öfter den Kopf und suchte nach einem Fluchtweg, und die Farbe wich aus seinem Gesicht. So wirkt es sich aus, wenn man in der Falle sitzt und einem ganz allmählich die Panik in die Glieder fährt; und jedesmal, wenn man nach einem Fluchtweg sucht und keinen findet, stirbt man vor Angst wieder einen kleinen Tod. Ich wußte genau, wie es in dem Mann dort drüben aussah, weil es mir genauso erging.

Eine Bewegung. In der Nähe des Lancia.

»Ich würde an deiner Stelle die Fenster von deinem Wagen hochkurbeln«, sagte ich.

Marie drehte sich um. »Bitte?«

»Der Kerl versucht, Stoff loszuwerden.«

»Stoff?« Dann sah sie ihn, den kleinen Mann; er stand neben dem Lancia, und sie ging auf ihn los und verprügelte ihn mit der Handtasche. Ich wandte mich ab, weil ein Polizist aufmerksam geworden war und herkam. Da nach mir gefahndet wurde, war es besser, wenn er mein Gesicht nicht aus der Nähe sah.

»Was ist hier los?«

Der arme, kleine Mistkerl hatte das Päckchen fallenlassen, das er durch das Fenster des Lancia hatte schieben wollen, und wehrte mit erhobenem Arm die Handtasche ab.

Alle Augen richteten sich auf die beiden. Der Mann im Mantel nutzte die Gelegenheit, um näher an den schmalen Durchgang zwischen der Bank und der Bücherei heranzukommen. Ich beschloß, ihm zuvorzukommen, aber dazu brauchte ich gut zehn Minuten, in denen ich leise mit den Füßen auf- und abtrat, um mich warmzuhalten, und mich dabei Zentimeter für Zentimeter nach hinten arbeitete, während ich gleichzeitig der Komödie zuschaute, die sich neben dem Lancia abspielte – was für eine Besetzung: ein Polizist, zwei Nutten, ein Drogendealer – *und schließlich hatte ich die Distanz bewältigt und stand zwischen dem Mann im Mantel und dem Gäßchen.* Ich kehrte dem Gäßchen den Rücken zu, hauchte in meine Hände und klopfte mir auf die Schultern.

Bitte weitergehen. Schließen Sie nach vorn auf!

Das soll wohl ein Witz sein. Es ist in der letzten Viertelstunde kein Stück vorwärts gegangen.

Der Mann schaute mich jetzt an, nur kurz; dann wanderte sein Blick weiter. Es war jetzt alles Blut aus seinem Gesicht gewichen. Er hatte ganz offensichtlich mehr zu verbergen als ein Päckchen Koks, was immer es auch sein mochte. Seine

Hände steckten in den Manteltaschen, und mir fiel auf, daß seine rechte Hand etwas größer wirkte, so, als ob sie etwas hielt.

Bitte weitergehen. Schließen Sie auf!

Das Megaphon war ein ganzes Stück entfernt, aber trotzdem laut genug, um den Mann kräftig zusammenzucken zu lassen. Und dann kam endlich Bewegung in die Schlange, und wir schlurften langsam auf die Kontrollstelle zu. Da verlor er die Nerven, wirbelte herum und rannte los. Ich stellte mich ihm in den Weg, und er versuchte, mir auszuweichen. Ich stieß einen Warnruf aus. Als die am nächsten stehenden Polizisten mit gezogenen Pistolen herbeirannten, zog der Mann seine Waffe. Ich entfernte mich rückwärts und war bereits in der Gasse, als der erste Schuß fiel, auf den dann eine ganze Salve folgte. Ich nehme an, daß er als erster feuerte, und daß sie ihn dann ausschalteten, ehe er jemanden verletzen konnte. Ich nehme es an.

20 RENDEZVOUS

Ich betrachtete sein Gesicht.

Einsatzstatus: *Der Außenagent hat sich aus dem roten Sektor abgesetzt und ist untergetaucht. Er hält den Kontakt mit seinem Agentenführer aufrecht.*

Das Gesicht auf den Fotos.

Ja, aber ich habe nicht viel aus dem roten Sektor mitgebracht, nur mein Leben. Und das einzige Resultat der ganzen Mühe war die Information, daß Melnichenko etwas mit *Trompeter* zu tun haben mußte, weil sich die Akte in seinem Büro befand.

Volper. Volpers Gesicht.

Ein glattes, ebenmäßiges Gesicht. Die einzigen besonderen Merkmale waren die ungewöhnlich weit auseinanderstehenden Augen und die sehr gerade und schmale Nase.

Er hielt sich irgendwo hier in dieser Stadt auf, und ich mußte ihn in den nächsten vierundzwanzig Stunden finden. Es gab nur einen Weg, und dieser Weg war tödlich, denn er bedeutete, daß ich hinaus in die Straßen mußte, wo die Polizeistreifen unterwegs waren.

Um acht Uhr morgens rief ich Cone an. Das Wasserstoffsuperoxid brannte in den Schnittwunden an meinem Nacken.

»Ich bin in meinem Versteck.«

»In welcher Verfassung sind Sie?«

»Einsatzbereit. Es ist nicht viel passiert. Lediglich ein paar kleine Schnittwunden. Ich habe genug Schlaf bekommen.«

»Was soll ich der Zentrale melden?«

Ich sagte es ihm: daß ich untergetaucht war, und so weiter.

»Brauchen Sie etwas?«

»Ja. Ich möchte, daß auf der Ostdeutschen Bank in der Dmitroffstraße ein Betrag auf den Namen Gunter Heinrich Blüm deponiert wird, so daß er sich das Geld dort abholen kann. Bei dem Betrag handelt es sich um Wiederbeschaffungskosten für einen Mercedes 280 SE.« Ich ließ ihm die Zeit, sich Notizen zu machen.

»Wie alt war der Wagen?«

»Ein Jahr.«

Das würde die Jungs in der Finanzabteilung ordentlich auf Trab bringen.

»Ist es eilig?«

»Die Überweisung sollte in den nächsten zwei Tagen erfolgen.«

Er bat um keine Erklärung, weil keine erforderlich war. Uns blieben noch vierundzwanzig Stunden, um *Quickstep* erfolgreich zu Ende zu bringen, und wenn mir das für den Preis eines gebrauchten 280 SE gelang, würden sie das in London als Taschengeld betrachten.

»Noch etwas?«

»Ich möchte eine offizielle Ausreisegenehmigung von Ost- nach Westdeutschland für Frau Hilda Marlene Blüm.« Ich nannte ihm ihre Ausweisnummer und ihr Geburtsdatum. »Geburtsort: Berlin. Bitten Sie . . .«

»Ost oder . . .« Dann so etwas wie: Ach, vergiß es. Er spürte, wie angespannt ich war.

»Bitten Sie Yasolev, sich darum zu kümmern. Es ist nicht so furchtbar dringend, aber morgen um diese Zeit ist hier die

Hölle los, und ich möchte, daß diese Dinge so schnell wie möglich erledigt werden.«

Er machte sich Notizen.

»Der Paß sollte zusammen mit dem Geld bei der Bank hinterlegt werden, in einem Umschlag mit dem KGB-Siegel darauf.«

»Eines oder zwei?«

Nicht Cone. Gunter, in der Tür.

»Zwei«, sagte ich.

Cone: »Was?«

»Ich habe mit jemand anderem gesprochen.«

Zwei Eier.

»Wie kann ich Sie erreichen?«

»Nur telefonisch.« Ich gab ihm die Nummer, und er schien erleichtert. »Halten Sie die Ohren steif«, empfahl ich ihm.

»Sie wissen, daß mich das meine Stellung kosten kann?«

»Ja.«

Er meinte es durchaus ernst. Vom Agentenführer wird erwartet, daß er stets über den Aufenthaltsort seines Agenten Bescheid weiß, solange der Agent mit ihm in Verbindung blieb. Ich blieb zwar mit ihm in Verbindung, verriet ihm aber nicht, wo ich mich versteckt hielt. Dadurch befand er sich in einer sehr unangenehmen Lage, und möglicherweise war seine Karriere deshalb beendet, sobald er nach London zurückkehrte.

In der Küche zischte es, als die Eier in der Pfanne landeten. »Sehen Sie mal«, sagte ich behutsam, »Sie wissen doch, daß es bei meinen Einsätzen fast immer so ist, daß der Agentenführer keinen Kontakt zu mir hat, wenn ich das für richtig halte. Shepley weiß das auch. Ich glaube nicht, daß er es Ihnen anlasten wird, wenn diese Sache hier schiefgeht. Und wenn ich es schaffe, wird man Sie heilig sprechen.«

Er schwieg einen Moment. »Ich habe das Gefühl, daß Sie Ihr Schicksal herausfordern. Und meines. Aber ich wünsche Ihnen trotzdem alles Gute.«

Mir gefiel seine Art. Wir näherten uns jetzt sehr rasch der Endphase des Einsatzes, denn morgen früh würde Gorbatschow hier eintreffen. Ich hatte bis dahin noch sehr viel zu tun und mußte eine Menge kalkulierte Risiken eingehen. Wenn man mir in den Rücken schoß oder der ostdeutsche Geheimdienst mich schnappte und ich die Kapsel schlucken mußte, oder auf irgendeinem Müllplatz meine letzte Ruhestätte fand, so hinterließ er mir wenigstens ein paar letzte Worte, die mir Trost spendeten, wenn mich die Dunkelheit umfing: *Ich wünsche Ihnen alles Gute.*

»Das werde ich Ihnen nicht vergessen.«

»Wenn Sie nicht am Telefon sind, wer meldet sich dann?«

»Gunter Blüm.«

»Ist er ein Profi?«

»Nein, aber man kann sich hundertprozentig auf ihn verlassen, denn er wird alles tun, um diese Ausreisegenehmigung zu bekommen.«

»Für seine Frau?«

»Genau. Sprechen Sie deutsch mit ihm. Er versteht kein Englisch.«

»Noch etwas?«

»Nur eines noch – ich mußte den BMW stehenlassen. Er ist heiß. Ich nehme an, daß die Polizei ihn eine Zeit lang bewachen wird und ihn dann der Mietfirma zurückgibt. Sie werden durch den Wagen doch hoffentlich nicht auf Ihre Spur kommen?«

»Ich habe ihn durch einen Schläfer mit falschen Papieren mieten lassen. Wann brauchen Sie einen neuen Wagen?«

»Noch nicht sofort, aber halten Sie einen bereit. Ich sage Ihnen dann noch, wo ich ihn mir abhole.«

»Irgendein bestimmtes Modell?«

»Einen schnellen Wagen.«

»Das ist alles?«

»Ja. Ich melde mich wieder. Keine Sorge.«

Ende.

Gunter stellte mir das Tablett auf den Küchentisch, und ich bat ihn, sich zu mir zu setzen, während ich aß. »Hör zu: Heute tagsüber und vielleicht auch noch heute nacht mußt du mich fahren. Ich werde dich nicht darum bitten, wieder jemanden zu verfolgen oder zu schnell zu fahren, aber es kann sein, daß ich das Taxi übernehmen werde und dich irgendwo absetze.«

Er saß da, kratzte sich an der Blase auf seiner riesigen Hand und beobachtete mich mit gesenktem Kopf. »Ich weiß nicht, ob ich . . .«

»Wenn du das tust, kannst du der Polizei später erzählen, daß ich dich mit vorgehaltener Pistole gezwungen habe, mir den Wagen zu übergeben. Dann bist du aus dem Schneider. Ist die Bratpfanne noch heiß?«

Er brauchte einen Moment, um sein Denken in diese andere Richtung zu lenken. »Ja.«

»Dann brate das Ei hier doch bitte noch eine Minute, ja?«

Ich mag es nicht, wenn das Eigelb flüssig ist.

Er stapfte davon, und ich überlegte ein bißchen. Als er zurückkam, sagte ich: »Ich habe dafür gesorgt, daß dir der Wert deines Taxis in bar ersetzt wird, wenn ich es tatsächlich übernehme und zu Schrott fahre. Der Betrag wird bei der Ostdeutschen Bank in der Dmitroffstraße für dich hinterlegt, so daß du ihn dort gegen Vorlage deines Ausweises abholen kannst. Wenn ich das Taxi nicht beschädige, dann hebe von dem Betrag genug ab, um meine Schulden bei dir zu begleichen, und sei dabei ruhig großzügig. Der Rest des Geldes kann dort bleiben. Er wird wieder abgebucht.«

»Es gefällt mir nicht.« Er kratzte sich wieder an der Hand. »In dieser Stadt kann man verdammt schnell seinen Taxischein verlieren. Man ist schon reif, wenn man nur . . .«

»Darum kümmere ich mich ebenfalls. Du mußt mir vertrauen. Wenn du das nicht kannst, vergessen wir das Ganze.« Ich wollte das Taxi benutzen, weil ich draußen unterwegs sein würde. Wenn man hinten in einem Taxi sitzt, kann man die Umgebung viel besser im Auge behalten, als wenn man selbst am Steuer sitzt; außerdem kann man aussteigen, ein paar Dinge zu Fuß erledigen, wobei das Taxi einem als mobile Basis folgt.

»Ob du mir nun vertraust oder nicht«, sagte ich, »auf der Bank wird außerdem ein Umschlag mit dem KGB-Siegel darauf für dich bereitliegen. Er enthält eine offizielle Ausreisegenehmigung für deine Frau.«

Nach einem Moment: »Mit einem KGB-Siegel?«

»Ich arbeite nicht für den KGB, aber ich habe sehr nützliche

Verbindungen.« Mit Nachdruck: »Diese Reisegenehmigung ist *keine* Fälschung.«

Wieder dauerte es einen Moment, bis er antwortete: »Ich werde tun, was immer du von mir verlangst.«

Kurz nach vier Uhr nachmittags, als sich gerade die frühwinterliche Dämmerung über die Stadt legte, meldete sich Cone. Ich hatte den Tag damit zugebracht, gedanklich die Umschaltung vorzubereiten, die ich anwenden mußte. Dazu mußte es dunkel sein, und Cone hatte mich eine Stunde vor dem Verlassen meines Verstecks erreicht.

»Ich habe gerade einen Anruf erhalten«, sagte er. »Er war für Sie bestimmt, doch als ich dem Anrufer sagte, Sie seien nicht zu sprechen, war er bereit, mir die Nachricht weiterzugeben.«

»Hat er eine Parole benutzt?«

»Nein. Er sagte, sein Name sei Geissler, und er habe etwas von Lena für Sie.«

»Er hat einfach nur Lena gesagt? Nicht Lena Pabst?«

»Ja, so ist es.«

»Hat er noch etwas gesagt?«

»Er hinterließ eine Nummer, unter der Sie ihn anrufen sollen.«

Ich notierte sie mir.

»Das war gerade eben?«

»Ja, ich habe Sie sofort angerufen. Sagt Ihnen der Name etwas?«

»Geissler? Nein.«

»Als Lena gestern anrief«, sagte Cone, »sagte sie, daß sie Dokumente für Sie hätte, erinnern Sie sich?«

»Ja.«

Seine Stimme klang, als zuckte er die Achseln: »Vielleicht geht es darum.«

»Oder es ist jemand von *Trompeter*.«

Nach einem Moment sagte er. »Ja. In diesem Fall sollten Sie auf der Hut sein.«

»Ich kümmere mich darum und melde mich dann wieder.«

Ich legte auf und dachte einen Augenblick darüber nach. Möglicherweise hatte Lena Pabst mit Geissler zusammen

Nachforschungen über *Trompeter* angestellt. Oder jemand von den *Trompeter*-Leuten hatte nach ihrem Tod ihre Sachen durchsucht und meine Telefonnummer entdeckt. Es war zweifellos von größter Wichtigkeit, herauszufinden, welche Informationen Lena gesammelt und weitergegeben hatte.

Also, dann heb den Hörer ab.

»Am Apparat.«

Er hatte eine leise, aber nicht passive Stimme; leise auf die gleiche Art wie Shepleys Stimme.

»Mir wurde mitgeteilt, daß Sie etwas für mich haben.«

Ich lauschte angestrengt, ob im Hintergrund Flugzeuglärm oder Lautsprecherdurchsagen zu hören waren. Möglicherweise telefonierte ich mit dem Luftwaffenstützpunkt Werneuchen.

»Ja«, sagte er.

Ich hatte das Licht nicht eingeschaltet, so daß der helle Lichtschein der Mauer ins Zimmer fiel.

»Wie kann ich es mir beschaffen?«

Die knappe Sprache der Vorsicht. Möglicherweise sprach ich in diesem Moment mit dem Chef der Operation *Trompeter*.

»Wir wären mit einem Treffen einverstanden.«

Sie hatte niemanden erwähnt. Sie hatte nicht gesagt: *Ich kenne jemanden, der mir helfen kann.*

»Gut. Ich auch.«

»Sie müßten allein kommen.«

»Gut.«

Vielleicht sprach ich sogar mit Volper.

»Dann treffen wir uns heute abend um sechs Uhr in der Karl-Liebknecht-Straße. Ist Ihnen das recht?«

»Ja.«

»Mit was für einem Wagen kommen Sie?«

Ich bemühte mich nach Kräften, bei ihm irgendeinen Akzent zu erkennen. Bei einem blinden Rendezvous kann es hilfreich sein, wenn man sich die Stimme am Telefon vorher gut einprägt. Das hier war die Stimme eines gebildeten Mannes, mit einem, wie ich fand, jüdischen Akzent.

»Ich nehme ein Taxi«, sagte ich.

»Sehr gut. Sagen Sie dem Fahrer, daß er in östlicher Richtung über die Karl-Liebknecht-Straße fahren soll, an der Kirche vorbei. Dann soll er die Liebknechtbrücke überqueren und Sie zwischen dort und der Spandauer Straße absetzen. Haben Sie das verstanden?«

Ich sagte ja.

»Wenn Sie aus dem Taxi steigen, vergessen Sie, dem Fahrer ein Trinkgeld zu geben. Gehen Sie ein kleines Stück, kehren Sie dann plötzlich um und geben Sie ihm das Trinkgeld.«

Sein Stil gefiel mir.

»Verstanden.«

»Gehen Sie dann in Richtung Spandauer Straße.«

»Wonach soll ich Ausschau halten?«

»Gehen Sie einfach in diese Richtung. Ich komme Ihnen dann entgegen.«

Hauptmann Frieburg . . . Hauptmann Frieburg sofort beim Geschwaderkommando melden . . .

Eine Frauenstimme, leise, aber deutlich und metallisch.

Werneuchen.

»In Ordnung«, sagte ich.

»Ich wiederhole: Ich will, daß Sie allein kommen. Wenn irgend jemand bei Ihnen ist, werde ich mich nicht mit Ihnen treffen, und natürlich bekommen Sie dann auch nichts von mir.«

»Verstanden.«

Er unterbrach die Verbindung.

Meine Nerven kribbelten ein wenig, aber das war normal. Es war wie russisches Roulette; es beunruhigte das Stammhirn; und die Chancen waren noch geringer: eins zu eins. Entweder war der Mann ein Freund von Lena Pabst und hatte mit ihr zusammen für mich gearbeitet, oder er gehörte zur *Trompeter*-Zelle. Oder, anders ausgedrückt: Wenn ich zu diesem Rendezvous ging, bekam ich wertvolle Informationen, die *Quickstep* nach vorn katapultierten und mich geradewegs ans Ziel führten. Oder ich lief geradewegs ins eine Falle.

Fordere Unterstützung an.

Denk . . .

Sag Cone Bescheid. Ruf ihn jetzt sofort an.

Denk doch mal nach: Cone konnte mir sechs Leute schicken und Yasolev sogar fünfzig. Dann ging ich keinerlei Risiko ein.

Aber dieser Geissler schien ein Profi zu sein. Er würde seine eigenen Leute am Treffpunkt postieren, um sich zu vergewissern, daß ich auch wirklich allein kam. Falls nicht, würden sie ihm das sofort melden, und er erschien überhaupt nicht.

Ich hatte nicht vor, zu diesem Rendezvous zu gehen, um meine Zeit zu verschwenden.

Sie könnten versuchen, dich zu erledigen, dir . . .

Natürlich. Das ist mir klar.

Ruf Cone an und fordere Unterstützung an. Du kannst nicht . . .

Verdammt noch mal, sei jetzt endlich still.

Falls es sich um eine Falle der *Trompeter*-Leute handelte, hatte ich keine Möglichkeit, das vorher herauszufinden. Aber andererseits fand das Rendezvous in einer hell erleuchteten, sehr belebten Straße statt. Es waren viele Menschen um mich herum und Polizeistreifen in der Nähe. Das gab mir eine Chance.

Unsinn.

Nun, wenn du meinst. Du hast wirklich nicht unrecht, aber ich wäre sogar zu diesem Treffen gegangen, wenn es um Mitternacht in einem leeren Lagerhaus stattgefunden hätte, einfach deshalb, weil ich *Quickstep* ins Ziel bringen mußte, und weil das vielleicht die einzige Möglichkeit war.

Also sagte ich Gunter, daß ich für 17.30 Uhr das Taxi brauchte.

»Um wieviel Uhr ißt du zu Abend?«

Ich sah seine Augen im Rückspiegel. »Zwischendurch, wenn ich gerade Zeit habe.«

Auf der Friedrichstraße nach Norden, Richtung Unter den Linden. 17.42 Uhr.

»Fahr noch ein-, zweimal im Kreis. Wir sind ein bißchen zu früh.« Er nahm die Behrenstraße.

Um dreizehn Minuten vor sechs fuhren wir wieder über die Friedrichstraße und bogen dann Unter den Linden nach Osten ab. Es war gerade Rush-hour, aber das war hier nicht so schlimm wie auf der Westseite der Mauer, wo es mehr Privatautos gab.

Um fünf vor sechs überquerten wir die Marx-Engels-Brücke, und ich sah, wie auf der linken Seite die Kirche näherkam.

»Gunter. Ich möchte, daß du mich in der Karl-Liebknecht-Straße absetzt, auf halbem Weg zwischen der Kirche und der Spandauer Straße. Wenn ich ausgestiegen bin, fahr bitte um den Block herum und komm wieder an der Stelle vorbei, wo du mich abgesetzt hast.«

»In Ordnung.«

»Fahr zweimal dort vorbei. Wenn du mich nicht siehst, parkst du an der Kirche und wartest eine Stunde. Wenn ich nicht komme, suchst du dir ein Restaurant und ißt zu Abend. Danach hast du frei.«

»In Ordnung.«

Es war alles andere als in Ordnung, aber das konnte er nicht wissen.

Das Adrenalin floß bereits durch meine Adern: Ich fühlte mich high. Der Organismus war jetzt ganz darauf eingestellt, um sein Leben zu kämpfen. Er hörte auf zu verdauen, pumpte Blut in die Muskeln, spannte die Nerven an. Kampf oder Flucht, und so weiter, aber möglicherweise ließen sie mir weder für das eine noch für das andere eine Chance.

Blinde Rendezvous mögen wir nicht, selbst wenn wir Unterstützung erhalten, weil das Timing zu knapp sein kann, und dann schlägt die andere Seite zu und macht sich wieder aus dem Staub, ehe man etwas unternehmen kann. Irgendein kluges Kerlchen in Norfolk hat einmal eine Untersuchung über sämtliche Geheimdienst- und Terror-Operationen der letzten zehn Jahre angestellt und dabei folgende Zahlen ermittelt: Von hundertundsieben blinden Rendezvous-Aktionen verliefen nur neunzehn programmgemäß; in dreiundsechzig Fällen wurde er getötet, davon in vierzehn Fällen aus großer Distanz von einem Scharfschützen.

Drei Minuten vor sechs: Das Blut rauschte in meinen Ohren.

Zwei Minuten: Mein Mund wurde trocken.

Eine Minute: Ein Gedanke, schnell wie eine Gewehrkugel – *du hättest nicht herkommen sollen.*

»So, laß mich hier aussteigen.«

21 STUFEN

Ich ging sechs Schritte, drehte mich um und kam zurück.

»Ich spendier dir das Abendessen.«

Sei großzügig; 250 Mark. Um die Götter versöhnlich zu stimmen.

Er bedankte sich überrascht.

Ich setzte mich wieder in Bewegung. Eine Frau mit zwei kleinen Mädchen; drei Geschäftsleute, Besucher aus dem Westen, nach ihren Anzügen zu urteilen – einer von ihnen winkte Gunter zu, aber der hielt nicht an. Ich ging mit festen Schritten. Jemand, der wie ein Priester aussah; er hielt eine Frau bei den Schultern und bot ihr ein Taschentuch an; ein alter Mann ohne Hoffnung, der Brot aus einer Papiertüte aß; vier oder fünf Mädchen, die lachend zur Bushaltestelle rannten; die Kirchturmuhr schlug sechs. *In vierzehn Fällen aus großer Distanz von einem Scharfschützen.*

Bremsenquietschen, Motorgeräusch dicht neben mir. Ich drehte mich um.

»Guten Abend.«

Er sprang aus dem Lieferwagen und signalisierte mir mit einer Handbewegung, daß ich einsteigen sollte. Ein massiger Mann in einer gefütterten schwarzen Skijacke. Sein gedrungenes Gesicht war ausdruckslos, der Blick ins Leere gerichtet, sein ganzes Benehmen völlig unpersönlich.

Ich stieg ein und setzte mich auf die hintere Sitzbank. Ein Mann saß neben mir, der andere stieg wieder ein, so daß ich zwischen ihnen saß. Der Fahrer legte den Gang ein, und die beiden Männer hielten mir jeder einen Armeerevolver in die Seite. Ich leistete keinen Widerstand, denn ein Finger braucht sich am Abzug ganze zwei Zentimeter zu bewegen, um die gewünschte Wirkung zu erzielen. Meine Ellbogen hätten eine weit größere Distanz überwinden müssen, und deswegen hatte ich keine Chance.

Altmodische Handschellen aus Stahl, möglicherweise aus dem Bestand der Militärpolizei von Werneuchen; ein schwarzer

Beutel, der nach Öl stank, vielleicht nach Waffenöl, wurde mir über den Kopf gestülpt.

Keiner von ihnen sagte etwas.

Was hätten sie auch sagen sollen – *Eine Bewegung, und Sie sind ein toter Mann?* Diese Leute gaben sich nicht damit ab, das Offensichtliche auszusprechen. Und ich auch nicht: *Keine Sorge, ich mache schon keine Dummheiten.*

Wir bogen links ab in die Spandauer – es mußte die Spandauer gewesen sein, denn wir waren schon nach einer halben Minute abgebogen; dann bogen wir einmal rechts und zweimal links ab. Danach gab ich ich den Versuch auf, mir den Weg zu merken, weil ich das Gelände auf dieser Seite der Mauer nicht gut genug kannte. Ich mußte mich auf die Zeit verlassen, falls ich Gelegenheit hatte, einen Blick auf meine Uhr zu werfen, oder auf ihre, wenn wir ankamen: Wenn man die Geschwindigkeit des Lieferwagens und die Zahl der Stops berücksichtigte, konnte ich später mit Hilfe eines Stadtplans vielleicht so ungefähr ein Dutzend mögliche Zielorte unserer Fahrt lokalisieren, und ein Dutzend war immer noch besser als gar nichts.

Ich hatte den Lieferwagen nur von der Seite gesehen, bevor ich einstieg, aber er sah wie ein kleiner Militärtransporter aus, mit fünf Sitzbänken und Stauraum für Kisten und Taschen. Keiner der Männer war uniformiert, aber das hatte nichts zu bedeuten. Der Mann, der mich zum Einsteigen aufgefordert hatte, schien nicht der vom Telefon zu sein, aber ich war mir nicht sicher; bislang hatte er erst zwei Worte gesprochen: *Guten Abend.* Vielleicht war er der Mörder von Lena Pabst.

Ich mußte beide Hände heben, um den Stoffbeutel zu lockern, den sie mir über den Kopf gezogen hatten, aber ich kam nicht weit, denn sofort stieß mir der Mann rechts von mir den Revolverlauf schmerzhaft in die Seite.

»Keine Bewegung. Lassen Sie die Hände auf den Knien.«

»Ich bekomme keine Luft.«

Er stieß mir noch einmal die Pistole in die Rippen und schwieg.

In Wahrheit bekam ich genug Luft, aber ich wollte so viel Sauerstoff wie möglich für meine Muskeln inhalieren. Ich hatte erst eine Chance, etwas zu unternehmen, wenn sie mich aus dem Lieferwagen holten, aber ich wußte nicht, was sie dann mit mir vorhatten, und deshalb mußte ich die Gelegenheit zur Flucht nutzen, ehe es mir erging wie Lena Pabst.

Außenagent befindet sich in der Hand der Gegenseite und schwebt in akuter Lebensgefahr.

Das würde Shepley gar nicht gefallen. *Ich habe ihn ausgewählt, weil er sich bei seinen bisherigen Außeneinsätzen unter schwierigsten Bedingungen bewährt hat. Wenn er die Sache überlebt, erwarte ich von ihm eine Erklärung, warum er sein Leben und die ganze Mission so leichtsinnig aufs Spiel setzte.*

Sir, die Erklärung dafür ist, daß ich ein kalkuliertes Risiko eingegangen bin. Leider haben manche Leute die merkwürdige Vorstellung, daß ein kalkuliertes Risiko in Wahrheit überhaupt kein Risiko ist, aber Sie, Eminenz, müßten es doch nun wirklich besser wissen. Sie müßten außerdem wissen, daß der Außenagent manchmal den Kopf herausstrecken und das gegnerische Feuer auf sich ziehen muß, weil es keine andere Möglichkeit gibt, nahe an den Gegner heranzukommen. Und wenn Sie der Auffassung sind, daß ich in diesem speziellen Fall des Guten zuviel getan habe, dann sind Sie, mit Verlaub gesagt, im Irrtum.

Ich wurde immer nervöser. Shepley würde das verstehen. Schließlich war er ein erfahrener Mann, und wenn er bei der SAS gedient hatte, war er dieses Risiko selbst auch oft genug eingegangen.

Es war heiß unter dem Beutel, sehr wenig Sauerstoff. Ich würde darunter ersticken, wenn es noch lange dauerte. Aber das hätte ihnen wahrscheinlich wenig ausgemacht, denn wenn sie sowieso vorhatten, mir eine Kugel durch den Kopf zu jagen, spielte es kaum eine Rolle, ob darin zu diesem Zeitpunkt Sauerstoffmangel herrschte: Der Schädel würde so oder so zerplatzen wie eine Kokosnuß.

Fliegerstiefel.

Wir bogen links ab, dann rechts, warteten an einer Ampel, und dann legte der Fahrer wieder krachend den Gang ein; entweder war der Fahrer mit der Schaltung dieses Wagens nicht sehr vertraut, oder die Synchronisation war verschlissen.

Pelzgefütterte Fliegerstiefel: Viel mehr konnte ich nicht sehen, wenn ich unter dem Beutel nach unten blickte. Ein Pilot. Ein Pilot oder Bombenschütze, eine Flugzeugbesatzung. Der Wagen bremste ab.

»Fahren Sie so dicht wie möglich heran.«

»Verstanden.«

Der Wagen bremste weiter ab und fuhr um eine Kurve, polterte dann über holprigen Untergrund. Das Fahrzeug legte sich auf die Seite, als der Fahrer um eine sehr enge Kurve bog. Dann hielt er an. Das Motorengeräusch klang jetzt lauter, weil es auf einer Seite von einer Mauer widerhallte.

»Raus! Raus!«

Einer von ihnen stieß die Tür auf, sprang heraus. Der andere drückte mir die Pistole in den Rücken, und ich kletterte aus dem Wagen. Die Handschellen erschwerten meine Lage erheblich, denn wenn ich jetzt nichts tun konnte, war meine letzte Chance zur Flucht dahin; aber ich konnte nichts sehen, außer dem rissigen Asphalt unter meinen Füßen und einem Zigarettenstummel. Einer der Männer packte mich am Arm und stieß mich vorwärts, und ich hörte, wie sich eine Tür öffnete.

Stufen, die abwärts führten. Ich rutschte ab, weil ich nicht gewußt hatte, daß sich vor mir eine Treppe befand, und stieß mit der Schulter gegen eine Wand oder einen Türpfosten. Jemand hielt mich fest und richtete mich wieder auf. Küchengerüche stiegen mir in die Nase. Draußen startete ein Motor, aber es war nicht der Lieferwagen, der uns hergebracht hatte. *Feuchtigkeit.* Jetzt roch es feucht. Wir gingen noch immer treppabwärts, und einer von ihnen stieß mir andauernd die Pistole ins Kreuz. Sie dachten anscheinend, daß ich schwer von Begriff war. Ich hätte mich sehr gerne herumgedreht und dem Burschen eins übergezogen, die Handschellen als Waffe benutzend, einfach nur aus Bosheit, weil ich diese Mistkerle nicht mochte. Sie waren keine Profis. Das merkte man daran, daß sie ständig mit ihren Kanonen an mir herumfuchtelten. Ich *wußte* doch nun wirklich längst, daß sie bewaffnet waren, verdammt noch mal.

»Setz dich dorthin.«

Ein Stuhl, die Sitzfläche eines Stuhls hinter meinen Beinen. Also setzte ich mich, und plötzlich wurde es furchtbar hell, als sie mir den Beutel vom Kopf zogen.

»Kann ich ein Glas Wasser haben?«

Das sagte ich bloß, um sie zum Reden zu bringen, um zu sehen, wie sie reagierten, und so herauszufinden, was für Typen sie waren, sie kennenzulernen, etwas in Erfahrung zu bringen und auf diese Weise vielleicht einen Weg zu finden. Aber sie nahmen keinerlei Notiz von meiner Bitte.

»Geh ihn holen.«

Der Größere von beiden nickte und ging die Treppe hinauf; der Massige blieb breitbeinig vor mir stehen. Sein Revolver zielte auf mein Zwerchfell, was auf mangelhafte Anatomiekenntnisse schließen ließ: Man richtete eine Pistole immer auf das Herz, wenn man es ernst meint; für einen Profi ist das eine Selbstverständlichkeit. Aber sie waren keine Profis, und das gab mir vielleicht eine Chance: Wenn man kein Boot hat, klammert man sich an den kleinsten Strohhalm.

Im Vergleich zu den üblichen Verhörzellen war dieser Raum recht gut möbliert: ein Telefon, drei oder vier antike Stühle mit verschlissenen Polstern, eine Art-Deco-Kommode und eine Lampe mit verchromtem Ständer und einem roten Plüschschirm – vermutlich hatten sie einen Trödelladen überfallen und den ersten besten Plunder mitgenommen. Aber wenn einem jemand eine Pistole vor den Bauch hält, kann man es sich als Gast nicht leisten, wählerisch zu sein.

»Nur zu Ihrer Information«, sagte ich. »Ich bin Hauptmann der HUA, und es wäre besser für Sie und Ihren Kollegen, wenn Sie mich jetzt auf der Stelle freilassen, ehe irgendein Unheil geschieht. Ich denke, das sehen Sie ein.«

Es hatte keinen Sinn, ihm zu erzählen, daß meine Abteilung von diesem Rendezvous wußte und sofort nach mir suchen würde, denn in diesem Fall wäre die ganze Gegend voller Polizeiwagen gewesen, und wir hätten es noch nicht einmal bis zur Spandauer Straße geschafft.

Ich glaube, er hatte verstanden, was ich gesagt hatte, wenn er auch nicht sofort reagierte; er blickte noch immer ins Leere, wirkte so unbeteiligt wie ein Zollbeamter, der den ganzen Tag auf Menschen herumkaut und sie wieder ausspuckt, ohne den Geschmack wirklich zu genießen.

Doch jetzt zeigte er plötzlich Interesse; das, was ich eben gesagt hatte, war ihm offensichtlich im Kopf herumgegangen.

»Geben Sie mir Ihre Brieftasche.«

Ich griff mit beiden Händen in meine Gesäßtasche, zog die Brieftasche heraus und hielt sie ihm hin, so daß er sich in meinen Papieren vergewissern konnte, ob ich die Wahrheit sagte. Aber er war kein Profi, und er fühlte sich sehr sicher, weil er eine Pistole auf mich richtete. Er glaubte, daß ich mit meinen gefesselten Händen ungefährlich war, aber da irrte er sich gewaltig. Mein Leben war bedroht, mein Körper voller Adrenalin, meine Nerven standen unter Hochspannung und meine Muskeln waren straff wie Bogensehnen. Ich ließ die Kante meines Schuhs mit einer Wucht an seinem Schienbein herunterschrammen, die genügte, ihm das Fleisch von den Knochen zu reißen; als mein Fuß mit dem ganzen Gewicht meines Körpers auf dem Rücken seines Fliegerstiefels auftraf, schrie er vor Schmerz; meine Hände sausten auf sein Handgelenk herab, und als das Verbindungsstück der Handschellen ihm den Handknochen zerschmetterte, löste sich ein Schuß, und ich hörte, wie die Kugel hinter mir in die Wand einschlug.

Ich glaube, er war bereits bewußtlos, ehe er zu Boden fiel; der Grad von Schmerz, den ich ihm zugefügt hatte, genügte bei den meisten Menschen, um die Schwelle des Erträglichen zu überschreiten. Die einzige mögliche Erleichterung besteht dann in vorübergehender Bewußtlosigkeit, und das Gehirn funktioniert in dieser Hinsicht sehr zuverlässig.

Als er mit weißem Gesicht hinfiel, zerbrach er das Bein eines antiken Stuhls und schlug mit dem Kopf auf den Betonboden. Ich ließ ihn liegen, ging in die Hocke und hob die Pistole auf. In diesem Moment ging oben an der Treppe die Tür auf, und Pollock kam die Stufen hinunter, diesmal ohne strahlendes Lächeln.

22 POLLOCK

»Mein Gott«, sagte er leise, »ist das scheußlich.«

Der Mann hatte sich übergeben, als er zu sich gekommen war und die Schmerzen wieder anfingen, aber das meinte Pollock wahrscheinlich nicht; er meinte die ganze Situation.

»Stellen Sie sich dort drüben hin«, sagte ich. »Hinter ihn. Und sorgen Sie dafür, daß er nicht aufsteht.«

»Dazu ist er wohl kaum in der Lage. Ich werde ihn in ein Krankenhaus bringen müssen.«

»Pollock«, sagte ich. »Wir sind hier nicht in einem Cricket-Club, verdammt. Gehen Sie da rüber!«

Er gehorchte, aber nicht, weil die Pistole ihn sonderlich beeindruckte. Jedenfalls kam es mir so vor.

»Wenn der andere Mann die Treppe herunterkommt«, sagte ich, »und Sie ihn warnen, jage ich Ihnen eine Kugel in den Kopf. *Parlez-vous* englisch?«

Er zwinkerte nervös mit den Augen. Es fiel ihm offenbar schwer, Ruhe zu bewahren. »Hören Sie, wenn ich Ihnen die Handschellen abnehme, legen Sie dann die Pistole weg?«

»In diesem Fall, ja. Aber erst warten wir, bis der andere Mann zurück ist. Ich will auch seine Pistole.«

»Sein Name ist Schwarz«, sagte er mit einer Freundlichkeit, über die ich mich amüsiert hätte, wäre ich nicht so wütend gewesen. Auf der Herfahrt war ich mir sicher gewesen, daß sie mich erschießen würden, genau wie Lena Pabst. Und jetzt kreiste immer noch das aufgestaute Adrenalin in meinem Blut und wurde sauer. »Wir müssen uns unterhalten«, sagte Pollock, und dann öffnete sich die Tür, und jemand kam die Treppe herunter. Pollock blickte auf. »Jürgen, seien Sie doch bitte so gut und werfen Sie Ihre Pistole auf den Boden.«

Der Mann schaute sich um und zog langsam seinen Revolver aus dem Halfter. Ich sagte: »Tun Sie das *sehr* vorsichtig.« Er faßte die Waffe mit spitzen Fingern an, als würde sie stinken, und legte sie auf die unterste Stufe. Dann blickte er zu dem Mann auf dem Boden.

»Wir werden ihn zu einem Arzt bringen«, sagte Pollock.

Ich hielt die Pistole immer noch mit verdrehtem linkem Arm hinter meinem Rücken, und die Muskeln ermüdeten allmählich. »Pollock, kommen Sie her, und stellen Sie sich mit dem Rücken zu mir.

Der Mann auf dem Boden jammerte mit immer noch blutleerem Gesicht über sein gebrochenes Handgelenk. Er war der, der mir auf dem Weg hierher ständig die Pistole in den Rücken gestoßen hatte.

»Kommen Sie *näher*«, sagte ich zu Pollock, und er stellte sich dichter zu mir, so daß mein Revolver seine Wirbelsäule berührte. Dann forderte ich den Piloten auf deutsch auf, mir die Handschellen abzunehmen. Ich brauchte ihm nicht zu sagen, was mit Pollocks Wirbelsäule passierte, wenn jemand Dummheiten machte. Schwarz hieß er, hatte Pollock gesagt.

Als er mir die Handschellen abgenommen hatte, befahl ich den beiden, sich hinter dem Mann auf dem Boden in die Ecke zu stellen.

»Schwarz, ist der Fahrer noch oben im Lieferwagen?«

»Ja.«

»Dann holen Sie ihn her. Wenn Sie länger als zwei Minuten wegbleiben, werde ich Ihren Freund von seinen Schmerzen erlösen.«

»Hören Sie . . .«, sagte Pollock.

»*Halten Sie die Klappe*!« Ich war schlecht gelaunt, und das war ganz allein ihre Schuld.

Schwarz ging und holte den Fahrer, einen jungen Soldaten mit niedrigem Dienstgrad, der sich in Gegenwart der Piloten rasch und vorsichtig bewegte.

Ich schaute Pollock an. »Wo sind wir hier?«

»Im Keller unter dem Club.«

Ich sagte zu dem Fahrer: »Gehen Sie nach oben, holen Sie einen Eimer Wasser und einen Lappen und wischen Sie die Sauerei dort auf dem Fußboden weg. Dann bringen Sie den Offizier zu einem Arzt. Los, *Bewegung*!«

»Zu Befehl!«

»Pollock, Sie dürfen sich eine Zigarette anzünden. Schwarz, Sie auch.«

Das würde den Gestank ein bißchen überdecken. Vorsichtshalber behielt ich ihre Hände im Auge, aber Pollock hatte keine Waffe bei sich, sonst hätte er nach ihr gegriffen, als er die Treppe heruntergekommen war und gesehen hatte, was passiert war.

Ich ging zum Telefon und rief im Hotel an.

Cone meldete sich nach dem zweiten Klingeln.

»Das Rendezvous«, berichtete ich, »war eine Falle, um mich zu kidnappen. Ich habe die Situation jetzt aber unter Kontrolle und befinde mich in der Operationszentrale von *Trompeter*, obwohl es hier mehr wie in einem Trödelladen aussieht. Wir haben es nicht mit einer sehr professionellen Zelle zu tun. Ich bin . . .«

»Wo ist die Zentrale?«

»Ich möchte nicht, daß Sie Ihre Leute herschicken. Passen Sie auf, ich beschaffe alle notwendigen Informationen und rufe Sie dann in einer Stunde, um neunzehn Uhr fünfundzwanzig, wieder an. Falls nicht, rufen Sie den britischen Botschafter an und teilen ihm mit, daß Pollock, sein Kulturattaché, zur *Trompeter*-Zelle gehört, allem Anschein nach sogar der Kopf dieser Gruppe ist. Aber geben Sie diese Information *nur* weiter, wenn ich Sie nicht wieder anrufe. Ich will diese Operation erst hochgehen lassen, wenn ich genau weiß, was hier gespielt wird. Dank Pollock haben wir jetzt *noch eine* Verbindung nach England, und wir sollten vermeiden, daß die Sache unnötig Wellen schlägt.«

Zigarettenrauch schwebte durch die Luft. Der Fahrer kam mit einem roten Eimer die Treppe herunter und wischte das Erbrochene hastig auf.

Cone: »Das geht nicht.«

»Was geht nicht?«

»Ich muß London verständigen. Das müssen Sie einsehen.«

»Ich halte Sie nicht davon ab.«

»Aber ich muß London melden, daß Sie erfolgreich in die *Trompeter*-Zelle eingedrungen sind und dort die Kontrolle übernommen haben. Das ist doch richtig?«

»Ja.«

»Sehr schön. Aber ich kann doch Bureau One nicht erzählen,

daß Sie sich ganz allein in der Zentrale der gegnerischen Zelle befinden und mir nicht sagen wollen, wo sie sich befindet.«

»Oh, verdammt noch mal, ich habe einen langen Tag hinter mir. Ich . . .«

»Ich weiß, aber Sie hören mir nicht zu. Was wird er denn da für einen Eindruck von mir bekommen?«

Ich dachte darüber nach, während der Fahrer mit polternden Stiefeln den Eimer die Treppe hochtrug. Das war wahrscheinlich der einzige Weg, wie Cone mich erweichen konnte: indem er an mein Mitgefühl ihm gegenüber appellierte.

»Es ist nicht Ihre Schuld, wenn ich mich nicht an die Vorschriften halte.«

Ich hörte, wie er heftig ausatmete. »Sie befinden sich« – er bewahrte die Beherrschung und sprach weiterhin langsam und deutlich – »in der Zentrale der gegnerischen Zelle und werden vielleicht jeden Augenblick kompromittiert. Wenn man mir später Fragen stellt, werde ich nicht erklären können, warum mein Agent alles Vertrauen in mich verlor und sich weigerte, mich zu informieren.« Seine Stimme wurde sehr leise. »Hier geht es nicht um irgendwelche Vorschriften. Es ist ganz einfach nicht *anständig,* sich so zu verhalten.«

Oh, verdammt, er war genauso schlimm wie Ferris: Unser gemeinsamer Einsatz dauerte erst zehn Tage, aber er wußte bereits *genau,* wie er mich manipulieren konnte.

Nach einem Moment sagte ich: »Sie lassen nicht locker, was?«

»Das ist auch besser so«, sagte er.

Der Fahrer kam wieder herunter und ging zu dem am Boden liegenden Mann. »Einen Augenblick«, sagte ich zu Cone, legte den Hörer hin, hob den Revolver von der untersten Stufe auf, klappte die Kammer heraus, ließ die Patronen in meine Hand fallen und warf die Waffe in die Ecke; dann tat ich das gleiche mit der Waffe, die ich dem einen Piloten abgenommen hatte, hob die Handschellen auf und gab alles dem Fahrer. »Werfen Sie die Patronen draußen auf dem Parkplatz in den nächsten Gully, und legen Sie die Handschellen in den Lieferwagen.« Der Mann nahm die Sachen, schaute aber fragend hinüber zu Schwarz. »Befehlen Sie es ihm«, sagte ich zu Schwarz.

»Tun Sie, was er sagt.«

»Zu Befehl!«

Er half dem anderen Mann auf die Beine. Er war jetzt wieder voll bei Bewußtsein und hatte große Schmerzen.

Ich schaute den Fahrer an. »Schaffen Sie es mit ihm die Treppe hinauf?«

»Ja.«

»Dann los, Beeilung.« Dadurch, daß er sich bewegte, würden die Schmerzen gewiß nicht gelindert, und ich wollte nicht, daß er noch einmal alles vollkotzte.

Ich nahm wieder den Hörer. »Ich mußte mich mal eben um ein paar Dinge kümmern. Also, ich bin einverstanden, aber Sie müssen mir versprechen, daß Sie *niemanden* herschicken, es sei denn, ich rufe in einer Stunde nicht wieder an.«

Er überlegte ein paar Sekunden. »Gut, ich schicke niemanden.«

»Sehr schön. Ich bin im Keller unter Charlie's Club. Verstanden? Wenn ich nicht wieder anrufe, können Sie meinetwegen eine ganze KGB-Schwadron schicken, um hier gründlich aufzuräumen.« Während ich das sagte, beobachtete ich Pollock. Er wirkte *sehr* überrascht, obwohl er sich krampfhaft bemühte, es zu verbergen. Ich kam allmählich zu dem Schluß, daß er irgendeine Art von Spion war, der auf eigene Faust arbeitete. »Hören Sie«, sagte ich zu Cone, »wenn ich so darauf bestehe, die Sache im Moment noch durchzuziehen, tue ich das nicht, um Sie zu ärgern. Das Ganze ist so verdammt heiß, daß ich ein freies Arbeitsfeld will, bis ich weiß, womit wir es zu tun haben. Aber sobald ich fertig bin, erfahren Sie von mir alles, was ich weiß. Ich hoffe, das können Sie akzeptieren.«

Nach einem Moment: »Ja, damit kann ich erst einmal leben.«

»Ich rufe um neunzehn Uhr fünfundzwanzig wieder an.« Ich legte auf.

Pollock hatte sich nicht von der Stelle gerührt; er stand auf einem Bein, mit dem Rücken und dem anderen Fuß stützte er sich an der Wand ab. Seine Zigarette hatte er zur Hälfte geraucht. Schwarz ging auf und ab. Er war weniger groß, als er mir vorhin erschienen war, weil ich ihn da im Vergleich zu dem anderen Piloten gesehen hatte; aber er war viel dünner, mit einem hohlwangigen Gesicht, müden Augen und einem verkniffenen Mund. Ein nervöser Mann, der seine Zigarette schon ganz geraucht und in einem Aschenbecher, der zwischen den Stühlen auf dem Boden stand, ausgedrückt hatte.

Pollock: »Ich glaube, wir könnten alle einen Drink vertragen, was?«

Langsam und deutlich fragte ich: »Wo ist Horst Volper?«

»Ich habe keine Ahnung.«

»Wissen Sie, es gibt zwei Möglichkeiten: Ich kann anrufen und Sie dem KGB für ein gründliches Verhör übergeben – oder Sie sagen mir alles, was Sie wissen. Hier und jetzt, in verhältnismäßig angenehmer Atmosphäre. Sie haben die freie Wahl, aber falls Sie sich für letzteres entscheiden, rate ich Ihnen, mir keinen Blödsinn aufzutischen.«

Er zog Rauch ein und blies ihn wieder aus. »Wir haben wirklich keine Ahnung, wo Horst Volper ist. Er hat nichts mit uns zu tun. Aber ich weiß, daß er sich in Ostberlin aufhält und daß Sie an seinem Fall arbeiten.«

Das war die Sprache des Secret Service, nicht des Bureau. Er wollte damit sagen, daß Volper meine Zielperson war.

»Wer ist Ihr örtlicher Vorgesetzter in der Botschaft?«

»Saunders.«

»Vom DI6?«

»Ja.«

»Aber die stecken nicht hinter *Trompeter*.«

»Nein, das ist allein meine Sache.« Er hatte nun auch den Kopf gegen die Wand gelehnt und gab sich sehr entspannt. Aber er war es in Wahrheit nicht. »Wenn ich sage, daß es meine Sache ist, meine ich damit, daß ich alles von hier aus koordiniere.«

Wieder verwendete er die Sprache des DI6. »Auf eigene Faust?«

»Natürlich.« Sein kurzes, blitzendes Lächeln. »Der DI6 würde etwas Derartiges niemals tun.«

Das war mir klar. »Auf wessen Befehl wurde Lena Pabst getötet?«

Jetzt lehnte er sich plötzlich nicht mehr entspannt an, sondern ging zum Aschenbecher, ohne mich anzusehen.

»Niemand hat das befohlen, und ich schon gar nicht.« Seine Stimme klang wütend.

»Wer hat sie dann erschossen?«

»Bader.«

»Wer ist das?«

»Der Mann, den Sie zusammengeschlagen haben.«

»Der Pilot, der eben hinausgebracht wurde?«

»Ja. Ich habe ihn mir deswegen vorgeknöpft.« Er schob die Hände in die Taschen, zog sie wieder heraus und ballte die Fäuste. »Ich habe sogar damit gedroht, daß ich die ganze Sache aufgebe.«

»Warum haben Sie das nicht getan?«

Er holte tief Luft. »Melnichenko sagte, daß ich deswegen nicht aussteigen kann. Er sagte, die Sache sei zu wichtig.« Nach einem Moment: »Und das ist sie auch.«

»So wichtig, daß die Ermordung einer Frau dabei nicht weiter ins Gewicht fällt?«

Quiller, du selbstgerechter Bastard, du bist ebenso schuldig. Du hast sie für dich arbeiten lassen und genau gewußt, daß es für sie lebensgefährlich werden konnte.

»Diese Sache tut mir wirklich leid«, sagte Pollock leise. »Sehr leid.« Er blickte den Piloten an und sagte auf deutsch: »Was passierte, als ich von Lena Pabsts Ermordung erfuhr?«

Ein Achselzucken. »Sie haben getobt.«

»Was noch? Drücken Sie sich deutlicher aus.« Ich hörte die Schärfe und Autorität in seiner Stimme. Das blitzende, weiße Lächeln war bloß etwas, das er an- und abschaltete, wenn er gerade den Kulturattaché mimte.

»Sie haben gesagt, daß Sie fertig mit uns wären«, sagte Schwarz.

Pollock blickte wieder mich an. »Urteilen Sie selbst.«

»Lena hat offenbar gute Arbeit geleistet und wurde ziemlich gefährlich für Sie.«

»Deshalb verlor Bader die Nerven.«

»Ist er mehr als ein gewöhnlicher Bomberpilot?«

»Er ist kein Geheimdienst-Mann, wenn Sie das meinen.«

»Ich meine genau, was ich gesagt habe. Ist er mehr als ein

gewöhnlicher Pilot? Ich will klare Antworten, Pollock, also verarschen Sie mich gefälligst nicht.«

Zugegeben, ich reagierte etwas unbeherrscht; aber immerhin hatte man mich vor einer Stunde in Handschellen und mit einer Kapuze über dem Kopf verschleppt, und ich hatte schon befürchtet, daß ich mein endgültig letztes kalkuliertes Risiko eingegangen war; statt dessen fand ich mich plötzlich mitten im Nervenzentrum von *Trompeter* wieder, und es lag noch *eine Menge* Arbeit vor mir, ehe ich in die Endphase gehen, Volper finden und unschädlich machen konnte, bevor der Generalsekretär in Berlin eintraf. Daß ich in dieser kritischen Lage klare Antworten verlangte, war ja wohl das mindeste.

»Bader ist ein gewöhnlicher Bomberpilot«, sagte Pollock ruhig. »Abgesehen von seiner Beteiligung an *Trompeter*.«

»Und was ist mit diesem Schwachkopf hier?«

Ich beobachtete Schwarz, aber er zeigte keine Reaktion. Ich war nur deshalb so grob, weil ich wissen wollte, ob er englisch verstand. Ich wollte mich vergewissern, daß er vorhin, als er gesagt hatte, daß Pollock ›mit ihnen fertig war‹, nicht einfach nur aufgegriffen hatte, was Pollock zuvor auf englisch gesagt hatte: Daß er ›damit gedroht hatte, die Sache aufzugeben‹.

Auch Pollock zeigte keine Reaktion; er wußte, was ich tat. »Für ihn gilt das gleiche. Er ist lediglich an dieser Operation beteiligt, sonst nichts.«

»Und wie sieht diese Operation aus?«

Totenstille herrschte, während die Spannung im Raum ins Unermeßliche stieg. Das war verständlich. Von allen Fragen, die ich an diesem Abend stellen würde, war *das* die entscheidende.

Ich wartete. Von ihrer Antwort hing alles ab. Ich konnte *Trompeter* hochgehen lassen, und das wußten sie, aber diese Entscheidung würde ich erst treffen, wenn ich sehr viel mehr wußte. Eine Sache war dabei besonders wichtig: Ich hielt es für sehr unwahrscheinlich, daß Pollock in eine Operation *gegen* Michail Gorbatschow verwickelt war.

Nach einem Moment: »Das ist eine heikle Frage.«

»Dann schaffen Sie Melnichenko her.«

»Wird gemacht.« Er klang beinahe erleichtert.

Während er zum Telefon ging, sagte ich: »Pollock, Sie werden genau die folgenden Worte benutzen: *Können Sie sofort herkommen? Es ist dringend.* Wiederholen Sie das.«

Er wiederholte es.

»Wenn Sie *irgendein* anderes Wort hinzufügen, werde ich die ganze Sache dem KGB übergeben, und dann gnade Ihnen Gott.«

»Ich habe verstanden.« Er nahm den Hörer ab und wählte.

Ich hörte genau zu. Er hielt sich exakt an seinen Text und legte auf, ehe Melnichenko Fragen stellen konnte.

»Ist das hier ein Nebenanschluß?«

»Nein«, sagte er. »Es ist ein separates Telefon.«

»Dann dürfen Sie die Leute oben bitten, uns etwas zu trinken zu bringen. Es wird eine lange Nacht werden.«

»Das glaube ich auch.« Er versuchte, sich zu entspannen, aber es gelang ihm nicht; sein blitzendes Lächeln funktionierte nicht mehr. »Was möchten Sie trinken?«

»Schwarzen russischen Tee ohne Zitrone.«

»Jürgen?«

»Bier«, sagte Schwarz und ließ sich auf einen Stuhl fallen. Er war sichtlich besorgt wegen Bader; anscheinend waren sie gute Freunde.

Als Pollock den Hörer aufgelegt hatte, fragte ich ihn: »Sind Sie noch immer offiziell beim DI6?«

»Ich glaube ja. Ich meine, noch. Aber wenn sie erfahren, was ich getan habe, werfen sie mich bestimmt hinaus.«

»Was haben Sie offiziell gemacht?«

»Oh«, er setzte sich ebenfalls, beugte sich vor, spielte mit seinen Händen, »hauptsächlich habe ich Material von einigen AIPS hier bearbeitet und weitergeleitet. Letztes Jahr habe ich dann einen besonderen Auftrag bekommen: den Ericson-Austausch.«

»Den haben Sie überwacht?«

»Ich habe ihn eingefädelt. Wir . . .«

»Von wo aus eingefädelt?«

»Über Moskau.« Er klang sehr zufrieden. Dazu hatte er auch allen Grund. »Ich habe sie einfach gefragt, wen sie im Austausch akzeptieren würden.«

Und sie hatten sich für Komoroff und Bulgin entschieden, die ohnehin kein besonders großer Fang gewesen waren. Wir wußten von diesem Austausch – er hatte großen Eindruck hinterlassen.

»Saubere Arbeit«, sagte ich.

»Danke. Aber so schwierig war es gar nicht.«

»Sie haben anscheinend ein paar gute Freunde in Moskau.«

»Sie sind in Ordnung. Aber man muß ein Auge auf sie haben.« Kurzes Lächeln.

Ich nahm mir vor, Cone nachprüfen zu lassen, wer den Ericson-Austausch geleitet hatte. Möglicherweise log mir Pollock nur etwas vor. Aber aus dem, was er mir erzählt hatte, und aus der Sprache, die er benutzte, konnte ich entnehmen, daß er entweder direkt beim DI6 beschäftigt war oder zumindest von einer anderen Abteilung aus mit ihm zusammenarbeitete.

»Und wie sind Sie auf die schiefe Bahn geraten?«

Das nervöse Spiel seiner Hände hörte auf. »So würde ich das nicht ausdrücken, was *Trompeter* betrifft.«

»Und wie würden Sie es ausdrücken?«

Er zögerte einen Moment mit der Antwort, und ich wußte warum. Ich hatte ihm gesagt, daß ich die Operation *Trompeter* genau unter die Lupe nehmen wollte. Und ich hatte ihm gesagt, daß ich sie alle dem KGB übergeben würde, wenn er nicht mit mir kooperierte. Ihm blieb jetzt nichts anderes übrig, als mir scheinbar alles, in Wirklichkeit aber gar nichts zu erzählen.

Und da würde er es bei mir nicht leicht haben.

»*Trompeter*«, sagte er, »ist eine Operation, die Europa verändern wird, und« – er lächelte entschuldigend – »ich hoffe, das klingt nicht zu dramatisch – die ganze geopolitische Situation der Welt. Und zwar über Nacht.« Offenbar fiel ihm plötzlich ein, was ich vorhin am Telefon zu Cone gesagt hatte, denn er fügte hinzu: »Man kann die Bedeutung einer Operation nicht danach beurteilen, wie die Zentrale möbliert ist.«

»Touché.«

»Mit *Trompeter* stimmt nur eines nicht.« Seine Stimme war

sehr leise geworden, und ich merkte, daß seine Hände zitterten.

»Daß ich Ihnen auf die Spur gekommen bin.«

»Genau.«

23 MORGEN

Ein schwerer, breit gebauter, aber nicht übergewichtiger Mann mit einem völlig kahlen, birnenförmigen Kopf, einem breiten Gesicht, einem fleischigen, rosafarbenen Mund, einem dicken Hals und einem Doppelkinn. Die gewaschene und polierte rötliche Haut dieses Kopfes, der prall wie ein Ballon wirkte, leuchtete wie bei einem Baby.

Er kam rasch die Treppe herunter.

Melnichenko.

Er blieb stehen. Falten erschienen auf seiner Stirn, während seine Augen die Situation erfaßten. Zu mir, auf deutsch mit russischem Akzent: »Das waren Sie in der Luftwaffenverwaltung, richtig?«

Dafür gab ich ihm eine Eins: Schließlich konnte er mich nur in dem Augenblick, als ich zum Aufzug rannte, ganz kurz gesehen haben. Ich antwortete nicht.

»Sie sind in mein Büro eingedrungen?«

Ich schwieg. Pollock war aufgestanden und Schwarz, der Pilot, ebenfalls.

»Aleksy«, sagte Pollock, »das ist Mr. Ash.« Zu mir: »Kommandant Melnichenko, GRU.«

Ich sagte guten Abend. Er nickte mit dem Kopf. Seine blaßblauen Augen betrachteten mich aufmerksam. Dann warf er Pollock einen Blick zu. »Ich war gerade beim Abendessen.«

Ich wußte nicht, ob er ihm übelnahm, daß er gestört worden war, oder ob er sich dafür entschuldigte, daß er nicht eher gekommen war.

Pollock ignorierte die Bemerkung ohnehin. »Mr. Ash möchte

uns ein paar Fragen stellen.« Er schaute Schwarz an. »Jürgen, würden Sie uns bitte noch einen Stuhl holen?«

»Holen Sie gleich zwei«, sagte ich.

Dann kam jemand mit einem großen Tablett die Treppe herunter, und Pollock sagte ihm, er solle auch noch eine Flasche Smirnov und ein Glas holen. Für einen Moment ging es ziemlich geschäftig zu, und mir fiel auf, daß Melnichenko versuchte, auf Pollocks Gesicht abzulesen, wie die Lage war. Doch der machte eine völlig unbeteiligte Miene, was bei einem Spion auf extreme Wachsamkeit hindeutet, und wich dem Blick des Russen aus.

Die beiden zusätzlichen Stühle und die Wodkaflasche wurden gebracht. Pollock war so freundlich, mir eine Tasse Tee einzugießen, und ich umfaßte die Tasse mit beiden Händen, weil es hier drin so verdammt kalt war.

»Kommandant«, sagte ich, »ich arbeite für den britischen Geheimdienst, und ich bin hier, weil ich vom KGB für eine gemeinsame Mission angefordert wurde. Ich will alles über *Trompeter* wissen. Wenn Sie meine Fragen nicht beantworten, wird der KGB Ihnen die Fragen stellen.«

Wunderbar heißer Tee.

»Wie ist die Lage?« fragte er Pollock auf russisch.

Mein Gott, das war wirklich nicht sehr clever.

»Die Lage«, sagte ich auf russisch, »ist die, daß Sie von jetzt an genau tun, was ich Ihnen sage, denn ich habe *Trompeter* hochgehen lassen. Sie sollten das zur Kenntnis nehmen und mit mir kooperieren.«

Ich konnte mich nur blind vortasten: In dieser Situation war alles denkbar: Möglicherweise arbeitete der GRU inoffiziell mit Pollock zusammen, und der Befehl dazu kam von jemandem ganz oben im Kreml.

»Ich finde, dazu ist es ein bißchen zu früh.« Er sprach jetzt wieder deutsch.

»Zu früh, um zu kooperieren?«

»Ja. Zunächst einmal verlange ich, daß mir Ihre Behauptungen von offizieller Seite bestätigt werden.« Sein pausbäckiges Lächeln war ein bloßer Reflex, genau wie bei Pollock.

»Sie sind nicht in der Position, etwas zu verlangen«,

entgegnete ich. »Ihre einzige Hoffnung besteht darin, daß Sie mit mir – und meiner Regierung – zusammenarbeiten, weil Sie sonst nämlich im Kreml großes Mißfallen erregen werden.«

Ich wartete. Pollocks Hände waren wieder ruhelos; er konnte sie nicht ruhig halten, weil ich dann gesehen hätte, daß sie zitterten.

»Aleksy«, sagte er leise, »ich kann für das garantieren, was Mr. Ash gesagt hat. Er ist wirklich Agent des britischen Geheimdienstes.«

»Dann sind Gespräche auf offizieller Ebene erforderlich.«

Ich beschloß, ihm noch fünf Minuten zu geben, denn vielleicht bekam ich ihn in diesen fünf Minuten dazu, mit seinem rosafarbenen Babygesicht in die Scheiße zu fallen. Das wäre ein echter Genuß für mich gewesen, denn diese Leute hatten mich wie einen blutigen Anfänger behandelt, mir Pistolen in den Leib gerammt und was noch alles.

»Wenn Sie in der Position sind, Gespräche auf offizieller Ebene zu führen, Kommandant, was tun Sie dann in einem eiskalten Keller unter einem Club, in dem die Größen des hiesigen Schwarzmarktes verkehren?«

Pollock hatte anscheinend geglaubt, ich hätte das nicht bemerkt, als wir zusammen zu Mittag aßen; aber jetzt machte er sich keine Gedanken mehr darüber. Ich hatte Melnichenko in die Enge getrieben, und Pollock wußte das und war klug genug, einen neuen Gegenzug zu versuchen.

»Wir verstehen nicht, warum Sie sich überhaupt für *Trompeter* interessieren. Es ist eine rein sowjetische Operation.«

»Ich interessiere mich dafür, weil es sich ganz eindeutig um eine verdeckte Operation handelt und ein Engländer ›alles von hier aus koordiniert‹ – um es mit Ihren Worten zu sagen –, weil ich dafür sorgen werde, daß dieser Bader wegen Mordes angeklagt wird, und weil es das Ziel meiner eigenen Mission ist, Generalsekretär Gorbatschow zu schützen. Und bislang gibt es keinerlei Hinweis darauf, daß *Trompeter* nicht die Ermordung Gorbatschows zum Ziel hat. Wenn das, was Sie da vorhaben, tatsächlich Europa und die geopolitische Lage der ganzen Welt verändert, dann wird meine Abteilung unverzüglich die Premierministerin darüber informieren.« Ich trank einen Schluck Tee. »Und wissen Sie, was sie dann tun wird? Sie wird Mr. Gorbatschow persönlich anrufen und dafür sorgen, daß er davon erfährt.«

Melnichenko war sehr gut; sein Blick blieb völlig ausdruckslos, und seine Hände völlig ruhig. Aber über sein vegetatives Nervensystem hatte er keine Kontrolle: Schweißperlen bildeten sich auf seinem kahlen Kopf und schimmerten im Licht, obwohl es hier drin so kalt wie in einem Kühlhaus war.

Aber er machte einen weiteren Versuch: »Wie Sie wissen, wurde ich völlig unvorbereitet hierher gerufen. Vielleicht könnten Sie mir noch ein oder zwei Tage Zeit geben? Dann kann ich mich mit meinen Verbindungsleuten in Moskau besprechen.«

Er war wirklich begriffsstutzig.

Pollock kam mir zuvor: »Hören Sie, Sie haben gesagt, Sie wollten den KGB hinzuziehen, aber wir bezweifeln, daß Sie wirklich dazu in der Lage sind. Ich meine, wir sollten versuchen, auf der Basis gegenseitigen Vertrauens zu kooperieren. Sind Sie nicht auch dieser Ansicht?«

Sie hatten ihre fünf Minuten gehabt; ich trank meine Teetasse leer, goß mir noch etwas nach, stand auf und ging zum Telefon. Cone meldete sich schon nach dem ersten Klingeln.

Ich fragte ihn: »Ist Yasolev bei Ihnen?«

»Nein. Er ist in der Botschaft.«

»In der sowjetischen?«

»Ja. Wie ist die Lage?«

»Die Herren verhalten sich inkooperativ, also werde ich sie dem KGB zum Fraß vorwerfen. Ich halte Sie weiter auf dem laufenden.«

Ich glaube, er wollte mich noch etwas fragen, aber ich legte einfach auf.

»Kommandant Melnichenko, wie lange sind Sie schon in Ostberlin?«

»Seit fast drei Jahren.« Er machte ein betont gleichgültiges Gesicht, aber auf seinem Kopf glitzerten Schweißtropfen.

»Dann haben Sie sicher häufig Kontakt mit dem russischen Botschafter.«

»Ja, in der Tat.«

»Und Sie kennen seine private Telefonnummer.«

»Ja.«

Er saß nahe genug am Telefon, so daß er sehen konnte, welche Nummer ich wählte, und darauf kam es mir an.

»Botschaftskanzlei.«

»Ich möchte gerne Botschafter Polyakov sprechen.«

»Ich bedaure, aber er ißt gerade zu Abend. Soll ich ihm etwas ausrichten?«

»Sagen Sie ihm, daß *Liaison* am Apparat ist.«

Er bat mich, das Wort zu wiederholen, und ich tat ihm den Gefallen; er war verwirrt, weil es sich nicht um einen Nachnamen handelte.

Pollock stand auf und fing an, auf und ab zu latschen. Er tat mir nicht leid: Seine Operation platzte ihm unter dem Hintern, aber das hatte er sich selbst eingebrockt. Er hätte diesen Piloten nicht so viel freie Hand lassen sollen; sie waren keine Geheimdienstprofis und wußten nicht, wie man es richtig macht.

»Polyakov.«

»Exzellenz, ich bedaure außerordentlich, Sie beim Essen stören zu müssen.«

»Das macht nichts, die Ente war sowieso eine Katastrophe. Ich hatte sie *flambé* bestellt, nicht *incinêré.* Was kann ich für Sie tun?«

»Kennen Sie Kommandant A. V. Melnichenko?«

»Ja.«

»Hält er sich hier offiziell als Angehöriger des GRU auf?«

»Soviel ich weiß, ja. Er ist Berater der Luftwaffe.«

»Danke. Ist Oberst Yasolev bei Ihnen?«

»Ich werde ihn ans Telefon rufen.«

Pollock lief noch immer hin und her, die zu Fäusten geballten Hände tief in den Hosentaschen vergraben. Ich deckte den Hörer mit der Hand ab.

»Oberst Yasolev ist beim KGB. Er wird Ihre Vernehmung leiten. Das ist seine Spezialität.«

Ich hatte deutsch gesprochen, so daß Melnichenko und Schwarz mich beide verstanden.

Aus den Räumen über uns drang Gelächter herab, ein

merkwürdiges Geräusch, das in dieser Situation surrealistisch wirkte.

»Yasolev.«

»Guten Abend. Ich möchte Sie etwas fragen. Sind Sie bereit, zwei Personen jetzt gleich einem intensiven Verhör zu unterziehen?«

»Aber natürlich.«

Pollock war stehengeblieben und starrte auf den Boden. Melnichenko wischte sich den Schweiß vom Gesicht. Ich sprach russisch. Schwarz verstand kein Wort, aber er sah, wie die beiden anderen reagierten, und das genügte.

»Wie Sie wissen«, sagte ich zu Yasolev, »haben wir nicht mehr viel Zeit. Sie werden also alle Ihre Überredungskünste aufbringen müssen.«

»Sind diese Leute jetzt bei Ihnen?«

»Ja. Aber sie wollen nicht reden. Sie werden sicher mehr aus Ihnen herausbekommen.«

»Ist der Ort dafür geeignet?«

»Ein Kellerraum, aber leider nicht völlig schalldicht. Sie können sie aber doch auch im KGB-Hauptquartier verhören, nicht wahr?«

»Selbstverständlich.«

»Dann können Sie sich die Leute hier abholen. Vier Männer und ein Lieferwagen dürften genügen. Ich . . .«

Ich sprach nicht weiter, weil Pollock mich anschaute.

»Bitte kein KGB«, sagte er. »Wir sagen Ihnen alles. Einverstanden?«

»Wenn Sie es sich nicht anders überlegen.«

»Das hätte wohl wenig Sinn, nicht wahr?«

»Yasolev«, sagte ich ins Telefon, »beenden Sie in aller Ruhe Ihr Abendessen. Ich rufe Sie wieder an, wenn alles bereit ist.«

»Aber ich bestehe darauf zu erfahren, was da vorgeht. Handelt es sich um zwei von Volpers Leuten?«

»Nein. Erkundigen Sie sich bei Cone. Ich habe im Moment ziemlich viel zu tun.«

Ich versicherte ihm, ihn auf dem laufenden zu halten, und legte auf. Dann wählte ich die Durchwahl 525 des Hotels.

Beim zweiten Klingeln meldete er sich.

»Es ist Zeit herzukommen«, sagte ich zu Cone. »Bringen Sie den Cassettenrecorder und fünf Sechzig-Minuten-Kassetten mit.« Ich schaute Pollock an. »Wo genau ist die Tür zu diesem Keller?« Als man mich hierher schaffte, hatte ich einen Stoffbeutel über dem Kopf gehabt.

»Sie befindet sich an der Ostseite des Hauses, am Ende des Parkplatzes. Eine grüne Tür, neben einem Geländer.«

Ich gab die Beschreibung an Cone weiter. »Und noch etwas: Dieser Ort ist streng geheim. *Streng* geheim.«

Ich wollte nicht wieder Yasolevs Namen erwähnen, damit Pollock nicht erfuhr, daß ich Yasolev außen vor ließ. Es war einfach noch nicht an der Zeit, den KGB auf *Trompeter* loszulassen; dazu klang die Sache viel zu heikel.

»Verstanden«, sagte Cone. »Soll ich Jones informieren?«

»Nein. Das geht ihn nichts an.«

Er wollte sich vergewissern, daß ich nicht in Wahrheit als Geisel festgehalten und zu diesem Anruf gezwungen wurde, um ihn in eine Falle zu locken: Schließlich hatte ich ihm vorhin gesagt, daß ich mich in der Zentrale von *Trompeter* befand. Hätte ich gesagt: »Ja, sagen Sie Jones Bescheid«, hätte er den Club so schnell wie möglich umstellen lassen.

»Ich komme sofort«, sagte er.

»Kann mal jemand die Tür aufmachen?«

Der Zigarettenrauch reizte meine Augen; der Keller war völlig verräuchert. Vor ein paar Stunden hatte ich einen kleinen Hoffnungsschimmer verspürt, als Pollock seine leere Zigarettenschachtel auf den Tisch warf. Doch er hatte oben angerufen und sich neue bringen lassen. Ich hatte ihn nicht daran gehindert, weil die Zigaretten ihm halfen, die Nerven zu behalten.

Schwarz ging die Treppe hinauf, um die Tür zu öffnen.

Es war drei Uhr durch. Plastikteller und die Überreste einer Mahlzeit aus Brot, Blutwurst, Sauerkraut und hartgekochten Eiern standen auf dem Tisch herum. Es herrschte ein ziemliches Durcheinander, aber wir hatten *Trompeter* auf Band, und zwar mit allen Details.

Und Pollock hatte vollkommen recht: Wenn wir sie diese Sache zu Ende führen ließen, würde das Europa und die ganze Welt verändern.

»Ich werde London informieren müssen«, sagte Cone schließlich.

Es war faszinierend, ihm zuzuschauen. Drei Stunden hatte er dort in dem schäbigen Plüschsessel gesessen, die blau gefrorenen Hände im Schoß gefaltet, hatte abwechselnd Pollock und Melnichenko angeschielt, während sie seine Fragen beantworteten. Er hatte sehr aufmerksam zugehört und sie manchmal gebeten, etwas zu wiederholen, manchmal versucht, sie dazu zu bringen, daß sie zugaben, uns etwas zu verschweigen. Ein paarmal hatte er mit dieser Taktik Erfolg, und dann fragte er sie über Cat Baxter und ihre bedenkliche Rolle in der Operation aus. Mehrfach trieb er Pollock in die Enge und enthüllte so sorgfältig, in welcher Beziehung der Attaché zu Melnichenko stand. Pollock beantwortete die meisten Fragen in flüssigem Deutsch. Doch jetzt hatte sich der Russe erhoben und baute sich vor uns auf, wobei er sich ständig den Schweiß vom Gesicht wischte.

»Aber warum müssen Sie ›London informieren‹, wie Sie es ausdrücken? Wer ist ›London‹?«

»Meine Abteilung«, sagte Cone.

»Zu welchem britischem Dienst gehört Ihre Abteilung?«

Cone schaute mich an und sagte: »Ich glaube, wir haben, was wir brauchen. Oder möchten Sie noch etwas fragen?«

Er hatte in den vergangenen, endlosen Stunden wohl ein dutzendmal pro Minute auf die Pausentaste des Recorders gedrückt. Auch jetzt ruhte sein Finger wieder auf der Taste.

»Dafür bin ich jetzt nicht mehr zuständig«, sagte ich. Ich hatte *Trompeter* enttarnt, und jetzt war es Cones Aufgabe, Bureau One zu informieren, damit der sich um die Sache kümmerte. »Vielleicht sollten Sie auch noch Bader befragen. Das ist der zweite Pilot.«

»Wo ist er?«

»Im Krankenhaus.«

»Was fehlt ihm?«

»Er hat sich verletzt.«

»Na schön.« Das war Melnichenko, der einen neuen Anlauf unternahm. »Na schön, Sie sind es, die die Fragen stellen. Aber ich verstehe wirklich nicht, warum Sie Ihre Regierung informieren müssen. Diese Operation betrifft ausschließlich die UdSSR und die DDR, wie Ihnen doch jetzt zweifellos klar sein muß.«

Cone schwieg, saß einfach nur da und beobachtete ihn.

»Wir haben getan, was wir konnten«, sagte Pollock zu Cone. »Das war eine sehr gründliche Vernehmung. Ich denke, Sie schulden uns etwas Bedenkzeit.«

»Ich gebe Ihnen fünf Minuten«, sagte Cone und schaute auf die Uhr.

»Es könnte ein bißchen länger . . .«

»Es handelt sich um ein *sowjetisches* Unternehmen.« Melnichenko hatte sich vor Cone aufgebaut. Seine rosafarbenen Hände betonten schwungvoll, was er sagte: »Die Sowjets sind allein für sämtliche Konsequenzen verantwortlich.« Er klopfte sich auf die Brust. »*Ich* bin verantwortlich, nicht Pollock, nicht Sie, nicht Ihre Regierung. Die Aktion findet ausschließlich auf dem Territorium der DDR statt, einem Land, das unter *sowjetischem* Schutz steht. Es ist unsere Absicht, Generalsekretär Gorbatschows Bemühungen, die UdSSR zu öffnen, *voranzubringen;* wir haben nicht die Absicht, ihm *Schaden* zuzufügen, das dürfte Ihnen doch jetzt klar sein. Sie sagen, daß Ihre Mission seinem Schutz dient. Das gleiche trifft, indirekt, auch auf unsere zu.« Er breitete die Hände aus. »Also ist es wohl das beste, wenn Sie Ihre Operation fortsetzen, und wir unsere, ohne daß wir uns weiter gegenseitig behelligen.«

Cone saß im Sessel und dachte nach. Pollock zündete sich die nächste Zigarette an. Ich schüttete mir den letzten Tee aus der Kanne in meine Tasse; er war inzwischen kalt und bitter, genau, wie ich ihn wollte, wunderbar adstringierend.

»Wenn das eine sowjetische Operation ist«, sagte Cone schließlich, »wer leitet sie dann?«

Die rosarote Stirn kräuselte sich überrascht. »Wir.«

»Hören Sie«, sagte Cone, »wenn Sie wollen, daß ich Ihnen helfe, dann erzählen Sie mir gefälligst keinen Scheiß. Es ist spät, und ich bin müde. Ich will den Namen des Mannes in Moskau, der die Zügel in der Hand hält.«

Melnichenko schaute Pollock an.

»Es muß sein«, sagte Pollock.

»Na schön. Er heißt Gregor Talyzin. Er ist einer der stellvertretenden Vorsitzenden des Politbüros.«

»Na, also«, sagte Cone und sah mich an. »Und er ist ein enger Freund Gorbatschows.« Er blickte wieder zu dem Russen. »Geben Sie mir seine Telefonnummer – seine persönliche Durchwahl.«

Melnichenko holte eine Karte hervor. Cone nahm den Finger von der Pausentaste, sprach die Nummer auf Band, schaltete das Gerät aus, stand auf, gab dem Russen die Karte zurück, ging zum Telefon, wählte und wartete.

»Wenn Ihre Operation«, sagte er zu Pollock, »nicht so ein Riesending wäre, würde ich Sie wahrscheinlich in Ruhe weitermachen lassen. Aber wenn das Ding zündet, wird es eine Menge Fallout geben, und ich möchte nichts davon abbekommen.« Ins Telefon: »Viktor, Sie können diese Leute jetzt abholen. Ja. Hat er das? Ja, ein Lieferwagen reicht vollkommen.« Er erklärte Yasolev den Weg und legte auf.

»Aber dazu sind Sie nicht *autorisiert«*, sagte Melnichenko, doch es klang nicht sehr überzeugt.

»Ich weiß. Trotzdem werden Sie Gäste des KGB sein.«

Cone stand auf dem Parkplatz und sah zu, wie der Lieferwagen davonfuhr. Er hatte die Arme vor der Brust verschränkt, um sich vor der Kälte zu schützen.

»Wenn sie ihre Mission ausführen können«, sagte er, »wird das einen Riesenwirbel verursachen.«

»Wenn der KGB es zuläßt.«

»Das wird der KGB nicht zu entscheiden haben. Wenn Sie mich fragen: Thatcher wird Gorbatschow anrufen, sobald Mr. Shepley sie informiert hat. Die Sache wird auf dieser Ebene entschieden werden.«

»Glauben Sie denn, daß sie *Trompeter* genehmigen werden?«

»Mein Gott, woher soll ich das wissen? Zur Hälfte wünsche ich es mir, zur Hälfte bin ich dagegen.« Er zog die Autoschlüssel aus der Tasche. »Es beunruhigt mich, daß wir so nahe daran sind, Geschichte zu machen. Ich, für meinen Teil, bevorzuge ein schönes Darts-Spiel im Whistle.«

Wir stiegen ein. Er griff ins Handschuhfach und gab mir einen Briefumschlag, den ich öffnete.

»Ist eben aus London gekommen. Das mit dem B darauf ist das neueste, es wurde vor drei Monaten aufgenommen.«

Zwei Fotos, 10 x 8, von Horst Volper, von denen das eine sehr scharf war.

»Die werden mir weiterhelfen«, sagte ich und steckte sie weg.

»Eine reife Leistung.« Er ließ den Motor nicht an.

»Ich tue, was ich kann«, sagte ich.

»Ich weiß«, sagte er.

Unsere Unterhaltung war wie von Pinter geschrieben, beladen mit all den Dingen, die nicht ausgesprochen werden konnten. Er hatte sich die ganze Zeit über, die wir dort unten in diesem Keller gewesen waren, Sorgen wegen *Quickstep* gemacht.

Die Uhr am Armaturenbrett zeigte 3.57 an.

»Vier Stunden«, sagte ich, »sind eine Menge Zeit.«

»Wirklich?«

Michail Gorbatschows Tupolev wurde um 8.05 Uhr erwartet.

»Ich werde ruckzuck wieder Kontakt mit Volper und seinen Leuten haben.«

»Ja?«

Er ließ mich einfach ausreden.

»Ich brauche gar nichts zu tun. Sie werden Jagd auf mich machen.«

»Wie kommen Sie darauf«, sagte er, »daß Sie diesmal mehr Glück haben werden?«

»Das ist keine Frage des Glücks. Volper weiß auch, daß er nur noch vier Stunden Zeit hat. Also wird er alles daransetzen, mich vorher zu erledigen. Ihm bleibt gar nichts anderes übrig, weil ich ihm sonst einem Strich durch die Rechnung mache.«

Unser Atem ließ die Windschutzscheibe von innen beschlagen. Manchmal knackte der sich abkühlende Motor leise. Cone hielt den Zündschlüssel immer noch in der Hand, als könnte etwas explodieren, wenn er den Motor startete. Ich hatte meine

Hände in die Taschen meiner gefütterten Jacke gesteckt und wäre am liebsten für immer so sitzen geblieben.

Dann ließ er endlich den Motor an und fuhr vom Parkplatz. »Wohin soll ich Sie bringen?«

»Würden Sie bitte einen Taxenstand suchen? Ich brauche diesen Wagen.«

»In Ordnung. Der Tank ist noch dreiviertelvoll.«

Ich hatte bereits einen Blick auf die Tankanzeige geworfen. »Ich glaube nicht, daß ich weit fahren werde.«

»Ich habe Ihnen einen BMW besorgt«, sagte er. »Er steht beim Hotel. Sie sagten ja, daß Sie einen schnellen Wagen wollten.«

»Der hier tut es auch.«

Vor dem S-Bahnhof Unter den Linden standen drei Taxis. Cone hielt an, ließ den Motor laufen, stieg aus, und ich rutschte hinüber auf den Fahrersitz. Cone beugte sich zum Fenster herunter.

»Was soll ich London denn sagen?«

Ich dachte darüber nach, wollte nicht, daß ein falscher Eindruck entstand.

Nach einem Moment sagte ich: »Sagen Sie ihnen, daß wir eine reelle Chance haben.«

»Sie werden eine etwas präzisere Auskunft verlangen.«

Ich überlegte noch ein bißchen. »Sagen Sie ihnen, daß sie die Funkkonsole ständig freihalten sollen. Wenn Shepley in den nächsten Stunden erreichbar ist, wäre das sicher gut, falls wir von dort dringend etwas brauchen. Ich bin einsatzbereit. Meine Kampfmoral ist gut.«

»Haben Sie denn einen Plan?«

»Ich werde es mit einer Umschaltung versuchen.«

Er schaute auf den Boden, oder den Türgriff, jedenfalls nicht auf mich. »Gut«, sagte er. »Ich werde es ihnen sagen.« Dann blickte er rasch auf, ehe er sich abwandte. »Bis später.«

24 LASTWAGEN

Es war still im Wagen. Ich hatte zugesehen, wie sein Taxi davonfuhr, hatte den Motor abgestellt und mich seitdem nicht mehr von der Stelle bewegt.

Es war, als sei ich in Glas eingehüllt, starr in einem dieser schweren, gläsernen Briefbeschwerer eingeschlossen. Es war, als hätten die Milliarden Nervenimpulse in meinem Körper die Synapsen erreicht und könnten nun nicht überspringen, so daß der Organismus plötzlich völlig gelähmt war.

Ich brauchte nur eine Minute, das war alles, vielleicht auch ein paar Minuten. Es war eine Art von Meditation, eine Suche nach dem inneren Selbst, um Stufen der Weisheit zu Rate zu ziehen, die einem sonst nicht zugänglich waren. Das war notwendig, denn wenn ich den Motor wieder anließ, in einer Minute oder vielleicht auch in ein paar Minuten, würde ich mit der Endphase von *Quickstep* beginnen, und dann würde ich weitermachen, bis auf der Funkkonsole in der Zentrale eine der beiden folgenden Meldungen erschien: *Mission erfolgreich abgeschlossen* oder *Außenagent ausgeschaltet*.

In London würde jetzt garantiert hektische Betriebsamkeit herrschen. »Ich weiß nicht, Sir. Er klang irgendwie deprimiert.«

»Das sieht Cone aber gar nicht ähnlich.«

Shepleys verwaschene Augen würden ruhig ins Unendliche starren, während sein Verstand hundert, tausend mögliche Szenarien durchspielte, um intuitiv herauszufinden, was es zu tun galt, um *Quickstep* sicher durch die Endphase zu führen; mit einem Außenagenten, der verlangt hatte, daß Shepley ›in den nächsten Stunden‹ ständig an der Funkkonsole bleiben sollte, und der gemeldet hatte, daß es ›eine reelle Chance‹ gab, und dessen Kampfmoral gut war und so weiter, der aber keinen wirklichen Plan hatte, wie sich der Einsatz bis acht Uhr morgens, Berliner Zeit, erfolgreich zu Ende bringen ließ.

»Hat Cone genügend Leute zu seiner Unterstützung?«

»Ja, Sir. Aber er sagte, er brauche niemanden.«

Holmes würde sich einen neuen Kaffee holen und ihn dann kalt werden lassen, ohne davon zu trinken.

Von den anderen Funkkonsolen her würden leise Stimmen zu hören sein, und ab und zu würde jemand vorbeikommen und einen Blick auf *Quickstep* werfen, weil es dort um die Sicherheit des mächtigsten Mannes der Sowjetunion ging. Und schließlich würde einer von ihnen ein Stück Kreide nehmen und es auf die Tafel schreiben. *Agent geht jetzt in die Endphase, keine Einzelheiten bekannt.*

Der Agent saß jetzt gerade in einem schwarzen und schmutzigen Mercedes 230 – es ist ziemlich schwierig, auf dieser Seite der Mauer einen Wagen waschen zu lassen – und schaute hinaus auf die verlassen daliegende Straße Unter den Linden. Seine Nerven waren blockiert, weil er den Tode vor Augen hatte, und deshalb fürchtete er sich loszufahren, den nächsten Schritt zu tun, obwohl er das Gefühl gut kannte.

Ist das wirklich so?

Vermutlich.

Versuchst du nicht einfach nur, deine Ruhe zurückzugewinnen?

Na ja, das auch. Gönn mir doch eine Pause, verdammt.

Es kommt nicht oft vor, daß du um Nachsicht bittest. Du . . .

Sei still und laß mich in Frieden.

Ich konnte deutlich spüren, wie alles in mir zur Ruhe kam, als meine Hirnwellen sich zum Alphazustand verlangsamten, vielleicht sogar dem Thetazustand nahekamen. Mein Bewußtsein versank in die grüne und sanfte Domäne des Nichtwissens, der Furchtlosigkeit, bis ich mit kristallklarer Schärfe erkannte, wie dringend ich diese wenigen Minuten des Vergessens und der Selbstaufgabe brauchte, bevor ich mein Wachbewußtsein wieder übernehmen ließ, das die Erfordernisse des Augenblicks abwägen und mir sagen würde, ich solle den Motor einschalten.

Von sehr weit weg nahm ich das leise Summen der Uhr im Armaturenbrett wahr, das Knarren der Sitzpolster, als meine Muskeln sich entspannten, die Stimme eines Mannes am Taxistand hinter mir, die Düsengeräusche eines Jets, der in Tegel startete, drüben auf der anderen Seite der Mauer. Dann kehrte ich ganz allmählich an die Oberfläche des Bewußtseins, in den Betazustand zurück, in die Realität, den harten und kantigen Anblick der Straße im kalten Neonlicht, die harten

Plastik-, Metall- und Glasflächen im Wageninnern und den kleinen, mit einer schwarzen Kappe versehenen Schlüssel im Zündschloß.

Starte den Motor und los.

4.07 Uhr.

Ich fuhr zur zwei Meilen entfernten britischen Botschaft. Das war der erste Schritt: den Kontakt herzustellen.

In fast genau vier Stunden würde Gorbatschow direkt aus Moskau hier eintreffen. Ich wußte nicht, wieviel Zeit Horst Volper für das Endstadium seines Projekts, den Generalsekretär von der Bühne des Weltgeschehens abtreten zu lassen, vorgesehen hatte. Aber von dem Augenblick an, wo Gorbatschow seinen Fuß auf deutschen Boden setzte, konnte das Attentat jeden Augenblick geschehen, wobei ich annahm, daß Volper so früh wie möglich zuschlagen würde.

Ich fuhr Unter den Linden in Richtung Westen, am Palast der Republik vorbei.

Aber ich ging nicht davon aus, daß Volper so vorgehen würde wie der Todesschütze von Dallas; das war zu riskant. Oswald hatte Glück gehabt, mit diesem Gewehr und aus dieser Entfernung. Falls Volper überhaupt eine Schußwaffe benutzte, würde es eine viel leistungsfähigere sein; aber der Besucher war bestens bewacht, so daß kaum eine Chance bestand, irgendwo einen Heckenschützen zu postieren.

Auf der rechten Seite das Hotel Unter den Linden, in dessen Foyer Licht brannte.

Wenn ich nur gründlich nachdachte und mich genau in Volpers Situation hineinversetzte, bestand die Chance, dahinterzukommen, welche Methode er benutzen würde. Jedenfalls würde ich das in den nächsten vier Stunden versuchen, wenn ich Zeit dafür hatte; aber es gab unzählige Möglichkeiten, von einem Schuß aus nächster Nähe in die Wagenkolonne, bis zu einer mit Zyanid vergifteten schwarzen Olive beim Abendessen.

Ich überquerte die Friedrichstraße, als die Ampel gerade auf Grün sprang.

Der Mond war dreiviertelvoll, wie ich routinemäßig registrierte. Wir würden hier in der Stadt arbeiten, wo es helles künstliches Licht gab; aber selbst wenn das nicht so gewesen wäre, hätte ich zu diesem Zeitpunkt nicht vorhersagen können, ob das Mondlicht mir helfen würde, mich zu orientieren, oder ob es mich zu einer idealen Zielscheibe machen würde, wenn ich von Deckung zu Deckung kroch. Nichts, was in den folgenden Stunden geschehen konnte, war vorhersehbar.

Das Grand Hotel zu meiner Linken.

Ich fühlte mich jetzt ziemlich gut, ziemlich gefaßt. Die kurze Meditation hatte meine Nerven beruhigt, und außerdem war ich im Moment völlig Herr der Lage, während ich den Fuß vom Gas nahm und bremste. Ich bestimmte, was geschah, und das gab mir einen Vorteil. Später würde sich das ändern, aber darüber machte ich mir jetzt keine Gedanken, während ich draußen vor dem Pelzgeschäft neben der britischen Botschaft anhielt.

Der Himmel über den Lichtern der Straße war schwarz, die Helligkeit der Stadt überstrahlte das Funkeln der Sterne. Es war kein Mensch auf der Straße, in diesen toten Stunden vor Tagesanbruch.

Die Straße spiegelte sich in den Schaufenstern links und rechts von ihr. Im Ausstellungsfenster der Botschaft hingen Fotos von Stratford-upon-Avon, von Kenneth Brannagh als Henry V. und von Anthony Sher als Richard III. Dahinter befanden sich ein Bekleidungsgeschäft und in der Ferne die mächtige sowjetische Botschaft und das Brandenburger Tor. Über die Kreuzung an der Otto-Grotewohl-Straße fuhr gerade ein Taxi. Im Französischen Kulturzentrum brannte kein Licht, ebensowenig in der FDJ-Zentrale gegenüber der britischen Botschaft, aber drüben vor der Einmündung an der Neustädtischen Glinkastraße parkte ein Wagen, ein dunkler Audi.

Aus dieser Entfernung konnte ich nicht erkennen, ob jemand darin saß, aber es war zu vermuten. Im Rückspiegel sah ich einen anderen Wagen, einen Mercedes 280 SE, der in der Nähe der Komischen Oper parkte. Er stand näher bei mir, und deshalb konnte ich sehen, daß ein Mann hinter dem Steuer saß.

Ich drehte nicht den Kopf und schaute den Wagen offen an; das wäre eine schlechte schauspielerische Leistung gewesen, und noch dazu unter den Augen von Kenneth Brannagh. Mein

Part sah vor, daß ich zur Botschaft gekommen war, um einen Besuch zu machen oder etwas abzuliefern, dann aber die beiden Wagen bemerkt hatte und deshalb nicht ausstieg. Ich mußte so tun, als ob ich das Ganze nicht für eine Falle hielt, sondern glaubte, zufällig in einen Observierungseinsatz geraten zu sein, und mich nun rasch absetzte.

4.15 Uhr: Agent hat den Kontakt mit dem Gegner hergestellt und fährt los.

Wenn ich Cone hätte melden können, wie der Einsatz voranging, wäre es für die Leute in der Zentrale bestimmt interessant gewesen, diese Fortschritte an der Konsole zu notieren. Vielleicht konnte ich Cone in ein oder zwei Stunden tatsächlich anrufen und ihm mitteilen, daß ich Volper gefunden hatte oder sogar, daß ich ihn rechtzeitig ausgeschaltet hatte; vielleicht mußte ich ihm aber auch sagen, daß ich in der Falle saß und keine Chance mehr hatte, während mein Blut auf den Boden tropfte, oder sie gerade zum letzten Angriff ansetzten, oder ich plötzlich im grellen Scheinwerferlicht stand, und sie mir durch das Glas der Telefonzelle hindurch in die Brust schossen, und Cone zusammenzuckte, wenn er die Schüsse über das Telefon hörte.

Aber man darf keine Angst haben; man darf nicht von vornherein mit dem Schlimmsten rechnen, mein guter Freund; erwarte den Tod nicht, laß ihn sich anschleichen wie einen Dieb in der Nacht.

Ich legte den Gang ein, fuhr bis zur zweiten Kreuzung und bog auf die Otto-Grotewohl-Straße ab, auf der ich in nördlicher Richtung fuhr. Nach zwei Häuserblocks entdeckte ich den Audi im Rückspiegel. An der nächsten Querstraße befanden sich plötzlich auch der Mercedes und ein Fiat in Sichtweite. Sie waren weit weg, fuhren aber in regelmäßigem Abstand hinter mir her. Ich hatte mit soviel Aufmerksamkeit gerechnet, denn in diesem Stadium hatte Volper seinen Männern bestimmt befohlen, mich um jeden Preis zu töten. Auch in anderen Straßen hatten sie mit Sicherheit Wagen aufgestellt, in der Hoffnung, mich zu finden, besonders in der Nähe des Hotels: Sie hatten nicht ausdrücklich damit gerechnet, daß ich zur Botschaft kommen würde; sie war lediglich ein Ort, an dem ich möglicherweise irgendwann auftauchte, und deshalb hatten sie das Botschaftsgebäude routinemäßig beobachtet.

Jetzt, wo sie mich entdeckt hatten und ständig beschatteten, würden sie keine Zeit mehr verlieren, und es würde nicht leicht werden, auszuführen, was ich vorhatte: eine Umschaltung zu machen. Eine andere Möglichkeit blieb mir jetzt nicht mehr, und das Material, mit dem ich arbeiten konnte, hatte ich nun.

Eine Umschaltung ist eine Operation, die leicht zu beschreiben ist, sich aber leider oft als undurchführbar erweist: Wenn man verfolgt wird, versucht man, die Verfolger abzuschütteln, um sie dann seinerseits bis zu ihrer Basis zu verfolgen. Ich hatte das erst zweimal gemacht, in Istanbul und in Prag, und in beiden Fällen hatte ich dafür einen halben Tag gebraucht; heute morgen hatte ich weniger als vier Stunden zur Verfügung, und wenn ich den falschen Mann erwischte, führte er mich vielleicht nicht zur Basis, zu Volper, sondern zu irgendeiner Außenstelle ihres Netzes. Aber wenn man *keine* Wahl hat, erscheint einem das Unmögliche weniger schwierig.

Ich fuhr in nordwestlicher Richtung, überquerte die Spandauer Straße und die Karl-Marx-Allee, und jetzt waren noch zwei weitere Wagen hinter mir her; sie wechselten sich in meiner Verfolgung ab, damit es nicht so auffällig wirkte. Wir begegneten den ersten Lastwagen, die Lebensmittel für die Märkte in die Stadt brachten, und jetzt, wo allmählich der morgendliche Verkehr einsetzte, waren auch mehr Streifenwagen unterwegs.

Dann griffen sie an, erst der Audi, dann der Mercedes. Der Audi rammte meinen Wagen von hinten und schubste ihn gegen den Bordstein, dann kam der andere von vorn mit aufgeblendeten Scheinwerfern auf mich zu. Ich riß das Steuer herum und konnte für einen Moment nichts mehr sehen. An der Kreuzung vor mir kam ein Lastwagen heran, und der Fiat hinter mir rammte mich und schob mich vorwärts, obwohl ich den Fuß auf der Bremse hatte. Die blockierten Räder quietschten, und der Lastwagen schrammte an der Front meines Wagens vorbei und riß einen Scheinwerfer ab. Der Fahrer schrie mir aus dem fahrenden Lastwagen heraus wütend etwas zu und fuhr weiter.

Ich glaube nicht, daß sie mich im Auto erledigen wollten, denn das ist nicht leicht, wenn der Fahrer weiß, was er tut; ich nehme an, daß sie mich aus dem Wagen treiben wollten, damit ich zu Fuß weiterrannte. *Dann* konnten sie über mich herfallen und mich erschießen oder mich mit bloßen Händen töten, je nachdem, was ihnen lieber war.

Ich hatte nicht damit gerechnet, daß es leicht werden würde, eine Umschaltung zu machen. Ich hatte geahnt, daß es so kommen würde, und konzentrierte mich jetzt ganz darauf, sie abzuschütteln, am Leben zu bleiben, meinen Mercedes in irgendeinen Graben zu fahren, wo ich noch genug Zeit hatte wegzurennen, ehe sie über mich herfielen. Inzwischen war das Tempo so schnell, daß ich mich beim Fahren ganz auf meine Reflexe verlassen mußte. Bilder zuckten über die Netzhaut und verlangten höchste Konzentration; die Straßen verschmolzen zu einem hin und her schwankenden Kontinuum, einem zwischen Himmel und Erde durch die Stadt geschnittenen Kanal aus Mauerstreifen und Beton. Ein schwindelerregender Strom aus Lampen, Personenwagen, Kreuzungen und Lkws floß an mir vorbei – besonders erschreckend waren die riesig aufragenden Lastwagen, die wütend hupten, wenn ich ihre Bahn kreuzte. Einer von ihnen schleuderte gegen meinen Wagen, und sein Rad riß dem Mercedes die Türen weg. Unter der gewaltig einstürmenden Fülle der Sinnesdaten änderte mein Bewußtsein den Brennpunkt und schaltete den überforderten Intellekt vorübergehend aus.

Ich wußte nicht mehr, durch welche Straßen wir fuhren, oder in welche Richtung. Das Operationsziel war, mich so lange von ihnen jagen zu lassen, bis ich den Wagen verlassen und in Deckung gehen konnte, in der Hoffnung, sie von dort beobachten zu können und ihnen dann zu folgen, wenn sie zu ihrer Basis zurückkehrten.

Eine sehr vage Hoffnung, sehr vage, und für einen Moment fragte ich mich, ob das wirklich die einzige Möglichkeit war, das Ziel von *Quickstep* noch rechtzeitig zu erreichen. Doch inzwischen war die linke Gehirnhälfte fast völlig ausgeschaltet. Meine Hände bewegten das Lenkrad wie von allein, mein Instinkt steuerte die motorischen Nerven. Wir schrammten an einer Wand vorbei und rasten weiter. Verbeultes Blech schleifte kreischend an einem Reifen, während ich immer wieder von Scheinwerferlicht geblendet wurde und blind fuhr; mein Gedächtnis hielt das letzte Bild fest, und das Gehirn steuerte mich durch ein blindes Loch, bis ich wieder sehen konnte und das Kaleidoskop der Straße sich wieder halbwegs ordnete. Ich trat aufs Gaspedal, bremste, kurbelte am Lenkrad und benutzte den Bordstein, um mich wieder auf Kurs zu bringen, schleuderte um Straßenecken, bis die Polizeisirenen ertönten und blinkende Lichter die Nacht durchzuckten.

Dann griffen sie wieder an, und ich mußte hilflos zusehen, wie ein Mercedes sich plötzlich rasch im Rückspiegel näherte, ausscherte, und neben mir herfuhr. Ich spürte, wie etwas gegen mein Bein prallte und dann dumpf in den Fußraum kullerte. *Ich wußte, was es war* und trat auf die Bremse und riß am Lenkrad, damit der Wagen sich überschlug und seine Unterseite mir als Schutzschild diente. Dann kam die Explosion, und ihre heiße Druckwelle schleuderte Glasscherben und Blechteile über die Straße. Ich flog kopfüber hinaus auf den Bürgersteig; eine orangerote Stichflamme zuckte aus dem Tank, und die Hitze versengte mir den Rücken. Ich stand auf, stolperte, fiel hin, kam wieder auf die Füße und rannte davon, weg von dem Inferno auf der Straße hinter mir. Die Sirenen waren jetzt ganz nah, und ihr Jaulen erstarb, als der erste Streifenwagen anhielt, dann jedoch sofort wieder zurücksetzte, als sich ihm schwarze Rauchwolken entgegenwälzten.

Ein Lastwagen hielt an der Kreuzung, weil der Fahrer die Explosion gesehen hatte, und ich duckte mich, kletterte unter die Ladefläche und legte mich flach auf den großen Kraftstofftank. Der Lastwagen setzte zurück, so daß die großen Zwillingsräder der Hinterachse über den Bürgersteig polterten. Als der Lastwagen wieder anfuhr, ließ ich mich fallen und kletterte auf die andere Seite, weil Volpers Leute bestimmt in der Nähe waren und nach mir Ausschau hielten: Wenn sie Profis waren, würden sie sich nicht darauf verlassen, daß die Granate mich getötet hatte, bevor der Mercedes sich überschlug.

Ein Fiat fuhr auf der anderen Seite an dem Lastwagen vorbei.

Ich sah sein Spiegelbild in einem Schaufenster, als der Wagen gerade die Straße erreichte, in der der brennende Mercedes lag. Der Fahrer des Fiats trat auf die Bremse und riß das Steuer herum, als ein Vopo mit der Kelle winkte. Sie würden alle herkommen, das gesamte gegnerische Team, und nach mir suchen. Kein Mensch konnte dieses Inferno überlebt haben, und die Polizisten und Feuerwehrleute würden gar nicht erst versuchen, jemanden aus dem brennenden Wrack zu ziehen. Und keiner von Volpers Leuten konnte nahe genug herankommen, um festzustellen, ob ich mich noch im Mercedes befand oder nicht.

Der schwarze Audi fuhr sehr schnell auf die Brandstelle zu, schätzte die Entfernung falsch ein, machte eine Vollbremsung, prallte gegen einen Streusandbehälter, schleuderte. Der Fahrer gewann die Kontrolle über den Wagen zurück und raste auf der anderen Seite an dem Lastwagen vorbei. Ich drehte mich oben auf dem Treibstofftank auf die Seite, so daß ich mit dem Rücken zur Straße lag. Der Lastwagen rollte polternd über die Seitenstraße, auf der er die Unfallstelle umfahren mußte. Ein anderer Lastwagen scherte aus und fuhr neben ihm her. Die beiden Fahrer riefen sich etwas zu.

Nach einer Weile bremste der Lastwagen, bog von der Straße ab und hielt zwischen zwei Reihen hölzerner Laderampen. Der Fahrer sprang aus dem Fahrerhaus; ich konnte nur seine Beine sehen. Hinter uns hielt ein weiterer Lastwagen. Ich hing unter der Ladefläche und atmete langsam und flach, damit möglichst wenig von den Dieselabgasen in meine Lunge geriet.

Ich ließ mich fallen, kroch unter die Rampe und lag dort inmitten weggeworfener Gemüsekisten. Eine davon schob ich vor mich, damit mich niemand sah.

Lagebeurteilung. Ich befand mich auf einem Frachthof, und die Lastwagen lieferten Lebensmittel für die Großmärkte an. Volpers Leute würden die ganze Gegend absuchen, da sie nicht wußten, ob ich in dem Wagen verbrannt war oder mich hier irgendwo aufhielt. Sie würden den Frachthof als Zentrum nehmen und von dort in immer größeren Kreisen suchen.

Ich hatte immer noch eine Chance, die Umschaltung zu versuchen: Ich mußte einen von ihnen entdecken und mich an seine Fersen heften, bis er zu ihrer Basis zurückkehrte und mich so zum Ziel von *Quickstep* führte, zu Horst Volper.

Der war bestimmt betrunken!

Oder der Wagen war gestohlen, und er ist deshalb so gerast!

Die Fahrer unterhielten sich laut, während sie die Planen ihrer Lastwagen öffneten. Große Männer vom Lande mit langen Mänteln und Dreck an den Stiefeln.

Schrecklich, so qualvoll zu verbrennen.

Vielleicht war es eine Frau.

Um so schlimmer. Hans, hilf mir mal bei dem Strick hier, der Knoten ist eingefroren.

Ich schaute mich um. Es befanden sich zehn bis fünfzehn Laderampen auf diesem Hof, jede gut dreißig Meter lang. Zwanzig oder dreißig Lastwagen hielten nacheinander zwischen den Rampen. Ein Dieselmotor nach dem anderen verstummte. Die Männer redeten laut miteinander, während sie die Planen über den Ladeflächen hochschlugen und die Kisten, Körbe und Säcke abluden und auf die Laderampe stellten.

Warum kommt er denn eigentlich her?

Um uns Vorträge über Lenin zu halten, wozu sonst?

Er ist schon in Ordnung, Otto, er bringt dort drüben eine Menge in Bewegung.

Schade, daß er nicht die Mauer abreißt. Das wäre was!

Hinter den Laderampen waren rote Backsteinmauern, Schaufenster, Streusandkästen, Straßenlaternen und zwei Autos zu sehen, die in ungefähr fünfzig Meter Abstand von meinem Versteck parkten. Ein Mann stieg gerade aus einem BMW aus und kam auf den Frachthof. Er schaute niemanden an, sprach mit niemandem. Seine Hände steckten in den Taschen seines schwarzen Anoraks, sein Kopf drehte sich nach links, nach rechts. Ich war nicht in Gefahr: Die weggeworfenen Kisten und Kartons gaben eine sehr gute Deckung ab. Ich konnte mich entspannt ausstrecken, so daß mein Körper Gelegenheit bekam, sich zu erholen. Ich hatte mir eine Hautabschürfung an der Hand zugezogen, als ich die Tür des Mercedes aufriß, um herauszuspringen. Und ich hatte mir den Rücken verspannt, als ich aufgesprungen, hingefallen, aufgesprungen und in

Deckung gegangen war; ich wußte nicht, wie ich von hinten aussah, ob die Flammen tatsächlich die Plastikjacke versengt hatten, und ich deshalb die Aufmerksamkeit der Leute auf mich ziehen würde, wenn ich den Frachthof verließ. Der Schock, der mich gepackt hatte, als ich merkte, was sie mir in den Wagen geworfen hatten, machte mir noch ein wenig zu schaffen. Das war der schlimmste Moment gewesen, weil er mich völlig unvorbereitet getroffen hatte.

Entspann dich, entspann dich und beobachte.

Der Geruch von feuchter Erde und Gemüse erfüllte die Luft. Ich empfand diese Düfte der Natur als willkommene Abwechslung zu den Abgasen, zur künstlichen Stein-, Stahl- und Betonatmosphäre der Stadt. Dazu kam der Geruch des schwarzen Tabaks, den die Männer bei der Arbeit rauchten.

In den nächsten zehn Minuten entdeckte ich vier von Volpers Männern, die das Gelände absuchten: den aus dem BMW und drei andere. Sie kamen von der Straße, die rechtwinklig um den Frachthof herumführte. Ihre Gestalten zeichneten sich deutlich im Lichtschein des Feuers ab, dem jetzt Feuerwehrleute mit Feuerlöschern und Wasserschläuchen zu Leibe rückten. Eine schwarze Rauchwolke hing dick und träge über der Straße, auf der die Blaulichter der Streifenwagen und Feuerwehrfahrzeuge blinkten. Einer der Männer, die jetzt den Fuhrhof nach mir absuchten, hustete ständig. Vermutlich war er zu nahe an den brennenden Wagen herangegangen, um zu sehen, ob der Fahrer sich noch darin befand.

Während ich dort völlig reglos lag, rannte plötzlich eine Ratte dicht vor meinem Gesicht vorbei, eine riesige Stadtratte, die hergekommen war, um zu frühstücken. Eine zweite folgte ihr. Sie krabbelte über mein Bein, blieb darauf sitzen und schnüffelte; ich bewegte mich, so daß sie erschreckt hochsprang und davonhuschte; sie hatte Fleisch unter ihren Pfoten gespürt und geglaubt, es wäre Aas. Da mußt du dir schon etwas anderes zu fressen suchen, mein guter Freund.

Weitere zehn Minuten vergingen, und zwei von den Männern schlenderten an den Lastwagen hinter mir vorbei: Ich konnte beide Lastwagenreihen beobachten, wenn ich den Kopf hin- und herdrehte. Sie verzichteten darauf, den Abfall unter den Laderampen zu durchsuchen; vermutlich, um nicht die Aufmerksamkeit der Lastwagenfahrer auf sich zu ziehen. Sie suchten nach einem Mann, der zu Fuß unterwegs war, nach der Gestalt eines Mannes, der in der Ferne von Deckung zu Deckung rannte, nach jemandem, den sie jagen und töten konnten. Wenn der Frachthof verlassen gewesen wäre, hätten sie sich wahrscheinlich ein, zwei Stunden Zeit genommen, um ihn gründlich abzusuchen.

Fang auf, Heiner!

Vorsicht!

Etwas fiel scheppernd auf den Boden, vielleicht eine Eisenstange. Eine von den Ratten huschte in die Dunkelheit davon.

Weitere zehn Minuten später fuhr der erste Lastwagen in der Reihe davon. Der Lärm seines Dieselmotors hallte von den Hofmauern wider. Die Abgase krochen über den Boden.

Jetzt war nur noch ein Mann hier, der Fahrer des BMW, der in fünfzehn Meter Entfernung neben einem Hydranten parkte. Er überprüfte die Lastwagen zum zweiten Mal und näherte sich der Stelle, wo ich lag. Wenn ich eine Umschaltung versuchen wollte, war er meine letzte Chance, und das beunruhigte mich.

Es befand sich kein anderer Wagen in Sichtweite. Und selbst wenn, wäre er abgeschlossen gewesen. Ich hätte die Scheibe einschlagen müssen und nicht genug Zeit gehabt, um die Zündung kurzzuschließen und mich hinter dem BMW zu postieren.

Der BMW war der einzige Wagen, den ich benutzen konnte. Wenn sich von Volpers Leuten nur noch dieser Mann in der Nähe aufhielt, konnte ich ihn also nicht verfolgen. Ich mußte ihn mitnehmen.

Er bewegte sich zwischen den Lastwagen und der Laderampe in meine Richtung und war jetzt noch knapp zehn Meter entfernt. Ich konnte ihn zwischen den Kisten hindurch sehen. Sein Gesicht kannte ich nicht; er gehörte nicht zu den Männern, die mich am Tag zuvor verfolgt hatten. Ein schlichtes Gesicht und kurze schwarze Haare, eine abgetragene Lederjacke, kein großer Mann, aber kräftig und breitschultrig. Er bückte sich jetzt, um unter die Lastwagen zu schauen, drehte sich dann um und schaute unter die Rampe.

Unter der Rampe war es ziemlich dunkel. Die Lastwagen hielten das weiße Licht der Straßenlaternen ab. Aber wenn er nahe genug herankam, würde er mich sehen.

Wenn ich keine Möglichkeit hatte, eine Umschaltung zu machen, blieb mir nur noch eine Wahl. Es war etwas, das ich aus Prinzip noch nie zuvor bei irgendeinem Einsatz getan hatte, und weil es gegen die Vorschriften des Bureau verstößt; doch als ich dort zwischen den zerbrochenen Kisten und leeren Bierdosen lag, wurde mir klar, daß ich es nun zum erstenmal tun mußte.

Nicht jetzt sofort: später. Aber bereite dich jetzt darauf vor.

Paul, kannst du ein Stück zurücksetzen?

Wozu?

Ich muß hinten die Pritschenwand runterklappen.

Kein Problem.

Am Ende der Reihe hinter mir fuhr ein weiterer Lastwagen los. Eine Kiste fiel herunter, platzte auf, und grüne Äpfel rollten heraus. Paul ließ den Motor seines Lasters an, und die großen Zwillingsreifen setzten sich in Bewegung. Der Mann mit dem schlichten Gesicht trat einen Schritt zurück. Inzwischen trafen die ersten Händler mit ihren Kombis und kleinen Pritschenwagen ein, um sich ihre Ware abzuholen. Überall auf dem überfüllten Hof liefen Motoren und verpesteten die Luft mit Kohlenmonoxid.

Gut, das reicht!

Eine Pritschenwand wurde heruntergeklappt.

Der Mann war jetzt ganz nah, nur noch zwei, drei Meter von mir entfernt.

Heinrich, wo ist Veidt?

Ich hab' ihn noch nicht gesehen.

Hier ist seine Lieferung!

Jemand sprang mit schweren Stiefeln aus einem Führerhaus und knallte die Tür zu. Der Holzboden über meinem Kopf nahm das Gewicht von Kartoffelsäcken auf, die von dem Laster abgeladen wurden. Der Mann stand jetzt noch näher bei mir, bückte sich und schaute unter die Laderampe, sah mich aber zwischen den Abfällen nicht.

Veidt kommt nicht!

Warum nicht?

Er ist krank.

Scheiße!

Die Motoren dröhnten. Die großen Räder rollten. Die Lastwagenfahrer unterhielten sich lautstark.

Dann schaute der Mann wieder unter die Rampe und sah mich.

25 ENDPHASE

Es war ein weiter Weg.

Vor einer Minute war ein Streifenwagen mit Blaulicht an der Einfahrt des Frachthofes vorbeigefahren. Vermutlich handelte es sich um eine der Patrouillen, die das Gebiet um den ausgebombten Mercedes überwachten. Ich wollte keine Polizei in meiner Nähe.

Ein weiter Weg; ungefähr fünfzig Meter mußte ich den Mann hinter mir herschleifen, durch den Dreck, durch die Abfälle.

Es war ziemlich leicht gewesen, ihn außer Gefecht zu setzen, weil er nicht auf meinen Angriff vorbereitet gewesen war und nicht mehr dazu kam, seine Pistole zu ziehen. Er hatte aufgeschrien, als ich ihn zu mir herabzog, aber hier auf diesem Hof wurde so viel gerufen und geschrien, daß niemand davon Notiz nahm. Er trug eine 9-mm-Mauser bei sich, und ich leerte das Magazin, verstreute die Kugeln, wickelte die Waffe in eine alte Zeitung ein und warf sie in eine Kiste. Sie sind gefährlich, Menschen können sich damit verletzen.

Ich steckte seine Autoschlüssel ein.

Offenbar hatte er sich das Bein an einem der Rampenpfosten oder einem Kistenbrett aufgerissen, als ich ihn zu mir herabzog, denn ich sah, daß hinter uns Blutstropfen schimmerten. Also drehte ich ihn auf die andere Seite und schleifte ihn weiter hinter mir her, bis zum Ende der Lastwagenreihe.

Er war wertvoll. Er war der Schlüssel zum Erfolg meiner Mission. Ich vermied es, jetzt schon daran zu denken, was ich ihm antun mußte.

Es verstößt gegen deine geheiligten Prinzipien.

Ja.

Es geht dir überhaupt nicht um irgendwelche Prinzipien. Du hast einfach Angst davor.

Wenn du es sagst.

Du weißt, daß es wahr ist.

Sei still.

Ich zog ihn an den Handgelenken hinter mir her. Es war nicht leicht, denn ich mußte mich in gebückter Haltung unter der Laderampe bewegen, was meine Lendenmuskulatur sehr stark beanspruchte. Aber ihn bis zum Ende der Lkw-Reihe zu ziehen, war noch nicht das Schlimmste, was mir bevorstand.

Ich spürte, wie seine Handgelenke plötzlich zuckten, als er zu sich kam und versuchte, sich loszureißen. Ich ließ ihn fallen, nahm mir kurz die linke Seite seines Halses vor, und dann schleifte ich ihn wieder weiter.

Draußen vor der Einfahrt fuhr ein Abschleppwagen vorbei. Sie würden den ausgebrannten Mercedes wegschleppen wie einen toten Elefanten. Es war ein schöner Wagen gewesen: Mir gefiel dieses Modell sehr.

Dann kamen wir ans Ende der Laderampe. Ich ruhte mich einen Moment aus, legte mich flach auf den Rücken und hielt dabei eines seiner Handgelenke fest, damit ich sofort merkte, wenn er versuchte, Dummheiten zu machen.

Es war gerade fünf geworden, 5.03 Uhr, um genau zu sein. Mir blieben also noch drei Stunden Galgenfrist. Das war nicht viel. Es hing davon ab, wie die Dinge liefen, wie effektiv ich an ihm arbeitete, und was für ein Mensch er war, wie stark, wie schwach. Drei Stunden waren nicht viel, denn ich mußte ja auch noch Volper lokalisieren und rechtzeitig unschädlich machen.

»Setzen Sie zurück! Fahren Sie in die nächste Reihe!«

Grüne Uniform. Grüne Uniform und ein Revolver im Halfter, polierte Stiefel, Dienstmütze. Er dirigierte die Lastwagen.

Solange er dort stand, konnte ich meinen Gefangenen nicht über den Platz schaffen. Mit den ganz anderen Leuten war es ohnehin schon schlimm genug.

»Fahren Sie hinter den da! Los!«

Ein Motor heulte auf.

Ich blickte auf seine Stiefel. Ich beobachtete sie zehn Minuten, fünfzehn, und hörte zu, wie er schrie und den Kleinlastern und Kombis den Weg wies. Dann gab es in der nächsten Reihe plötzlich Ärger. Blech schepperte, und es erklang dort auf einmal mehr Geschrei als üblich. Wahrscheinlich hatte ein Fahrer den Kotflügel eines anderen Wagens gerammt, und jetzt stritten sie sich. Der Polizist ging zu ihnen.

Ich packte den Mann wieder bei den Handgelenken und zog ihn ins Freie. Dann ging ich mit ihm zur Einfahrt, wobei ich seinen Arm um meine Schulter und meinen Arm um seine Taille gelegt hatte. Seine Füße schleiften über den Boden; es wäre einfacher gewesen, ihn im Rettungsgriff abzuschleppen, aber das hätte sehr seltsam ausgesehen.

Das Scheinwerferlicht von den ankommenden Lieferwagen der Händler schwang pausenlos über den Hof. Wenn sie mich sahen, würden sie sich nicht darum kümmern; ihre Zeit war knapp – sie mußten ihre Waren von den Laderampen holen, bezahlen und zu ihren Läden zurückfahren, um die Auslagen zu dekorieren, ehe geöffnet wurde.

»Was ist los mit ihm?«

»Er ist gefallen und hat sich den Kopf gestoßen.«

Einer von den Lkw-Fahrern. Er schwitzte trotz der Morgenkälte. Sein Atem dampfte, und er zog seine Zigaretten aus der Tasche.

»Sag es dem Polizisten. Er ruft euch einen Krankenwagen.«

»So schlimm ist es nicht.« Ich schleifte ihn schneller vorwärts; er schaukelte hin und her. »Ich bringe ihn zum Wagen.«

»Du solltest es wirklich dem . . .«

»Er ist ein Freund von mir. Hat zu viel getrunken – ich will nicht, daß er Schwierigkeiten bekommt.«

»Das ist was anderes.« Er lachte, zündete sich die Zigarette an und wandte sich ab.

Ich schleppte ihn weiter, ein totes Gewicht. Sein Fuß brachte mich fast zum Stolpern. Ich hatte Schweiß im Genick und glaubte schon, die Blicke des Polizisten zu spüren – *Sie da, wo wollen Sie hin mit ihm?* – hoffentlich dreht er sich nicht um, hoffentlich sieht er uns nicht. Genau zwischen die Augen hätte er mir geschossen, dieser Bastard, den ich da mühsam schleppte. So lauteten seine Anweisungen, Horst Volpers Anweisungen. Komm schon, du *Bastard*, beweg deine verdammten Füße, *komm schon!*

»Hat wohl einen über den Durst getrunken!«

»Wie kommst du denn auf die Idee?«

Ein lachendes Gesicht in einem vorbeifahrenden Lieferwagen.

Über die Straße, und dann zog ich die Schlüssel aus der Tasche und lehnte ihn gegen den BMW, während ich die Beifahrertür öffnete. Ich schob ihn in den Wagen, seine Augen öffneten sich, blickten aber nur ins Leere. Blaulicht blinkte, als ein Streifenwagen sich vor den Abschleppwagen setzte, der die geschwärzte Karosserie des Mercedes abtransportierte.

Die Uhr am Armaturenbrett zeigte 5.37 an, die Tankanzeige stand auf halbvoll. Ich startete den Motor und wartete, bis der Abschleppwagen vorbeigefahren war.

Ich hörte, wie der Mann heftig einatmete, als er sich weit genug erholt hatte, um seine Situation zu erkennen. Instinktiv versuchte er, etwas zu tun, hob den Fuß, ließ ihn jedoch wieder fallen, als ich ihm mit der Handkante auf seine Kniescheibe schlug – ich nehme an, er wollte gegen den Schaltknüppel treten oder mir den Knöchel zerschmettern.

Er atmete jetzt zischend und hielt sich das Knie fest.

»Wie heißen Sie?«

Er antwortete nicht.

Später würde er mir schon antworten. Denn der Name ist wichtig, er ist der Schlüssel zur Psyche. Unser Name ist das Persönlichste an uns, eine Chiffre für alles, was wir sind, unser Anspruch an die Wirklichkeit. Das ist das erste, was man tun muß, wenn man mit dieser Arbeit anfängt: Man findet ihren

Namen heraus, damit man ihn als Waffe gegen sie verwenden kann.

Ich fuhr vorsichtig und bremste rechtzeitig ab, als die Ampeln auf Gelb sprangen. Ich hielt mich fünf Kilometer unter der zulässigen Höchstgeschwindigkeit, fuhr nach Westen, dann nach Süden und erreichte mein Versteck um 5.52 Uhr.

Ehe wir aus dem Wagen stiegen, sagte ich: »Es dürfte Ihnen klar sein, daß Sie sich in meiner Gewalt befinden. Aber Sie haben die Wahl.«

Ich klärte ihn auf, worin diese Wahl bestand.

Gunter Blüm schaute mit schneeweißem Gesicht auf ihn hinunter.

»Steh nicht so da herum«, sagte ich. »Steh nicht einfach so da.«

Ich wollte wütend auf ihn sein, weil er mir zeigte, was ich getan hatte, weil er mir, dem Bildnis des Dorian Gray, den Spiegel vorhielt.

So kam es mir vor, so empfand ich es.

»Was ist passiert?« fragte er.

Ich antwortete nicht. Das Licht war noch immer sehr hell: Ich hatte den Lampenschirm abgenommen und die Helligkeit der Lampe mit Alufolie verstärkt. Das ist ebenfalls wichtig, ein anderes Werkzeug dieses schrecklichen Handwerks. Es waren auch Gerüche im Zimmer, nicht sehr starke, dafür aber sehr unangenehme Gerüche. Zu hören war nur sein Atem. Dollingers, Helmut Dollingers Atem. Das war gewissermaßen alles, was ihm geblieben war: die Fähigkeit zu atmen.

Gunter beobachtete mich jetzt mit leicht geöffnetem Mund. Seine Augen wirkten im unbarmherzigen Licht der Lampe nackt und erschrocken.

Ich hatte ihn hereingerufen.

»Ich möchte, daß du ihn irgendwo absetzt und ihm einen Krankenwagen rufst.«

Ich war sehr erschöpft. Diese Arbeit hatte mich ausgelaugt, und ich hatte nicht damit gerechnet, daß es so schlimm werden würde.

Gegen deine Prinzipien.

In der Tat, ja, es verstieß gegen meine Prinzipien, gegen die Grundsätze der Menschlichkeit, die allein wenigstens eine gewisse Brüderlichkeit in dieser wütenden Welt aufrechterhalten können. Gegen diese Grundsätze hatte ich verstoßen, und das, mein guter Freund – falls du jetzt noch mein Freund bist – sage ich nicht, um mich mit falschem Bekennermut reinzuwaschen. Ich werde mich immer an den Namen Dollinger erinnern. Ich werde mich an ihn erinnern.

Gunter: »Wo soll ich ihn denn absetzen?«

»Bitte? Irgendwo. In einem Hauseingang, wo dich niemand sieht.« Entweder lag es daran, daß ich Schwierigkeiten hatte, wieder in die Wirklichkeit zurückzufinden, oder an Gunters entsetztem, verständnislosem Gesicht – jedenfalls schien es mir, daß ich es ihm Wort für Wort erklären mußte. »Das wichtigste ist natürlich, daß dich niemand sieht. Wenn du ihn abgesetzt hast, ruf ihm einen Krankenwagen, ohne deinen Namen zu nennen.«

Ich zog meine Handschuhe aus, die dünnen Autofahrerhandschuhe aus Nylon, die Cone besorgt hatte, weil man ihm gesagt hatte, daß ich die bevorzugte, als man ihn auf seinen Einsatz als meinen Agentenführer vorbereitete. Daß ich sie angezogen hatte, war ein grotesker Versuch gewesen, mich, meine Hände, vom Körper des anderen Mannes zu distanzieren, während ich ihn bearbeitete, sein Nervensystem, die schmerzempfindlichsten Stellen. Die Handschuhe hatten meine Hände betäuben, sie von dem, was sie taten, trennen sollen. Findest du nicht auch, daß das das Schrecklichste an dieser ganzen Sache ist?

»Lebt er noch?«

»*Natürlich!*« Wütend. Ein erstes fernes Donnergrollen des Zornes auf mich selbst. »Aber er muß in ein Krankenhaus. Nun mach doch endlich das *Licht* aus, um Himmels willen!«

Er schien völlig vergessen zu haben, wo der Schalter war, obwohl unsere beiden Wohnungen identisch eingerichtet waren. Dann fand er ihn, und die Lampe ging aus, so daß nur noch das Leuchten der verdammten Mauer das Zimmer erhellte.

Er näherte sich dem Mann auf dem Stuhl, der mit

irgendwelchen Stoffteilen oder Handtüchern an den Stuhl gefesselt war; ich weiß einfach nicht mehr, was ich dazu verwendet hatte. »Was mache ich, wenn er stirbt, während ich ihn wegbringe?«

»Dann setzt du ihn trotzdem ab und rufst einen Krankenwagen, du Blödmann. *Hast du verstanden,* verdammt noch mal!«

Er sagte, er habe verstanden, lud sich Dollinger über die Schulter und verschwand mit ihm. Ich machte im Badezimmer ein Handtuch naß und hielt es mir vors Gesicht. Lange Zeit stand ich einfach so da, während in der Dunkelheit unter meinen Augenlidern Lichtfunken tanzten und mein Herz mir heftig gegen die Brust hämmerte. Das Schlimmste an einer solchen Sache ist, daß man die Zeit nicht zurückdrehen, nicht ungeschehen machen kann, was man getan hat. Mir fallen nur zwei Worte ein, die die Last einer so unendlichen Verzweiflung auszudrücken vermögen: *zu spät.*

Ich ging zum Telefon.

»Ich wollte Bericht erstatten.«

Kurze Pause. »Was ist passiert?« Cone.

Seine Stimme klang wachsam, besorgt, wahrscheinlich weil er heraushörte, was in meiner Stimme mitschwang.

»Ich weiß, wo die Zielperson sich aufhält.«

Volper.

Eine weitere Pause. Das war eine bedeutsame Neuigkeit für ihn. Es bedeutete, daß doch noch Hoffnung bestand, unseren Auftrag auszuführen und *Quickstep* erfolgreich abzuschließen. Nach einem Moment fragte er: »Kommen Sie an ihn heran?«

»Ja.«

»Wie lange wird es dauern?«

»Nicht lange.«

»Mir wäre wohler«, sagte er, »wenn Sie jetzt in der Endphase etwas Unterstützung hätten.«

»Das ist nicht nötig. Volper ist allein.«

Wieder eine Pause. »Na schön. Ich habe mit London gesprochen. Sie haben *Trompeter* genehmigt.«

»Das wird bestimmt interessant.«

»Außerdem hat man mir versichert, daß nur von unserer

Zielperson Gefahr für unseren Schützling ausgeht. Von niemandem sonst.«

Nicht von *Trompeter.*

»Ich werde tun, was ich kann«, sagte ich. »Ich melde mich wieder, wenn die Sache erledigt ist.«

Ich legte auf, ging zurück ins Badezimmer und trank ein Glas des stark gechlorten Leitungswassers; dann nahm ich meine Lufthansa-Tasche, ging aus dem Zimmer und die Treppe hinunter und über die Straße zum Wagen.

7.04 Uhr.

Während der letzten Minuten hatte die Morgendämmerung eingesetzt.

Ich bewegte mich im Fahrersitz, lehnte mich mit der Schulter gegen die Tür und umfaßte den Lenkradkranz mit einer Hand.

Der Himmel war wolkenlos, nur ein dünner Dunstschleier lag über der Stadt und dämpfte die Lichter drüben am Flughafen. Seit ich hier stand, hatte ich drei Flugzeuge landen sehen. Ihre Landescheinwerfer wanderten langsam heran, während sie zum Anflug auf die Landebahn ansetzten, die parallel zu der Straße verlief, auf der ich im Wagen saß und wartete.

Das Hotel war weniger als hundert Meter entfernt. Ich hatte mich für diese Stelle entschieden, weil ich hier nahe genug war, um zu sehen, wenn Volper aus dem Hotel kam und in den Wagen stieg, der davor parkte; und doch war ich immer noch weit genug weg, um ein bißchen Deckung zu haben. In dem Hotel brannte kein Licht, und es hatte so gut wie keine Fenster mehr: Dollinger hatte mir erzählt, daß die Abrißarbeiten an dem Gebäude vor einem Monat begonnen hatten, dann jedoch wegen irgendwelcher bürokratischer Probleme wieder gestoppt worden waren.

Dollinger.

Sein Name hallte noch immer wie Totengeläut durch mein Bewußtsein.

Aber du mußtest es tun. Du hattest keine andere Wahl.

Es gibt dafür keine Entschuldigung.

Du mußtest es tun, oder Gorbatschows Leben riskieren.

Ich hätte einen anderen Weg finden müssen.

Es ging darum, deine Mission auszuführen.

Kann es eine Mission geben, die es wert ist, einem Menschen *das* anzutun?

In diesem Geschäft gibt es keine Gnade. Das weißt du.

Ja, natürlich, ich habe es immer gewußt, und ich habe eine Menge Dinge getan, von denen ich glaubte, nicht mehr damit leben zu können, und dann konnte ich es doch. Aber, verdammt, erwarte gefälligst nicht von mir, daß ich diese Dinge tue, und dann einfach zur Tagesordnung übergehe, als sei nichts geschehen.

Ruhig Blut, alter Junge.

7.42 Uhr.

Die ganze Sache gefiel mir nicht. Ich fing an, mir Sorgen zu machen.

Ich wußte immer noch nicht, wo Volper zuschlagen wollte, aber es sollte ganz offensichtlich kurz nach der Landung der Maschine des Generalsekretärs geschehen; noch auf dem Flughafen, kurz nach Verlassen der Maschine, oder unmittelbar nach der Abfahrt vom Flughafen. Das ergab durchaus Sinn, denn Volper war ein Mann, der dort zuschlug, wo es am wenigsten erwartet wurde.

Er mußte nun jeden Augenblick sein Versteck verlassen; man brauchte elf Minuten von hier bis zur Zufahrtsstraße des Flughafens, das hatte ich vorhin auf der Herfahrt ausprobiert.

Er mußte also in spätestens sieben Minuten von hier losfahren.

Ich konnte nur warten. Aber es beunruhigte mich, daß er erst so spät aufbrach.

Cone würde sich ebenfalls Sorgen machen. Er hatte nicht damit gerechnet, daß ich in so kurzer Zeit so nahe an die Zielperson herankommen würde. Ich hatte mich zwischendurch nicht gemeldet, und deshalb wußte Cone nichts von dem ausgebrannten Mercedes und von dem Mann, der zusammengesackt auf dem Stuhl gesessen und sich sein Leben mit Verrat erkauft hatte.

London wußte auch nichts, mit Ausnahme der letzten

Meldung, die Cone inzwischen gewiß über Cheltenham durchgegeben hatte.

Außenagent hat die Endphase eingeleitet. Befindet sich in Reichweite der Zielperson.

Ihnen waren die Hände gebunden, sie konnten nichts tun als warten. Ich beneidete sie nicht darum. Aber daß *Trompeter* stattfinden durfte, war eine echte Überraschung. Wer hatte das entschieden? Shepley gewiß nicht. Wahrscheinlich die Premierministerin persönlich, nachdem sie über den heißen Draht mit dem Generalsekretär konferiert hatte.

Pollock war bestimmt hocherfreut.

Nein. Ich bin nur so eine Art Koordinator.

Aber es war Ihre Idee?

Ja.

Der Kassettenrecorder lief. Cone saß zusammengesunken im Mantel da, Melnichenko schwitzte heftig, Schwarz schwieg, der Keller voller Zigarettenrauch.

»Wie hat es angefangen?«

»Eigentlich mit Schwarz. Er und Bader kamen regelmäßig in den Club, und wir unterhielten uns oft. Die Gespräche kreisten häufig um die Politik, wie es für dieses Lokal typisch war. Es lag das Gefühl in der Luft, daß Gorbi nach Ostberlin kommen würde, um die Mauer zu öffnen – mit einer offiziellen Zeremonie; aber ich wußte, daß er das nicht tun konnte. Es hätte ihn seine Machtposition in Moskau gekostet.«

Cone: »Diesen Eindruck hatten Sie?«

»Die meisten von uns waren dieser Ansicht. Bei einem so charismatischen Führer wie Gorbatschow besteht immer die Gefahr, daß seine Gegner eifersüchtig werden und fürchten, daß er zu mächtig wird – genauso ist es ja auch Chruschtschow ergangen. Dann brachte mich etwas, das Schwarz gesagt hatte, auf eine Idee.«

»Was hat Schwarz gesagt?«

Pollock schaute ihn an. »Ich glaube, Sie sollten es selbst erzählen.«

Der Pilot stand auf und ging auf und ab, die Hände im Gürtel eingehakt. »Wissen Sie, ich bin Jude, genau wie Hans.« Hans Bader. »Und diese Leute lassen uns nicht nach drüben, um unsere Familien zu besuchen. Wir bekamen zwar das Privileg, in dieser verdammten Luftwaffe zu dienen, aber man traut uns so wenig, daß man uns noch nicht einmal für ein paar Tage in den Westen läßt. Sie . . .«

»Man befürchtet sicher, daß Sie militärische Geheimnisse verraten könnten.«

»Aber anderen hat man die Ausreise erlaubt – Leuten, in deren Köpfen noch viel wertvollere Geheimnisse steckten. Und darum hassen wir die Mauer, noch mehr als die meisten anderen hier. Eines Tages erzählte ich Mr. Pollock, daß Hans und mir diese Sache einfach nicht mehr aus dem Kopf ging. Jedesmal, wenn wir einen Übungseinsatz flogen, war dort unten die Mauer, und wir flogen Bomber . . .«

Cone beugte sich vor, um sich zu vergewissern, daß der Recorder auch wirklich aufnahm. Es war sehr still geworden.

»Also zog ich jemanden ins Vertrauen«, schaltete Pollock sich wieder ein, »jemanden von der sowjetischen Botschaft, der in engem Kontakt zu Talyzin im Kreml stand.« Kurzes, blitzendes Lächeln. »So wurde die Operation *Trompeter* geboren.«

Die Mauern von Jericho.

»Dann übernahm also Talyzin die Leitung des Unternehmens?«

»Genau.« Er stand ebenfalls auf. »Wissen Sie, er kennt Gorbi sehr gut; er ist seine rechte Hand, hinter den Kulissen. Und im Kreml passiert natürlich das *meiste* hinter den Kulissen. Politisch war man sich darüber einig, daß es Gorbi die Karriere kosten würde, wenn er versuchte, die Mauer offiziell zu öffnen. Wenn sie aber jemand *für* ihn aufbrach, dann konnte er sich mit großer Geste dem Willen des Volkes beugen und sie geöffnet lassen – ja sogar anordnen, daß an dieser Stelle im Namen des Friedens und der Völkerverständigung eine Straße durch die Mauer gebaut wurde – Sie verstehen schon.«

»Mein Gott«, sagte Cone. Er saß jetzt gebückt da und schielte zu Pollock hinauf. »Das wird Ihnen niemals gelingen.«

»Talyzin ist anderer Ansicht.«

»Glauben Sie denn, daß er mit Gorbatschow darüber gesprochen hat?«

Pollock blieb stehen. »Drücken wir es so aus: Talyzin ist ein treuer politischer Verbündeter des Generalsekretärs, und außerdem persönlich mit ihm eng befreundet. Ich gehe nicht davon aus, daß er *Trompeter* unterstützen würde, *ohne* vorher Gorbatschows Einverständnis eingeholt zu haben.«

Cone drehte sich und schaute erst mich, dann wieder Pollock an. Wahrscheinlich fragte er sich, ob ich mir darüber klar war, welche Bedeutung *Trompeter* für Europa und die ganze Welt haben konnte.

»Hören Sie«, sagte Pollock, »Gorbi ist ein brillanter PR-Mann und besitzt ein großes Showtalent. Außerdem ist er ein kluger Kopf und sehr mutig. Ich kann mir sehr gut vorstellen, daß er Talyzin insgeheim grünes Licht für die Sache gegeben hat.«

»Wer ist auf die Idee mit Cat Baxter gekommen?«

»Das war ich.« Pollock machte ein sehr zufriedenes Gesicht. »Es genügt nicht, einfach nur ein Loch in die Mauer zu sprengen. Wir wollten weltweite Aufmerksamkeit, und wir brauchten ein Symbol, etwas Großartiges. Zum Beispiel zehntausend ostdeutsche Rockfans, die über die Trümmer der Mauer hinweg in den Westen klettern und zusammen mit den Westberlinern auf den Straßen tanzen. Sie . . .«

»Keine *Flucht*«, sagte Cone.

»O nein – ganz und gar nicht. Ein wiedervereinigtes Deutschland – *das* sollte die Botschaft sein. Cat Baxter war natürlich von der Idee begeistert, wie Sie sich sicher denken können. Was für ein Auftritt . . . die heilige Johanna, die mit wehenden Fahnen das Volk über die Barrikaden führt. Mehr Publicity ist kaum vorstellbar . . .«

Mr. Ash, hatte sie zu mir gesagt, *werden Sie zum Konzert kommen?*

Ich hoffe es.

Ich hoffe es auch. Es wird Sie vom Stuhl hauen.

Cone blickte mich wieder an. Er hielt Pollock für verrückt. Und ich auch. Aber dann fiel mir Einstein ein: *Eine neue Idee wird nur Erfolg haben, wenn sie zunächst verrückt klingt.*

»Die Medien würden informiert?«

»Ich bin darauf vorbereitet«, sagte Pollock, »allen wichtigen Fernsehgesellschaften und Zeitungen folgende Nachricht zu schicken: Warnt eure Kameraleute und Reporter in Ostberlin vor. Sie sollen sich für eine wichtige Story bereithalten.«

»Was ist mit der Polizei? Der Bevölkerung?«

»Die HUA würde, wenn Moskau grünes Licht gibt, nicht einschreiten, wenn Cat durch die Mauer geht. Sie . . .«

»Sie meinen, wenn Talyzin grünes Licht gibt.«

»Ja. Sie wollen selbst ein wiedervereinigtes Deutschland. Sie würden das Gebiet an der zum Bombenabwurf vorgesehenen Stelle der Mauer unter dem Vorwand evakuieren, daß dort aus einem umgestürzten Tankwagen giftige Chemikalien austreten. Eine gleichlautende Warnung würde an Westberlin gehen. Sie können sich vorstellen, wieviel Planungsarbeit hierfür nötig war.« Ein Achselzucken, kein blitzendes Lächeln. »Müssen Sie denn London wirklich informieren? Jetzt, wo Sie unser Projekt kennen?«

»Es würde mich den Kopf kosten«, sagte Cone, »wenn ich es London verschweigen würde.«

Wieder ein Achselzucken. »Dann bleibt nur zu hoffen, daß ich recht habe, und Talyzin Gorbatschow tatsächlich informiert hat. Denn in diesem Fall wird er seine Meinung nicht ändern, wenn Mrs. Thatcher sich mit ihm in Verbindung setzt.«

Er zündete sich eine neue Zigarette an, und ich mußte unwillkürlich an eine brennende Lunte denken.

»Wenn es uns nicht gelingt, Horst Volper auszuschalten«, hatte Cone gesagt, »wird es keinen Sinn mehr haben, die Mauer zu bombardieren.«

Er hatte den Recorder ausgeschaltet und war aufgestanden.

Bleiernes Licht strömte von Osten her über den Himmel und verlieh der Landschaft und den fernen Gebäuden einen metallischen Glanz. Es gab hier in dieser Gegend keinen Verkehr, keinen Straßenlärm; Dollinger hatte mir erzählt, daß man hier ein Sanierungsprojekt geplant hatte, das aber dann ins Stocken geriet und drei oder vier Quadratkilometer Niemandsland zurückließ.

7.49 Uhr.

Zweimal glaubte ich, aus dem leerstehenden Hotel ein Geräusch zu hören, aber ich hatte nicht erkennen können, was es war – jedenfalls keine Tür, keine Schritte, keine Stimme. Vielleicht drang es auch vom Flughafen herüber.

Er wird dort allein sein.

Dann hatte er geschwiegen und mich gezwungen, mehr Druck auszuüben, so daß sein Gesicht schneeweiß wurde und ihm Schweiß auf die Stirn trat.

Aber wo wird er den Anschlag verüben?

Wieder schwieg er und zwang mich, ihm so große Schmerzen zuzufügen, daß ich unwillkürlich mitleiden, mich mit ihm identifizieren mußte. So wich auch aus meinem Gesicht alles Blut, als die Qualen, die ich ihm bereitete, unerträglich wurden.

Ich weiß es nicht. Ich weiß es nicht.

7.50 Uhr.

Im Hotel rührte sich nichts. Der Wagen parkte immer noch dort, halb verborgen. In der Nähe war kein Laut zu hören.

Im Norden tauchte ein kleiner Lichtpunkt am Himmel auf. Als er näherkam, teilte sich der Lichtpunkt allmählich, und man konnte erkennen, daß es sich um die Landescheinwerfer einer Maschine handelte, die sich im Anflug auf den Flughafen befand. In wenigen Minuten würde sie genau über diese Stelle hier hinwegfliegen und auf der Landebahn aufsetzen.

Und da erkannte ich plötzlich, daß Volper das Hotel überhaupt nicht verlassen würde, und daß es beinahe zu spät war.

26 TUPOLEV

Es roch nach Tod.

Ich stieg die Treppe zur nächsten Etage hoch. Die Aufzüge waren nicht mehr in Betrieb. Schon vor Monaten hatte man hier den Strom abgeschaltet.

Auf der nächsten Etage blieb ich wieder stehen und lauschte.

Es roch schon nach dem Tod, den dieses Gebäude sterben würde, wenn die Bauarbeiter zurückkehrten, um die Abrißarbeiten fortzusetzen. Es roch auf den Fluren und Treppen nach feuchtem Putz und Schimmel. In den meisten Fenstern gab es keine Glasscheiben mehr, und einige Balkone waren bereits brüchig. Ich befand mich im sechsten Stock, direkt unter dem Dachgarten, den ich vom Wagen aus gesehen hatte, mit seinen eingestürzten Pergolen, abgestorbenen Pflanzen und den Überresten einer vom Wind zerfetzten Fahne.

In einigen der unteren Stockwerke hatte ich Spuren entdeckt, aber sie mußten nicht von Volper stammen; Bauarbeiter waren hiergewesen und hatten Spuren in der dicken Staub- und Schmutzschicht auf den Gängen hinterlassen. Einige Türen standen weit offen, so daß das Licht des Morgens durch glaslose Fenster unschuldig und schattenlos auf die Flure fiel.

Ich stand völlig still, atmete gleichmäßig und sperrte die Ohren auf, lauschte verzweifelt nach einem Geräusch, das ihn verraten hätte.

Stille.

Ich ging weiter, durchquerte den Flur und betrat eines der Zimmer. Ich hielt mich vom Fenster fern, bis ich die Umgebung sorgfältig überprüft hatte: drei Fenster im anderen Flügel des Gebäudes, und tief unten ein mit Schutt bedeckter Innenhof. Dann ging ich näher ans Fenster, hielt mich dabei dicht an der Wand und blickte nach gegenüber und nach unten. Ich hatte vom zweiten Stock an aufwärts in jeder Etage auf diese Weise Ausschau gehalten, ohne etwas zu bemerken. Doch jetzt stimmte offenbar der Reflexionswinkel in der zerbrochenen Glasscheibe auf der gegenüberliegenden Seite, denn ich sah eine Bewegung.

Sie war nur sehr schwach zu erkennen. Die zerbrochene Glasscheibe hatte nur fünfzehn oder zwanzig Zentimeter Durchmesser und war schmutzig; aber es spiegelte sich eindeutig eine Bewegung darin, und ich beobachtete sie, atmete dabei tief durch und hörte, wie das Blut an meinem Trommelfellen vorbeirauschte. Es war nicht klar erkennbar, um was für eine Bewegung es sich handelte; aber sie stammte jedenfalls nicht von einer Ratte oder einem Vogel, denn da war ein Glitzern, das vielleicht von einer Armbanduhr an einem sich bewegenden Handgelenk herrührte.

Nach dem Winkel der Spiegelung zu urteilen, mußte ihre

Quelle sich ein Stockwerk unter mir befinden, und zwar in dem Zimmer, das unter dem nächsten auf diesem Flur lag. Ich hörte jetzt auch etwas, leise Geräusche, hervorgerufen durch Metall oder hartes Plastik, das nicht von Ratten oder Vögeln bewegt wurde.

Als ich auf die Uhr schaute, war es gerade vier Minuten vor acht. Und als ich auf den Balkon links unter mir schaute, sah ich, daß der Abstand bis dorthin seitlich etwa anderthalb und in der Tiefe gut zweieinhalb Meter betrug. Wie die meisten Balkone hing auch dieser durch und hatte kein Geländer mehr. Der Balkon vor dem Zimmer, in dem ich stand, war in ähnlich schlechter Verfassung. Das Geländer war auf der linken Seite verrostet und verbogen.

Es trennten mich also nur gut drei Meter von ihm.

Von Volper.

7.57 Uhr.

Als ich dort unten im Wagen gesessen hatte und mir plötzlich ein Licht aufgegangen war, hätte ich auch so schnell wie möglich zur nächsten Telefonzelle fahren und auf dem Flughafen anrufen können. Aber es hätte keinen Sinn gehabt, ihnen zu sagen, sie sollten das Flugzeug des Generalsekretärs sofort umdirigieren – *Sein Flugzeug umdirigieren? Wer spricht denn da? – Hier ist Oberst Heidecker von der HUA, Sie müssen den Piloten unbedingt warnen, weil . . . Einen Moment bitte, von wo rufen Sie denn an?* – und so weiter. Ich hätte auch zum Flughafen fahren können, aber dann wäre die Zeit noch viel knapper gewesen, und man hätte mir ebensowenig geglaubt. Ein Schwindel war nun einmal ein Schwindel, und ich trug eine zerrissene Jacke und war unrasiert. Außerdem sah ich nach der Sache mit der Granate und dem Alptraum mit Dollinger nicht eben wie ein respektabler Polizist aus. Also hatte ich mich dafür entschieden, in das Hotel zu gehen, denn ich wußte, daß Dollinger nicht mehr fähig gewesen war zu lügen, und daß Horst Volper also hier sein mußte; ein Stockwerk tiefer in einem Zimmer mit einem verwitterten Balkon, den ich nicht verfehlen durfte, weil ich sonst achtzehn Meter in die Tiefe stürzte.

Ein Geräusch am Himmel, die Düsen der Tupolev.

Die Balkontüren standen offen, eine hing nur noch an einem

einzigen Scharnier. Ich ging hinaus, vermied es dabei sorgfältig, auf die Glasscherben zu treten, und stellte mich an den Rand des Balkons. Ich ignorierte das Risiko, daß Volper meine Bewegung vielleicht in einer zerbrochenen Fensterscheibe bemerkte, wie ich die seinen. Ich ignorierte es, weil ich mich mit großer Schnelligkeit bewegte. Ich ließ mein Denken nicht von der Gefahr beeinträchtigen, achtzehn Meter hinabzustürzen, sondern konzentrierte mich ganz darauf, Winkel, Entfernung und den erforderlichen Schwung zu schätzen. Dann schwang ich mich über das verbogene Geländer und sprang eineinhalb Meter durch die Luft.

Das anschwellende Kreischen der Tupolev-Triebwerke.

Der Wind schlug mir ins Gesicht, und ich landete auf allen Vieren auf dem Balkon, stieß mich von den Geländerpfosten ab und stürmte in das Zimmer. Der Überraschungseffekt war mein einziger Vorteil.

Volper hatte das flache, konturlose Gesicht, das ich so oft auf den Fotos betrachtet hatte: ziemlich weit auseinanderstehende Augen, und einen sehr schmalen, kerzengerade hinauf in die Stirn gezogenen Nasenrücken. Sein Mund stand in diesem Moment ein wenig offen. Auf seinem Gesicht zeigte sich keine Überraschung, sondern völliges Unverständnis, als ob seine vertraute Version der Wirklichkeit sich plötzlich bis zur Unkenntlichkeit verzerrt hatte, so daß er unerwartet zu einem Fremden in seiner eigenen Welt geworden war, unfähig, den Erfordernissen des Augenblicks gerecht zu werden.

Seine Hände waren beschäftigt, so daß er keine Pistole ziehen oder mich abwehren konnte. Aber ich war sowieso nicht daran interessiert, ihn anzugreifen, denn es kam jetzt vor allem darauf an, die Rakete abzulenken, was mir auch gelang. Er schaffte es zwar noch, auf den Feuerknopf zu drücken, und das Ding zuckte und zischte dann laut, aber es schlug lediglich in das Gebäude gegenüber ein. Die Explosion ließ die Luft erzittern, das Gebäude schwankte, hielt sich noch einen Moment und fiel dann mit der langsamen Unerbittlichkeit einer Lawine in sich zusammen.

Ich nehme an, er war vor Schreck wie gelähmt, denn seine Reflexe kamen viel zu langsam. Ich schlug zu und stieß ihn in die Tiefe. Sich überschlagend fiel er hinab in die umherwirbelnden, vom Feuerschein der Explosion ausgestrahlten Trümmerstücke. Später fand ich ihn unten auf dem Hof, als ich dort wie ein Betrunkener zwischen den rauchenden Trümmern umherlief. Sein Kopf war unter Schutt begraben, aber seine Hand ragte ins Freie, und der Zeigefinger wies anklagend in meine Richtung, als wollte er mir für irgend etwas die Schuld geben.

27 FERNSEHEN

»Ich konnte nicht viele Einzelheiten erkennen«, sagte ich. »Dazu war keine Zeit. Aber es sah aus wie eine Stinger Mark IV. Es handelte sich um eine tragbare Ausführung, und sie hatte ganz offensichtlich einen Hitzesucher. Sie hätte unfehlbar ihr Ziel erreicht.«

Cone warf mir einen Blick zu und schaltete den Recorder aus. »Das genügt für heute. Ich möchte nicht, daß es zuviel für Sie wird.«

»Ich bin immer noch durstig, weiter nichts.«

Er ging zum Telefon und bestellte noch etwas Tee. Ich hatte fast den ganzen Tag geschlafen, obwohl man es eigentlich gar keinen Schlaf nennen konnte; es war mehr wie eine endlose Kette von Alpträumen gewesen, in denen ich durch einstürzende Gebäude rannte, Flugzeuge explodierten, Dollinger mit weißem Gesicht und gefesselten Händen auf dem Stuhl saß. Nachwirkungen des Schocks, nehme ich an.

Ich stand vom Bett auf und ging hinüber zum Fenster. Die Mauer ragte in die Nacht empor, ein undurchdringlicher, von Flutlicht angestrahlter Betonwall. Im Moment wirkte er jedenfalls noch undurchdringlich.

»Sie sollten Ihren Knöchel schonen«, sagte Cone.

Als der Tee gebracht wurde, schaute er auf die Uhr, schaltete den Fernseher ein und warf einen Blick auf die örtlichen Programme.

. . . und bezeichnete dies als logische Konsequenz des Gipfeltreffens

in den Vereinigten Staaten. Gorbatschow betonte ausdrücklich, daß seinem Besuch in Ostberlin keinerlei besondere Bedeutung beizumessen sei. Er diene lediglich dem Zweck, den Staatsratsvorsitzenden Honecker über seine Gespräche mit Präsident Reagan zu informieren.

»Ich finde, er trägt ein bißchen zu dick auf«, sagte ich.

»Genau. Klarer Fall von Selbstenttarnung.«

Cone schaute wieder auf die Uhr und drückte auf die Programmtaste, bis er die Übertragung aus dem Park im Bild hatte. Cat Baxter. Ihr wallendes, blondes Haar umrahmte das kleine, katzenhafte Gesicht; Rock und Pullover glänzten silbern im grellen Scheinwerferlicht, während die Menge ihr stehend zujubelte. Cat winkte, schaute aber zwischendurch immer wieder in den Himmel. Ihr Lächeln wirkte starr, verkrampft.

»Ihr Publikum ist völlig aus dem Häuschen«, sagte Cone. »Können Sie mit dieser Art von Musik etwas anfangen?«

»Es gefällt mir ganz gut. Ich habe ein paar Kassetten von ihr im Auto.«

Wir schauten ein bißchen zu. Dann klingelte das Telefon, Cone ging an den Apparat, hob ab und hörte einen Moment schweigend zu. Er bedankte sich bei dem Anrufer, legte auf und kam zu mir ans Fenster.

»Die Bomber sind gestartet«, sagte er.

ENDE

Band 13 232

Adam Hall

Der 9. Befehl

Deutsche Erstveröffentlichung

Quiller, der Agent, neben dem James Bond aussieht wie ein Salonlöwe, muß diesmal ins geheimnisvolle Bangkok. Sein Auftrag: Er soll dafür sorgen, daß der Staatsbesuch des königlichen Gastes aus England nicht in einer Katastrophe endet. Es ist nämlich durchgesickert, daß ein gefährlicher Gegner einen Anschlag plant. Doch hat Quiller eine Chance gegen Kuo, den schlimmsten Profikiller aus dem berüchtigten ›Goldenen Dreieck‹?

ADAM HALL, alias Elleston Trevor, gehört zu den erfolgreichsten Thriller-Autoren der Gegenwart. Seine Romane bestechen durch nervenzerfetzende Action und durch faszinierende Schauplätze. Mit QUILLER ist Adam Hall die vielleicht einzige glaubwürdige Figur eines Superagenten gelungen.

BASTEI LÜBBE

Sie erhalten diesen Band im Buchhandel, bei Ihrem Zeitschriftenhändler sowie im Bahnhofsbuchhandel.

Band 13 226

Adam Hall

Das Berlin Memorandum

Deutsche Erstveröffentlichung

Die Zentrale schickt Quiller, ihren besten Agenten, nach Berlin. Dort soll er das Hauptquartier der Geheimorganisation ›Phönix‹ aufspüren. Doch Quiller scheint auf verlorenem Posten: Ein britischer Agent ist bereits verschwunden, und nun schwebt er selbst in tödlicher Gefahr. Und wenn er nicht sehr bald den Drahtzieher findet, steht weit mehr auf dem Spiel als nur sein eigenes Leben ...

Mit diesem Buch fing alles an! Es bringt den Auftakt zu einer der erfolgreichsten und langlebigsten Spionageserien in der Geschichte der Kriminalliteratur. Und Quillers erster Einsatz wurde gleich zum Paukenschlag: Er brachte Adam Hall den *Edgar Allan Poe-Preis* für den besten Kriminalroman des Jahres.

BASTEI LÜBBE

Sie erhalten diesen Band im Buchhandel, bei Ihrem Zeitschriftenhändler sowie im Bahnhofsbuchhandel.